LOS AGUSTINOS EN
AGUADA I
(1919 - 1969)

LOS AGUSTINOS EN
AGUADA I
(1919 - 1969)

José Aridio Taveras de Leon

Para realizar pedidos de este libro, contacte con:
Palibrio LLC
1663 Liberty Drive
Suite 200
Bloomington, IN 47403
Gratis desde EE. UU. al 877.407.5847
Gratis desde México al 01.800.288.2243
Gratis desde España al 900.866.949
Desde otro país al +1.812.671.9757
Fax: 01.812.355.1576
ventas@palibrio.com
480544

ÍNDICE

DEDICATORIA 15
SIGLAS.. 17
PRÓLOGO... 19
INTRODUCCIÓN.. 21

I   CONTEXTO HISTORICO A LA LLEGADA DE LOS
    AGUSTINOS EN AGUADA 25
    1. El Momento Histórico..25
    2. La Iglesia Católica en Puerto Rico 26
    3. Provincia Agustiniana de Castilla 27
        Proyecto Misionero...28
    4. Los Agustinos en Puerto Rico 28
        Vicario de las Antillas 29
        Visitas Provinciales 29
        Resumen del Acta de la Visita Provincial de 1905 30
        Vicario Provincial 33
    5. Aguada Antes de la llegada de los Padres Agustinos 34
        El Pueblo de Aguada a Finales del Siglo XIX.............................34
        La Parroquia de San Francisco de Asís a Principios del Siglo XX 35
        La Visita Pastoral de 1907.......................................35
        El Inventario de la Iglesia Parroquial de 1914 37
        Relación Parroquial (1916) 39
        Las Capellanías 40
        Pastoral Catequética...41
        El Terremoto de San Fermín (1918)................................41

II ESTABLECIMIENTO DE LA MISIÓN AGUSTINIANA
    EN AGUADA (1919–1929) 43
    1. Inicios de la Vida Agustiniana 43
        Desde el Capítulo Provincial 1919 hasta 1923 44
        Desde el Capítulo Provincial 1923 hasta 1927 45
        Desde Capítulo Provincial 1927 hasta 1929 45

2. Visitas de Renovación 46
    Delegación de la Visita Provincial de 1920.......................46
    Visita de Renovación Provincial 1924.............................46
    Delegación de la Visita de Renovación 1927 47
    Primera Visita General de Renovación al Vicariato
    de las Antillas 1928 47

    Delegación de la Visita Provincial de Renovación 1928 48
3. Reglamento Misionero 48
4. La Casa de los Agustinos 48
    Casa del Padre Gorostiza...49
    Documento de la Casa del Padre Gorostiza (1922) 49
    Autorización de Venta de la Casa del Cura Párroco de
    Aguada (1924) 50
5. Construcción de la Parroquia 50
    El Panorama Encontrado 51
    Inventario Parroquial de 1919 51
    Primeros Pasos de la Pastoral Misionera 52
    Primera Fase de Construcción del Nuevo
    Templo Parroquial (1920–1924) 52
    Donaciones Recibidas...53
    Cuentas de la Construcción de la nueva Iglesia Parroquial 53
    Resumen de Ingresos 59
    Materiales Utilizados en la Construcción 60
    Descripción del Nuevo Templo Parroquial....................61
    Visita Pastoral de Monseñor George J. Caruana,
    Obispo de Puerto Rico (1924)......................................61
    Permuta de los Terrenos de la Ermita del Rosario (1924) 62
    Primera Visita de Mons. D. Edwin V. Byrne, nuevo
    Obispo de Ponce (1927)...62
6. Relación Parroquial desde 1919 hasta 1929....................63

III DE RESIDENCIA A COMUNIDAD (1929–1939) 65
1. Residencia y Comunidad Agustiniana (1929–1939) 65
    Desde el Capítulo Provincial 1930 hasta 1933..............65
    Desde el Capítulo Provincial 1933 hasta 1936..............67
    Desde el Capítulo Provincial 1936 hasta 1939 68

2. Aspectos Vicariales 70
   Visita Provincial de Renovación (1932) 70
   Acta de la Visita Provincial de Renovación en Aguada (1932) 70
   Economía Vicarial (1932)..71
   Estudios Comunitarios (1932)..72
   Muerte del P. Gorostiza (1937) 73
3. Restablecimiento de la Comunicación con la Provincia 73
4. Construcción de la Nueva Casa y sus Terrenos 74
   Construcción de la Casa de los Padres Agustinos (1933)...........74
   Medios de Transporte 75
5. Mejoras en la Iglesia Parroquial 75
   Mejoras al Templo Parroquial (1929–1933)...........................75
   Las Primeras Capillas (1929–1933) 76
   Capellanías (1929–1933)..76
   Inventario Parroquial y su Incremento (1930 - 1931) 76
6. Mons. Alonso J. Willinger...80
   Visita Pastoral de Mons. Alonso J. Willinger (1932 y 1934) 80
7. La Fábrica Continúa 81
   Segunda Fase de Construcción del Templo Parroquial:
   el Altar Mayor de la Iglesia, la cúpula y el presbiterio (1932) 81
   Tercera Fase de Construcción de la Iglesia Parroquial:
   las torres, el atrio, el bautisterio y las verjas (1936–1937) 82
   Cuarta Fase de Construcción del Templo Parroquial:
   las lozas del piso (1937)...87
8. Segunda Visita Pastoral de Mons. Alonso J. Willinguer (1939) 90
9. Pastoral Parroquial 90
   Comunión Diaria Habitual 91
   Relación de la Parroquia de 1939...91

IV COMUNIDAD AFIANZADA, 1939–1949............................ 93
1. Los Hermanos de Comunidad 93
   Desde el Capítulo Provincial 1939 hasta 1942.......................93
   Desde el Capítulo Provincial de 1942 hasta 1945 94
   Desde el Capítulo Provincial 1945 hasta 1948 94
   Desde el Capítulo Provincial 1948 hasta julio de 1949 95
   Economía Vicarial 96
   Visita General de Renovación (1948).....................................97

2. Remodelación de la Casa Parroquial y sus terrenos 97
    Permuta sobre la Casa del Cura Párroco de Aguada 105
3. Impacto Diocesano en la Pastoral Parroquial 105
    Oraciones por las Peticiones del Papa (1941) 105
    Movimientos Apostólicos (1941–1942) 106
    Los Matrimonios por las Casas (1943) 108
    Primeras Comuniones (1946) 108
    La Práctica del Ayuno y Abstinencia (1947)...........................109
    Oración por la Paz Mundial (1948) 110
4. Tercera Visita de Mons. Alonso J. Willinger (1943)...................111
5. Quinta Fase de Construcción del Templo Parroquial:
   el Reloj de la Torre (1944 - 1945) 111
    Primera Lista de donantes..112
    Reloj 2ª. Lista 113
    Reloj 3ª. Lista 114
    Reloj 4ª. Lista 116
    Reloj 5ª. Lista 117
    Reloj 7ª. Lista 118
    Reloj 8ª. Lista 119
    Reloj 9ª. Lista 120
    Reloj 10ª. Lista 120
    Resumen de los Donativos para el Reloj de la Torre
    de la Iglesia de Aguada, P.R. 121
6. Misión y Catequesis en 1945 - 1946 121
    Reporte de Noviembre de 1945 122
    Reporte de Noviembre de 1946 124
7. Mons. Jaime McManus, C.Ss.R. Obispo de Ponce 126
    Disposiciones para la Santa Visita Pastoral en las Parroquias 126
    Primera Visita Pastoral (1948) 128
8. Relación Parroquial de 1949 129

V NECESIDAD DE REFORMAS 1949–1959 131
1. Hermanos de Comunidad..131
    Desde agosto de 1949 hasta 1951 131
    Desde el Capítulo Provincial 1951 hasta 1954......................132
    Desde el Capítulo Provincial 1954 hasta 1957......................133
    Desde el Capítulo Provincial 1957 hasta 1959......................135
2. Visitas y Erección Canónica de la Comunidad 136
    Visita de Renovación de 1949...136

Visita Provincial de Renovación (1953) 137
Visita Provincial de Renovación (1955) 137
Acta de la Visita de Renovación Provincial en
Aguada (1955) 137
Texto de la Encuesta sobre los Trabajos en
el Vicariato (1955) 139
Documento de la Erección Canónica de la
Comunidad de Aguada (1957) 141
Visita Provincial de Renovación (1958) 142
Acta de la Visita Provincial en Aguada (1958)............142
3. Ampliaciones en la Casa Parroquial 1951 - 1952.........143
4. Movimientos Pastorales Agustinianos (1949) 144
Altar dedicado a Santa Mónica 144
5. Informe del P. Antonio Zubillaga sobre las
Catequesis (1949–1950) 145
6. Las Misiones Populares del P. Saturnino Junquera (1950)............149
Misión en Marcha 150
Evangelización a través de la Radio (1952)................152
7. Segunda Visita de Mons. Jaime Eduardo McManus (1952)..........153
8. Reformas Litúrgicas (1951 - 1956)................................154
Liturgia del Sábado Santo (1951) 155
Autorización de Misas Vespertinas (1953)................157
Liturgia de La Semana Santa (1956) 157
9. Inicios de la Legión de María en la Parroquia (1954) 157
10. Indulgencia Plenaria de 1955 158
11. Tercera Visita Pastoral de Mons. Jaime Eduardo
McManus (1957) 158
12. El Año Mariano en la Diócesis de Ponce y la
Parroquia (1954) 159
Altar dedicado a María Inmaculada 159
13. La Juventud de Acción Católica (1954)........................160
14. Sexta Fase de Construcción del Templo Parroquial y
su primera reforma: las Vidrieras (1954–1960) 162
15. Convocatoria al Sínodo Diocesano (15 enero 1957)....164
16. Telegrama sobre la Muerte del Papa Pío XII (1958)....165
10. Oración por la Iglesia de China (1959)........................165
11. Relación Parroquial hasta 1959...................................168

VI TIEMPOS DEL CONCILIO VATICANO II 1959–1969 171

  1. Comunidad de Padres Agustinos....................................171

    Desde 1959 hasta 1960 171

    Desde el Capítulo de 1960 hasta 1963...........................171

    Desde el Capítulo de 1963 hasta 1966...........................172

    Capítulo Provincial 1966 hasta 1968 174

    Desde el Capítulo Provincial de 1968 hasta 1969 177

    Visita Provincial de Renovación (1961) 178

    Visita General de Renovación 1965 178

    Visita Provincial de Renovación de 1967 179

  2. Creación de la Nueva Diócesis 179

  3. Séptima Fase de Construcción del Templo Parroquial
    y Segunda Reforma: el Reloj de la Torre (1962–1964) 179

    Descripción del Templo Parroquial (1962)...........................179

    Nueve Columnas y Un Nuevo Techo (1962–1964) 180

    El Reloj de la Torre (1963)...........................183

    Bendición de las Reformas (1964) 184

  4. Impacto del Concilio Vaticano II: De la Diócesis a
    la Parroquia (1963–1967) 185

    Primera Instrucción sobre la Liturgia (1964)...........................186

    Año de la Fe (1967) 188

    Segunda Instrucción sobre la Liturgia (1967)...........................188

    Anuncio de la Reforma del Breviario (1969) 195

  5. Pastoral Parroquial 195

    Relación Parroquial hasta 1964...........................196

    Consejo Pastoral Parroquial 1967 197

DOCUMENTOS 199

  1. Acta de la Visita Provincial realizada por Fr. Antonio Echevarría,
    Visitador Delegado, y Fr. Ángel Cámara, Secretario de la
    Visita, fechada en San Germán el 10 de junio de 1912.
    Carpeta Visitas Provinciales, AVANT. 199

  2. Nombramiento del P. Juan de Gorostiza como Primer Vicario
    de las Antillas y de los miembros del Primer Definitorio Vicarial
    compuesto por los PP. Felipe Villahoz, Pedro de Arancibia y
    Juan Torner, firmado por Fr. Cipriano Asensio, Provincial, y su
    Definitorio Provincial, fechado en León el día 3 de
    noviembre de 1907. 206

3. Acta de la Reunión del Definitorio Vicarial en la que se Acepta el Trabajo Pastoral en la Parroquia San Francisco de Asís de Aguada. Acta No. 2 del Libro de Actas del Consejo Vicarial. Fechada 21 julio 1919, AVANT. 207

4. Nombramiento del P. Cipriano Asensio, Prior Provincial, al P. Juan Torner, Vicario de las Antillas, como Visitador Vicarial fechado en Calahorra el 11 de octubre de 1920. Carpeta Visitas Provinciales, AVANT. 207

5. Nombramiento del P. Fr. Ambrosio de Arancibia, Prior Provincial, al P. Fernando Salterain, Comisario Provincial en Puerto Rico, como Visitador Provincial; fechado en León el 21 de marzo de 1927. Carpeta Visitas Provinciales, AVANT. 208

6. Dispensa General para delegar la Visita de Renovación en Puerto Rico firmada por el P. Fr. Eustasio Esteban, fechado en Roma el 10 de noviembre de 1928. Nombramiento del P. Fernando Salterain como Visitador Delegado firmado por el P. Ambrosio de Arancibia, Prior Provincial, fechado en León el 21 de noviembre de 1928. Carpeta Visitas Provinciales, AVANT. 209

7. Reglamento de las Misiones de la Provincia de Castilla del Orden de Ermitaños de N.P.S. Agustín en Puerto Rico. Texto de 8 páginas enumeradas según se presentan a continuación. El texto se conserva en AVANT y en APAC..........210

8. Documento de Compra de los Terrenos y la Casa del Padre Gorostiza, firmado por Don Eugenio González, fechado en Aguada el 2 de junio de 1922. Carpeta Documentos Casa Parroquial, ACAA. 223

9. Aurotización de Venta de la Casa del Cura Párroco de Aguada firmada por Mons. George Joseph Caruana, Obispo de Puerto Rico, fechado en San Juan el 14 de abril de 1924. Carpeta Documentos de la Casa Parroquia, ACAA. 226

10. Acta de la Visita Pastoral de 1924. Libro de Visitas Pastorales, fol. 23..227

11. Documento de la Permuta sobre los Terrenos de la
Ermita del Rosario. Permuta realizada sobre los Terrenos de la
Ermita del Rosario y la Zona Ajardinada del ala derecha
según se entra a la Iglesia Parroquial. Esta permuta se
encuentra asentada en el Folio 169, del tomo 21, finca
786 de la 1ª Inscripción de Aguadilla. Fechada en
Aguada 22 de mayo de 1924. Carpeta
Documentos Casa Parroquial, ACAA. 228

12. Acta de la Primera Visita Pastoral de Mons. Edwin
V. Byrne. Libro de Visitas Pastorales, fol. 41–42. 230

13. Oficio de la muerte del P. Gorostiza firmado por
Fr. Arsenio Fernández, Vicario Provincial, en Aguadilla
el 20 de diciembre de 1937. Carpeta Defunciones
Vicariales 1929–1939, ACAA. 231

14. Martirio del Convento de Calella. Circular del
P. Ambrosio de Arancibia a los Amados Padres
Misioneros de Puerto–Rico, EE. Unidos y Brasil,
fechada en León, Natividad de Juan el Bautista, 1937.
Carpeta Circulares Provinciales, 1929–1939, ACAA. 232

15. Permiso de Cesión de Uso de los Terrenos del Municipio
de Aguada utilizados en la Casa Parroquial. Carpeta Casa
Parroquial, ACAA. 236

16. Documento de Reconocimiento de la Propiedad de los Padres
Agustinos de Manos de Mons. Aloysius Willinger (1933).
Carpeta Casa Parroquial, ACAA. 237

17. Acta de la Primera Visita Pastoral de Mons. Alonso
J. Willinger. Libro de Visitas Pastorales, fol. 52–54. 238

18. Acta de la Segunda Visita Pastoral de Mons. Alonso
J. Willinger. Libro de Visitas Pastorales, fol. 55–58. 240

19. Permuta entre el Obispado de Ponce y los Padres Agustinos
por las casas de Lajas y Aguada respectivamente. Firmada
por Mons. James E. McManus, Obispo de Ponce, y el
P. José Rodríguez, Vicario de las Antillas, fechada el
12 de enero de 1949. Carpeta Documentos
Casa Parroquial, ACAA. 242

20. Acta de la Tercera Visita de Mons. Alonso J. Willinger,
Obispo de Ponce, libro de Visitas Pastorales, fol. 59–61..............246

21. Propiedades de la Iglesia Parroquial (1945) 248

22. Acta de la Primera Visita Pastoral de Mons. Jaime Eduardo McManus, libro de Visitas Pastorales, fol. 62–63...........249

23. Acta de la Visita de Renovación realizada por el P. Pedro Moratiel, Prior Provincial, fechada Santurce el 26 de noviembre de 1949. Carpeta Visitas de Renovación 1949–1959, ACAA. 251

24. Acta de la Segunda Visita Pastoral realizada por Mons. Jaime E. McManus.. Libro de Visitas Pastorales, fol. 62–66.........254

25. Acta de la Visita de Renovación Provincial 1953 realizada por el P. Pedro Moratiel, Prior Provincial, fechada en Santurce el 15 de abril de 1953. Carpeta Visitas de Renovación Provincial 1949–1959, ACAA. 257

26. Acta de la Tercera Visita Pastoral realizada por Mons. Jaime E. McManus. Libro de Visitas Pastorales, fol. 62–66.........259

27. Telegrama con Motivo de la Muerte de Pío XII, Papa (1958) 260

28. Suplemento "seu Decreta" del Capítulo Provincial de 1963.........261

29. Acta de la Visita General de Renovación realizada por P. Santos Santamarta, Vicario y Asistente General, fechada en Santurce el 1 de abril de 1965. Carpeta Visitas Generales de Renovación 1959–1969, AVANT..........................262

30. Autorización del Libro de Santas Visitas y Disposiciones de los Superiores. Aguada, P.R. a 10 de diciembre de 1955, ACAA. 264

31. Acta de la Visita Provincial de Renovación realizada por el P. Modesto Santamarta. Carpeta de Visitas de Renovación Provincial 1959 - 1969, ACAA. 266

32. Nombramiento del P. Gonzalo González, OSA, como Párroco de la Parroquia San Francisco de Asís de Aguada, P.R. Firmado por Mons. Jaime McManus, Obispo de Ponce, fechado el 29 de julio de 1960. Carpeta Nombramientos Parroquiales 1959–1969, APASFA. 267

CRÓNICAS 269

Apuntes Cronológicos previos a la llegada de los PP. Agustinos, tomados del P. Isaías Revilla Casado. Memoria de los Agustinos en Aguada (1919–1994). p. 4....................269

Apuntes Cronológicos Después de la Llegada de los Padres Agustinos...270

FOTOS DE LA IGLESIA Y LA CASA PARROQUIAL **278**

EPÍLOGO **283**

TABLAS.. **285**
DISTRIBUCIÓN DEL GOBIERNO 1919–1969..........................285
OBISPOS Y PÁRROCOS 1919–1969 286

BIBLIOGRAFÍA.. **289**
Libros Editados...289
Libros Sin Editar..289

DEDICATORIA

A mis hermanos de Comunidad en Aguada P.P. Isaías Revilla Casado, Ildefonso Blanco González y José Luis Díez Gabela por el apoyo brindado. Así como a los Aguadeños por su profunda Fe en Jesucristo.

Aguada, P.R. 16 de julio de 2013.

SIGLAS

ACAA: Archivo de la Comunidad Agustiniana de Aguada.
APAC: Archivo Provincia Agustiniana de Castilla.
APASFA: Archivo Parroquia San Francisco de Asís.
AVANT: Archivo Vicariato Agustiniano de las Antillas.
Fr: Fray o Hermano.
L.C: Lugar Citado, corresponde a la carpe y archivo citado anteriormente.
Mons: Monseñor u Obispo.
Op. Cit: Obra Citada.
P: Padre o Sacerdote.
PP: Padres o Sacerdotes.
P.R: Puerto Rico.
R.D: República Dominicana.
S.E: Sin Edición

PRÓLOGO

Los seres humanos nos diferenciamos de los animales por nuestra capacidad de interpretar el presente a la luz del pasado. Por eso es tan importante recordar los hechos pasados, que nos pueden ayudar a responder sabiamente a los desafíos que nos toca enfrentar en la actualidad. La memoria histórica es un bien inestimable, que toda institución humana debe apreciar y desarrollar. En el caso de nosotros, los frailes agustinos del Vicariato de las Antillas, el recuerdo de los pioneros que llegaron a Puerto Rico hace más de cien años y se fueron estableciendo en diferentes pueblos de la isla, evangelizando con espíritu misionero el pueblo de Dios, debe ser siempre un lugar de encuentro de nuestra propia identidad de frente a los retos que vivimos en el presente.

Dentro de unos años, concretamente en el 2019, celebraremos el Centenario de la llegada de los agustinos al pueblo de Aguada. Que se entienda… no es el centenario de la fundación de la parroquia, que se remonta más allá en el tiempo, sino la celebración de cien años de interrelación entre una comunidad parroquial y la familia religiosa que la ha pastoreado. Cien años de predicación continua, testimonio de vida y actividad sacramental, que han dado un carácter agustiniano a un pueblo bendecido por Dios.

Como preparación a este gran acontecimiento, el P. José Aridio Taveras de León, OSA, nos ofrece este libro. Primera parte de un proyecto más abarcador, fruto de varios años de investigación en los archivos de la comunidad agustiniana de Aguada y los archivos del Vicariato agustiniano de las Antillas, entre otros. En este primer libro, contempla la historia de los agustinos en Aguada desde el 1919 hasta el 1969. Los primeros cincuenta años. Los restantes nos los proveerá luego, más cerca del centenario que nos disponemos a celebrar.

Habitualmente los primeros años de toda nueva empresa son los más hermosos. La luna de miel, dirían algunos. Y así fueron ciertamente también en Aguada los años de reconstrucción de una iglesia, que había sido asolada no sólo por el terremoto del 1918, sino también por la llegada del protestantismo a inicios del siglo pasado. Años de misión incansable, de catequesis constante, de organización de comunidades en los diferentes barrios que circundan el pueblo de Aguada. Estos primeros cincuenta años nos los documenta detalladamente el P. Aridio en esta entrega inicial de su investigación.

El P. Aridio se enamoró de la investigación histórica desde sus años de seminarista. Con pocos años de ordenado, publicó en el año 2010 su libro sobre la Historia de los Agustinos en República Dominicana, cuando habíamos celebrado recientemente cincuenta años de nuestra llegada a tierras dominicanas. Ahora que se ha trasladado a Puerto Rico, nos presenta tan sólo tres años después, otro estudio de historia de la Orden. Esta vez sobre nuestra historia en Aguada. Esperemos que siga adelante por este camino, llevando a luz pública la vida de nuestros antiguos hermanos de hábito, que en muchas ocasiones queda escondida en los archivos.

Vicario de las Antillas

INTRODUCCIÓN

Los Cien Años de la presencia Agustiniana en Aguada se celebrarán en 2019. Es una cifra que se dice muy rápido, pero es mucho el tiempo que hay que contar y esperar para alcanzarla. Sobre todo cuando está envuelta la vida de la mayoría de los hermanos del Vicariato que miman con amor y ternura la comunidad en la que cada uno dejó impreso su carácter misionero y lo mejor de su ímpetus pastoral que, en un gran número de ellos, se corresponde con sus años juveniles.

Después del Terremoto de San Fermín del 11 de octubre de 1918 Mons. William Ambrosio Jones y Hurley, agustino que ejercía la cura pastoral como Obispo de Puerto Rico, se encontraba en grandes aprietos frente a la Parroquia de Aguada. La Iglesia destruida, pocos feligreses y un párroco que decide marchar. Es en este momento cuando acude a sus hermanos los Agustinos.

Su petición no se hizo esperar. El mismo P. Juan Torner, Vicario de las Antillas, se trasladó desde San Germán hasta Aguada y, luego, designa para este trabajo misional al P. Pedro de Arancibia, excelente arquitecto. Así inició la historia en la que los Padres Agustinos han venido forjando la fe de este pueblo desde entonces hasta hoy.

Este acontecimiento hay que celebrar en grande. El Señor ha estado en medio de nosotros y estamos alegres. No sólo por los que vinieron, enseñaron, gobernaron y santificaron al pueblo desde la peculiaridad pastoral del carisma agustiniano, sino por los que aún hoy lo siguen haciendo con un selo cada vez más renovado y plenamente convencidos de que el Señor les llama a ejercer este servicio para el bien de todos.

Tras haber sido destinado a vivir en esta comunidad, llegué el 9 de junio de 2010. Nada más entrar comencé a explorar ¿cómo se ha desarrollado la comunidad agustiniana en Aguada? Al ver la fachada de la Iglesia, cuya inscripción señala 1924–1936, parecía que la primera parte de esta pregunta estaba contestada. Pero los hermanos de comunidad me explicaron el error de inscripción, los primeros agustinos llegaron en 1919 y la Iglesia se comenzó a construir en noviembre de 1920, según los datos de las primeras donaciones.

Decidí pedir al P. Gabela acceso a los Archivos de la Casa con fines investigativos y él mes los concedió. La gran sorpresa consistió en que si quería investigarlo debía organizarlos catalogándolos e indexándolos de forma que se pudieran citar sus documentos con precisión científica. Luego me dijo que debía conformar dos archivos: el Archivo de la Comunidad Agustiniana de Aguada (ACAA) y el Archivo de la Parroquia San Francisco de Asís (APASFA). Tarea ardua a la que me dediqué en mis pocos momentos libres, puesto que el trabajo pastoral englobaba la mayor parte de las horas y los días. Al ser el Archivero del Vicariato tenía libre acceso a los documentos del Archivo del Vicariato de las Antillas (AVANT), así en los pocos días que pude visitar el mismo aprovechaba las noches para obtener las informaciones convenientes y transcribirlos.

La primera intención que tuve fue la de diseñar una investigación de 10 décadas. Pero la poca información con la que contaba para las primeras cinco me condujo por dos diseños diferentes: narrativo, la primera, y narrativo - causal, la segunda. Así quedan constituidas dos partes de una única investigación; a su vez, estas se subdividen en décadas que inician en julio y terminan en agosto de sus años correspondientes, su hilo conductor es la vida de la comunidad en torno a la cual van surgiendo temas emergentes que abordan cronológicamente las aspectos: comunión de vida, comunión de bienes o comunión en el apostolado.

En la redacción de esta primera parte he decidido mantener el mismo método que utilicé al escribir la Historia de los Agustinos en República Dominicana (1954–2006) que vio su luz en 2010. Anotando de toda afirmación las fuentes del texto en el que se encuentra recogida: su autor y destinatario, lugar y fecha donde se produjo; carpeta y archivo al que pertenece y en el que se puede investigar. Los contenidos, su conservación en los Archivos de la Orden y la similitud en las propiedades físicas de los documentos coetáneos garantiza que la información que comunican son veraces, confiables y ciertas.

A demás, se presentan en este libro tres juegos de anexos: los Documentos que consideré más valiosos para la Orden y la Parroquia, una cronología y la tabla de gobierno y administración sacramental.

Pongo en tus manos **Los Agustinos en Aguada (1919–1969).** Texto con el que pretendo llamar la atención de los Aguadeños para que inicien el proceso de preparación del Centenario de los Agustinos en Aguada. Agradezco a Dios el que haya permitido llegar a ti de este modo.

Como obra humana siempre tiene imperfecciones, dentro de las cuales se encuentra la carencia de documentación en los archivos sobre el

Partido Acción Cristiana en el que el P. César García Trabajó con tesón, y otras más que irás descubriendo, ante las cuales te pido disculpas por los fallos e imprecisiones que se hayan podido cometer.

Agradezco a todos los agustinos que han amado y trabajado en Aguada, dejando en ella la huella pastoral del carisma agustiniano inspirado en el servicio a Dios desde la comunidad.

P. Fr. José Aridio Taveras de León, OSA

I

CONTEXTO HISTORICO A LA LLEGADA DE LOS AGUSTINOS EN AGUADA

1. El Momento Histórico

La isla descubierta por Cristóbal Colón el día 19 de noviembre de 1493, recibió el nombre de San Juan. Él entró a ella a través de las tierras que hoy reciben el nombre de Villa de Soto Mayor de Aguada.

Desde ese momento pasó a ser terreno español y su historia estuvo marcada por los mismos avatares colonizadores de las demás islas del archipiélago de las Antillas: la explotación del oro, la implantación del ingenio azucarero y el triángulo negrero. También se dio en ella la contradicción en el desarrollo económico y social de la capital, San Juan o Isla Verde, debido a su fortaleza y su cárcel, frente a la pobreza de las ruralías o isla de San Juan.

En el siglo XIX acontecieron en su seno algunos desajustes. Le favorecieron los efectos de la Cédula de Gracia (1815), entre los que están la búsqueda del desarrollo económico, agrícola e industrial. Se hicieron sentir los influjos de la política liberalista del momento: desamortización de Juan Álvarez Mendizábal (1837), surgimiento de partidos políticos y ley de libertad de cultos (1869).

Aunque junto al Caribe intentó liberarse de España el 23 de septiembre de 1868 con el Grito de Lares, no logró realizar su deseo.

Su rumbo histórico se reorientó a raíz de la guerra Hispano–Americana, declarada por Estados Unidos a España el 25 de abril de 1898. Puesto que, el 25 de julio de 1898, Estados Unidos la tomó como posesión.

A pesar del cambio político la situación económica y social continuó igual hasta inicios del siglo XX. Con la ley Foraker de 1900 los gobernadores de Puerto Rico debían tener nacionalidad norteamericana.

Nacionalidad que adquieren los puertorriqueños a partir de 1917 con la Ley Jones.

La política económica capitalista se hizo paso en ella a través de bancos, centrales azucareras y latifundios. Aunque continuó el predominio tradicional de los españoles en el comercio y se dio la ruina de la producción cafetalera, la construcción de carreteras y medios de comunicación. Aumentó el número de profesionales e inició el proceso de formación de la clase media y la aparición del proletariado fabril (tabaco) y agrícola (caña).

Los acontecimientos más importantes mundiales y puertorriqueños que se producen durante el tiempo en que transcurre esta investigación son: Depresión Económica de 1930 que se reflejará en el cambio del sistema administrativo de la comunidad, Segunda Guerra Mundial (1939 - 1945) motivos por los cuales se pedirá la paz mundial, Ley 600 por la que se constituye el Gobierno Constitucional de Puerto Rico (1950), declaración de Puerto Rico como Estado Libre Asociado (1952), período de Guerra Fría y la Carrera Armamentística (1962).

2. La Iglesia Católica en Puerto Rico

La llegada de Cristóbal Colón marcó el inicio del cristianismo en Puerto Rico. También, la ejecución del Patronato Regio por la cual el rey de España tuvo la facultad de enviar y seleccionar los misioneros de América, cobrar los diezmos, fijar y modificar las diócesis de América, vetar la elección de obispados y arzobispados, así como el derecho de presentar sus candidatos ante la Santa Sede. A cambio de ello, debió mantener el clero y construir los edificios eclesiales.

En 1511 Puerto Rico se constituyó en Diócesis con su sede en San Juan. Desde sus inicios fue objeto de una intensa labor misional y poca cantidad de clero que en su mayoría se concentraba en la capital. A su vez, el espiritismo fue introducido por los esclavos provenientes de África. A pesar de las dificultades, se construyeron hospitales y escuelas para educar al pueblo.

La desamortización de Juan Álvarez Mendizábal en 1837 provocó el cierre de los conventos y el consiguiente traslado de muchos religiosos a otras islas. Algunos sacerdotes, aunque con precariedades, permanecieron en ella. Situación superada con el concordato entre España y la Iglesia.

Su clero nativo comenzó a cultivarse desde 1832. Pero una gran epidemia de cólera lo redujo y afectó a los seglares que les ayudaban en la atención a los enfermos. No obstante, el obispo pidió y recibió ayuda de congregaciones religiosas españolas.

La Cédula de Gracia (1815), que le permitió el desarrollo comercial, inició la llegada del protestantismo en la isla. Su proceso de introducción se ramificó en tres momentos:

- En 1860 Heiliger, vendedor que operaba desde San Thomas, trajo el mensaje protestante a José Antonio Badillo, de Aguadilla.
- La Ley de Libertad de Cultos de España (1869): permitió que un grupo de trabajadores de Vieques recibieran el permiso para establecer una escuela protestante.
- Debido a la importancia que había adquirido el azúcar un grupo de comerciantes se establecieron en Ponce. Ellos pidieron y recibieron permisos para construir una Iglesia Anglicana.

El Obispo Juan Antonio Puig construyó en 1884 una residencia de sacerdotes en San Germán, pero no siempre estuvo atendida.

La entrada de los norteamericanos en 1898 trajo como consecuencia a la Iglesia Católica el abandono de la isla por parte del clero debido a la inseguridad política y la prohibición de enseñar en las escuelas.

Esta baja en el clero fue aprovechada por los protestantes para instalar iglesias. Entre ellas: Presbiterianas, Congregacionales, Bautistas y Metodistas Episcopales. Se valieron de la música como recurso pastoral. Se les permitió construir escuelas y hospitales. A esta realidad se une la presencia de la masonería que había iniciado unos años antes.

3. Provincia Agustiniana de Castilla

La Provincia Agustiniana de Castilla, ubicada en España, fue una de las afectadas por la desamortización de Mendizábal (1837). A sus frailes les expropiaron sus conventos. No obstante, muchos de ellos seguían viviendo en espíritu religioso y querían volver nuevamente a su antiguo estilo de vida.

Con el fin de darle continuidad a las cuatro provincias agustinianas que en aquel entonces existían, se nombró un Vice-Comisionado que se encargase de gestionar la restauración de éstas bajo el nombre de Provincia de Castilla. Para ello celebró una reunión que tuvo varias secciones durante los días 1 al 6 de octubre, uno de sus frutos fue la redacción de un documento cuyo objeto primero era lograr los permisos para restaurar y segundo enviar misioneros al archipiélago de las Antillas, principalmente a la isla de Santo Domingo.

El permiso les fue concedido el 10 de octubre de 1866, pero para estas fechas Santo Domingo había celebrado su libertad nuevamente. Una vez obtenido los permisos comienzan a pensar en fundar una misión en Cuba o en Puerto Rico. Mientras aprueba sus propios estatutos provinciales y se instituye en diversos pueblos de España. En 1884 se fundan conventos en Valencia de Don Juan, en 1889 en Villamañán (León), en 1890 en El Rasillo (La Rioja), en 1901 en Huelva.

Proyecto Misionero

En la segunda parte del documento Memoria de la Conservación de Santo Domingo proponía el envío de misioneros a la República Dominicana. Estos serían curas, párrocos y maestros. Dice el P. Tintorer que debían ser evangelizadores, que recuerden el compromiso adquirido en su bautismo y que enseñen con la palabra y el ejemplo. Como los misioneros van de pueblo en pueblo se hace necesario el establecimiento de parroquias. Los párrocos serían padres que criasen y educasen, amigos del pueblo, liberales y caritativos, jueces pacíficos, buenos pastores y ángeles tutelares. De los maestros de la juventud indica que los jóvenes comienzan a forjar su alma con la enseñanza y que no sólo es escribir, leer y cantar; sino también, inculcar buenos principios y la religión. El maestro es importante en la sociedad, porque lo que enseña echa raíces, y una vez sembrada y brotada la semilla, es mucho más fácil sacar los frutos.

4. Los Agustinos en Puerto Rico

Los Padres Agustinos llegaron por primera vez a Puerto Rico el 15 de abril de 1896. El obispo les concede establecerse como misioneros en la residencia de San Germán construida por el Obispo Puig. Los primeros en llegar fueron Fr. José V. de Alústiza, Fr. Jaime Ferrer, Fr. Antonio Echeverría y el hermano Fr. Esteba Melchor.

Una vez allí, se hacen cargo del Hospital y la Parroquia San Germán de Auxerre. Pero, el 16 de octubre de 1898 salen de Puerto Rico como efectos de la inseguridad producida por la guerra hispanoamericana.

En el Capítulo Provincial Intermedio que la Provincia Agustiniana de Castilla tuvo en 1901 se aprueba el regreso a Puerto Rico. Son acogidos nuevamente por el Obispo de Puerto Rico y retornan a San

Germán de Auxerre. Desde este año su labor misionera fue aumentando progresivamente, así lo muestra el itinerario de parroquias que fueron asumiendo: San Germán (1901), Lajas (1901) atendida desde San Germán, El Rosario (1905), Cabo Rojo (1905), Maricao y Las Marías (1908), Lares (1912), Aguadilla y Moca (1912), Santurce y Aguada (1919).

Fruto del trabajo realizado y del aumento del número de agustinos laborando en Puerto Rico fue el establecimiento del Vicariato de las Antillas en 1907 y consiguiente nombramiento del primer vicario[1].

Vicario de las Antillas

La visita de renovación del P. José V. de Alústiza en el año de 1905 dota a los padres residentes de una guía propia producto de la adaptación de los estatutos provinciales a la realidad de Puerto Rico. Estos modelos de estatus serán continuamente ratificados por los demás provinciales en sus visitas, entre las que está la realizada en 2012. Con el fin de tener una persona que velara por el bien de los hermanos haciendo las veces de provincial en Puerto Rico, nombraron en 1907 un Representante del Provincial y sus Definidores o Consejeros. En lo adelante se le designará a estas personas como Vicario Provincial, Comisario Provincial o Vicario Regional y a sus Definidores como Consejo Vicarial.

Visitas Provinciales

Los Padres Provinciales de la Provincia Agustiniana de Castilla habían visitado Puerto Rico antes de la erección de la comunidad de Aguada. La primera de estas visitas la realizó el P. José Valentín de Alústiza en el año 1905. En ella les dio unos lineamientos propios que les sirvieran como estatutos. Esta adaptación de los Estatutos Provinciales son las normas que rigen la comunidad de Aguada desde su nacimiento.

> "En cumplimiento de mi cargo y deseando saber el estado de nuestra Residencia de San Germán y el porvenir que ofrecía, después de ser la Isla de Puerto Rico del dominio de los Americanos, me trasladé allí con objeto de hacer la Visita en

---

[1]   Sahelices González, P. *Juan de Gorostiza. Misionero en Puerto Rico.* Revista Agustiniana, Madrid 2002. p, 26.

compañía de mi Secretario y el Hno. lego, Fr. Remigio del Coro. El P. Secretario [P. Félix del Valle] después de pasar allí unos días, se fue a los Estados Unidos según estaba dispuesto, quedándose el Hno. lego, en San Germán. Como no se pudo hacer antes la Visita y nada se había determinado en particular para el buen régimen y marcha de aquella Residencia, tuve que detenerme bastante tiempo allá y tomar algunas disposiciones que sirvieran como de Estatutos para los Religiosos de la misma …"[2]

En la Visita Provincial de 1912[3] realizada por Fr. Antonio Echevarría, Visitador Delegado, cuya acta fue redactada por Fr. Ángel Cámara, Secretario de la Visita, se ratificó y readaptó lo decretado en la visita de 1905.

Resumen del Acta de la Visita Provincial de 1905

1º. Da gracias a Dios porque los Padres, "a pesar de sus múltiples ocupaciones… conservan un buen espíritu religioso… a la vez que verdadero celo por la salvación de las almas encomendadas a su cuidado".

2º. "A fin de que siempre conserven ese buen espíritu y celo fervoroso, ordenamos" que todos los días tengan media hora de oración mental, recen por la tarde la oración serótina y asistan por la noche al Santo Rosario en la Iglesia.

3º. "En atención a sus ocupaciones, les autorizamos para que recen el Oficio Divino en particular…"

4º. "Puesto que todos los Domingos tienen la Misa parroquial cantada, dispensamos todas las misas cantadas de la Orden… a

---

[2]　Ibid., p. 334. **Nota**: Tomado de "Memoria sobre el estado actual de la Provincia Sto. Tomás de Villanueva en España y Antillas y breve reseña de lo que se ha hecho en el último cuatrienio (1903–1907). APAC.

[3]　Cfr. Acta de la Visita Provincial realizada por Fr. Antonio Echevarría, Visitador Delegado, y Fr. Ángel Cámara, Secretario de la Visita, fechada en San Germán el 10 de junio de 1912. Cfr. Documento 1.

excepción del día de San José, N.P.S. Agustín y Sto. Tomás de Villanueva".

5º. "Todos los PP. Sacerdotes celebrarán el Santo Sacrificio de la Misa diariamente…"

6º. El P. Sacristán puede hacer por sí solo el gasto ordinario de la Sacristía; pero cuando se trate de algún gasto que exceda los 10 pesos, obrará de acuerdo con el P. Superior, y si el gasto excediera de 25 pesos, con los PP. Consejeros".

7º. Por las dificultades que hay para que todos hagan diez días de Ejercicios Espirituales cada año, como está mandado, pueden hacer tres días cada cuatro meses.

8º. "Mandamos que se observe en todo rigor lo que está dispuesto en nuestras leyes, respecto a la Confesión, o sea, que todos los Sacerdotes y no sacerdotes se confiesen semanalmente…"

9º. "… que se celebren los Aniversarios de la Orden…"

10º. Con relación a la administración del Sacramento de la Penitencia y la predicación, 'Les encargamos encarecidamente, que tengan siempre ante sus ojos la grandeza y sublimidad del ministerio que ejercen… que procuren ser hombres de oración…"

11º. "La comida ordinaria consistirá, en café con leche o chocolate por la mañana; sopa, cocido, un principio y postre al mediodía; una ensalada o dos ensaladas cocidas o crudas y un plato fuerte y postre por la noche. Se permite en las comidas el uso moderado del ron o vino, según les venga mejor para el estómago, al estilo del país y lo mismo decimos, respecto del café y el tabaco…

Todos los días se leerá un poco al principio de la comida: los lunes, martes y miércoles, un capítulo de la S. Escrituras; jueves y domingos, Constituciones; y viernes y sábados, la Regla; por la noche, se leerá algo de un libro piadoso que el P. Superior señale… Observarán el santo silencio desde las 10 de la noche, o cuando toquen al retiro, hasta después de la celebración de la misa al día siguiente.

En atención a que la Iglesia ha dispensado la mayor parte de los ayunos a sus fieles en esta Diócesis, dispensamos también los ayunos de la Orden en esta Residencia por razón del clima y del trabajo que tiene los PP. menos el de la Víspera de N. P. San Agustín y el de la Víspera de Sto. Tomás de Villanueva".

12º. "Se les permite el uso del hábito blanco de tela, de lino o algodón, por razón del clima, pero tan solo en casa y en la Iglesia los días ordinarios; para la predicación, para las solemnidades y para las visitas, usarán el hábito negro. Respecto a la ropa interior, y exterior, como para montar a caballo, etc. Y respecto al calzado, pueden usar, lo que crean mejor y más conveniente, siempre que sea decente y modesto, y no llame la atención de la gente… No podrán tener en sus habitaciones, cosas de valor, como por ejemplo, objetos de oro o plata, sino que los entregarán al P. Superior, para guardarlos en el Depósito. El reloj, anteojos y otros objetos de uso ordinario, permitimos que estos países puedan ser de oro o plata, por la facilidad con que se oxida cualquier otro material…"

13º. "… que el P. Procurador, que tiene la obligación de dar a cada religioso lo que necesite, lleve un libro de ingresos y gastos, o sea, de lo que recibe del Depósito, por donde ha de pasar todo el dinero, y de lo que ha gastado… Queda autorizado para hacer los gastos ordinarios… por cuando el gasto exceda de 30 pesos obrar con el parecer del P. Superior".

14º. Todos los PP. que tengan su residencia permanente en la casa, tomarán parte en la consulta… el Depósito estará siempre bajo tres llaves.

15º. "Cada semestre mandará el P. Superior a la Secretaría de la Provincia una copia exacta de todas las cuentas de la procuración… Todos los PP. y HH. harán inventario o desapropio, todos los años, sin que nadie pueda dispensarse bajo ningún pretexto. El P. Superior podrá por sí solo gastar al año en las cosas necesarias de la casa, hasta 50 pesos y 12 en limosnas; para los gastos que pasen de los 50 pesos, reunirá la consulta y de acuerdo con ella podrá gastar hasta 200 pesos en cosas necesarias, pero si hubiera necesidad de gastar más, no lo harán sin licencia "in scriptis", del P. Provincial.

16º. "Ningún religioso podrá salir de casa sin licencia del P. Superior, a no ser para la administración de los Santos Sacramentos".

17º. "Ordenamos que haya un libro de Consultas, donde se harán constar todas las resoluciones que se tomen con la firma de todos los PP. que componen dicha consulta y hayan estado presentes".

18º. "Por último recomendamos a todos los religiosos de esta Residencia el Ofrecimiento de Obras por la mañana y el Examen de Conciencia por la tarde o noche…"

Dadas en Santa Visita Provincial en nuestra Residencia de San Germán, a 25 de enero de 1905.[4]

Vicario Provincial

El nombramiento del primer Vicario de las Antillas recayó sobre el P. Juan de Gorostiza, quien había sido Consejero Provincial en el período anterior. En este mismo nombramiento se destina la Comunidad de San Germán como sede vicarial. Entre las facultades del Vicario están: visitar las casas de Puerto Rico, siempre que lo crea conveniente y determinar lo necesario[5].

Para el ejercicio de su oficio debía pedir el consejo del Definitorio o Consejo Vicarial. En el mismo documento se nombra el Primer Definitorio del Vicariato de las Antillas, estos son los siguientes hermanos:

---

[4]   Sahelices González, P. **Los Agustinos en Puerto Rico. 1896–1996.** Revista Agustiniana, Madrid 1996. p. 336 - 338.

[5]   Cfr. _____. **P. Juan de Gorostiza. Misionero en Puerto Rico.** p. 26.

RR. PP. Felipe Villahoz, Pedro de Arancibia y Juan Torner[6]. Acto que el P. Provincial, Fr. Cipriano Asensio, y su Definitorio firmaron el 3 de noviembre de 1907 en León, España.

5. Aguada Antes de la llegada de los Padres Agustinos

El Pueblo de Aguada a Finales del Siglo XIX

Aguada bañada por las aguas del Canal o Pasaje de la Mona, se ubica al noroeste de la Isla de Puerto Rico. Con sus pueblos vecinos limítrofes Añasco, al sur; Rincón, al oeste; Moca al este y Aguadilla, al norte.

Compuesta por diecisiete barrios rurales y uno urbano diseminados entre la porción de la Cordillera de San Francisco que le corresponde, diversos cerros y dos valles. Su altura máxima alcanza 350 metros sobre el nivel del mar, elevación en la que aproximadamente se enclavan los barrios: Atalaya, Laguna, Naranjo, Marías y Cerro Gordo. En torno al rio culebrinas se encuentra el Valle Culebrinas que recoge los barrios: Mamey, Guanábano, Espinar, Asomante y Carrizal. En otra porción de valle se encuentra: Guaniquilla, Rio Grande y Guayabo. Aunque hay cerros por diversos de los barrios mencionados, guardan esta peculiaridad como cosa propia los barrios: Cruces, Jagüey, Mal Paso y Piedras Blancas. El casco urbano se subdivide en dos barrios: California y Rosario, localizados al oeste y al este de la plaza respectivamente.

Estos diecisiete barrios, a finales del siglo XIX, recogían 264 edificaciones, entre ellas: 92 casas y 172 bohíos. De estos últimos 89 dedicados a viviendas, 50 a los agregados y 34 en otros usos.[7]

En su casco urbano había 141 instalaciones repartidas entre 66 casas, 73 bohíos y 2 ranchos. El mayor número de casas se encontraban entre las calles Comercio, Colón, Paz; los bohíos en las calles Marina, San Narciso, Ermita; mientras que estaban poco pobladas las calles San José y Estación. Intercomunicaban las calles sus cinco callejones de los cuales dos no poseían nombres y los demás se conocían como Jiménez, Estrada y La Llave. En torno al perímetro del pueblo, 16 casas: 3 casas en la salida del pueblo, 2 casas y 3 bohíos en el barrio Rosario y 8 alrededor de la plaza.[8]

---

[6]   Cfr. Ibidem.

[7]   Cfr. Nieves, B. Historia de Aguada: siglos XVI–XIX. Aymaco, Añasco 2009. p. 77.

[8]   Cfr. Ibidem.

A nueve haciendas azucareras se dedicaban 1,082 cuerdas de terreno. Los demás cultivos de café, tabaco y frutos menores se realizaban en 1,517 fincas rústicas. Su ganado vacuno poseía 2,312 cabezas. La industria, Central Coloso, había cesado, y sus inversiones comerciales se cifraban entre 6 pulperías, 17 ventorrillos, 3 locales de ventas de tejidos y 2 para tabaco[9]. Aunque había cinco escuelas en los campos y una escuela de varones y otra para hembras en el pueblo no toda la población sabía leer y escribir. Los niveles de analfabetismo eran muy altos.[10]

La población total ascendía a 10,062 almas que frecuentaban la Ermita del Rosario ubicada en la calle ermita, la ermita del Espinal en el barrio de su mismo nombre y, al borde de la plaza, la Iglesia Parroquial dedicada a su patrón San Francisco de Asís.

La Parroquia de San Francisco de Asís a Principios del Siglo XX

La Diócesis de Puerto Rico, desde su creación el 8 de agosto de 1511 mediante la Bula "Romanus Pontifex" del Papa Julio II, fue la encargada de pastorear todo el territorio puertorriqueño y otros más. Varios obispos regentaron la vida pastoral de la diócesis dentro de los que están los agustinos: Pedro de Salamanca y Pedro Solier y Vargas.

En 1692 Aguada pasó a ser Parroquia Colativa independiente de San Germán[11]. De ahí que ésta formara parte de la zona geográfica bajo la jurisdicción eclesiástica del Obispo de Puerto Rico, Mons. William Jones, OSA desde 1919 hasta 1921[12].

La Visita Pastoral de 1907

La Visita Pastoral de Mons. Guillermo Ambrosio Jones del día 15 de julio de 1907 le indica al P. Mangual, párroco de la Vicaría de Aguada lo siguiente:

---

[9] Cfr. Ibid, p. 105.

[10] Cfr. Ibid, p. 115.

[11] Campo La Casa, C. *Historia de la Iglesia en Puerto Rico.* Instituto de Cultura Puertorriqueña, San Juan 1977. p. 214.

[12] Huerga, A.–McCoy, F. Episcopologio de Puerto Rico: los obispos norteamericanos de Puerto Rico (1899–1964). Pontificia Universidad Católica de Puerto Rico, Ponce 2000. 89–176.

"Habiendo visitado en cumplimiento de nuestro cargo pastoral, esta Parroquia de San Francisco de Asís de Aguada y enterados de sus necesidades espirituales y materiales plácenos manifestar que Nos en nada tenemos que llamar la atención del Sr. Cura y Vicario porque esperamos de él su mayor esfuerzo a fin de que los niños se instruyan convenientemente en las principales verdades de nuestra sacrosanta religión, siendo muy provechoso, para que los resultados sean mayores, que de acuerdo con la Presidenta de la piadosa Congregación de Hijas de María, forme diferentes secciones que se encarguen de tan laudable enseñanza en los diversos barrios de esta feligresía".[13]

En esta misma visita le pide que ponga llave a la zona del bautisterio de la iglesia y le indica la entrega de los libros de Capellanía al Colector General de Capellanías y Obras Pías de la Diócesis[14].

La siguiente Visita Pastoral la realizó también Mons. Jones los días 1, 2 y 3 de mayo de 1917. En su punto número dos indica Mons. Jones el mismo problema anterior:

"2º. Que siendo la enseñanza del catecismo el único medio que hoy se tiene para propagar y conservar nuestra Santa Religión, exhortamos al Sr. Cura Vicario a que continúe en esta labor meritoria, sobre todo en los campos, utilizando para ello los medios que su celo por las almas le sugieran estableciendo la enseñanza del catecismo en posible en los barrios más distantes de la Iglesia Parroquial en orden también se debe ir haciendo diligencias por fundar Capillas que sirvan al mismo tiempo para que aquellas fieles reciban Sacramentos y oigan algunas veces la Santa Misa, facilitándoles el cumplimiento de los deberes religiosos".[15]

En esta segunda visita, a demás de urgir las catequesis, pidió la erección de Capillas en los campos o barrios.

---

[13]   Libro de Visitas Pastorales, fol. 3 -5.

[14]   Ibidem.

[15]   Ibid. Fol. 21 - 22.

El Inventario de la Iglesia Parroquial de 1914

Inventario de la Santa Iglesia Parroquial de San Francisco de Asís de Aguada que formamos los Señores Curas saliente Dn. Rafael Mangual, y entrante Dn. Baldomero Fernández Gómez, de los objetos que pertenecen a esta Santa iglesia.

Hoy día seis de noviembre de mil novecientos catorce.

Sección 1ª.
Alhajas

1º. Cuatro cálices de planta y dos copones de plata.
2. tres patenas de plata dorada.
3. Un incensario de plata con cadenas de hierro.
4. Una naveta de plata.
5. Tres ánforas de plata para los Santos Óleos.
6. Tres ánforas pequeñas para el batisterio.
7. Una custodia de plata dorada.
8. Una cruz pequeña filigranada, de plata.
9. Una caja de plata para las hostias.
10. Un hisopo de plata con cabo de madera.
11. Seis varas de plata para el palio.
12. Una cruz parroquial y dos ciriales, de plata todo.
13. Una bandera de plata para San Francisco.
14. Una aureola de plata para San Francisco.
15. Un crucifijo de plata con cruz de madera para San Francisco.
16. Un relicario con llave y cadena de oro. Dicho relicario está en poder de Doña Modesta Santoni Presidenta de la Congregación C. S.
17. Una llave y cadena de plata para el Sagrario.
18. Una cadena de plata para bautizar.

Sección 2ª.
Ornamentos.

1. Un terma negro compuesto de dos dalmáticas, una copa, y un paño de hombres.
2. Tres casullas moradas en regular estado.
3. Dos casullas encarnadas en regular estado.
4. Dos casullas verdes en regular estado.

5. Una casulla blanca en regular estado.
6. Una casulla negra en regular estado.
7. Una capa morada en regular estado.
8. Una capa encarnada en regular estado.
9. Un paño de hombros blanco en buen estado.
10. Un palio de rasete encarnado con galones.
11. Un manifestador de rasate encarnado para las minervas.

Sección 3ª.
Ropa Blanca

1. Tres albas en regular estado.
2. Cuatro roquetes dos de ellos en buen estado.
3. Cinco ámitos.
4. Doce paños de altar.
5. Siete corporales y tres palios.
6. Cinco purificadores.
7. Cuatro sudarios para el Sto. Cristo.
8. Toallitas del lavavo, tres y un cepillo.

Sección 4ª.
Imágenes

1. Una Imagen de San Francisco de Asís.
2. Una Imagen del Santo Cristo.
3. Una Imagen del Santo Cristo de la Columna.
4. Una Imagen del Sagrado Corazón de Jesús.
5. Una Imagen de la Virgen de Lourdes.
6. Una Imagen de San José.
7. Una Imagen de la Virgen de los Dolores.
8. Una Imagen de la Resurrección.
9. Una Imagen de Santa Lucía.
10. Una Imagen de la Virgen del Carmen.
11. Un crucifijo de metal.
12. Dos crucifijos de madera.
13. Una Imagen pequeña de la Concepción.

Sección 5ª.

1. Un sillón parroquial.
2. Un ropero para los libros del archivo.
3. Tres pies de maderas para la Cruz y los ciriales y tres reclinatorios de madera.
4. Una mesa grande.
5. Unas andas para las procesiones.
6. Otra para los entierros.
7. Un sepulcro.
8. Facistol para los entierros.
9. Un atril.
10. Seis candelabros de metal.
11. Doce candelabros de madera.
12. Dos candelabros de metal pequeños para San José.
13. Un misal en regular estados.
14. Dos rituales en regular estado.
15. Dos confesionarios.
16. Un juego del Sto. Vía Crucis.
17. Quinqués con sus ganchos.
18. Un púlpito de hierro.
19. Un armonium con asiento.
20. Un sello parroquial.
21. Tres reqlinatorios de madera

Entrego
Rafael Mangual Nieva, Pbro.

Recibí
Baldomero I. Gómez, Pbro[16].

Relación Parroquial (1916)

Según el Informe Anual de la Parroquia, en 1916 la población de Aguada ascendió a 11,000 almas[17]. De las que asistieron al precepto

---

[16] Libro de Visitas Pastorales, fol. 5–8.
[17] Cfr. Informe Anual enviado a la Diócesis de Puerto Rico correspondiente al año 1916. Pregunta no. 1.

pascual unas 7,800[18]. Del total de la población sólo 120 comulgó cada domingo,[19] los primeros viernes de cada mes entre 100 y 120. Comulgaron los demás días de la semana de 5 a 7 personas[20].

Para este tiempo existían las Congregaciones del Sagrado Corazón de Jesús con 125 miembros y las Hijas de María con 130.[21]

Los novenarios y fiestas solemnes que se celebraron fueron: al Sagrado Corazón de Jesús, a San Francisco y a la Purísima Concepción de María. También estaban los triduos a: San José, a la Virgen del Carmen y a la Dolorosa.[22]

El pueblo tuvo comuniones generales en: Jueves Santo, Corpus Christi y la Purísima Concepción.[23]

Había también en el pueblo una casa pequeña dedicada a los oficios de la Secta Evangelista y otra con el mismo objetivo en el Barrio Espinal[24]. Para este tiempo la parroquia no tenía capillas[25].

Las Capellanías

Una capellanía era una cantidad de terreno que la Iglesia había adquirido en propiedad. En los barrios de Aguada la Iglesia, a través de sus presbíteros, adquirió varias fincas de terrenos y las hipotecaba a diferentes personas a cambio de una suma de dinero que anual o mensualmente ésta debía pagar o redimir.

En la Visita Pastoral de Mons. Jones en 1907, pidió al párroco que hiciera lo siguiente:

> *"No siéndonos posible revisar los diferentes libros de Capellanías y escrituras de las mismas, ordenamos y mandamos que el Sr. Cura y Vicario entregue dichos libros y escrituras al Sr. Colector General de Capellanías y Obras Pías, el cual le dará recibo y nota de los*

---

[18]   Cfr. Ibid., pregunta no. 3.
[19]   Cfr. Ibid., pregunta no. 17.
[20]   Cfr. Ibid., pregunta no. 18.
[21]   Cfr. Ibid., pregunta no. 14.
[22]   Cfr. Ibid., pregunta no. 15.
[23]   Cfr. Ibid., pregunta no. 16.
[24]   Cfr. Ibid., preguntas no. 4–5.
[25]   Cfr. Ibid., pregunta 13.

documentos recibidos. El Sr. Colector General de Capellanías tiene
nuestra autorización para defender por medio de sus abogados y
ante los Tribunales de la Isla, estos bienes".[26]

Es posible que por este motivo dichos libros hoy no se encuentren en
el archivo parroquial[27].

Pastoral Catequética

En el informe enviado por el párroco en 1916 afirma que "no hay
ninguna capilla, pero doy misiones en todos los barrios consistiendo
aquellas en la celebración de la Santa Misa, predicación de la divina
palabra y catecismo"[28].

El catecismo en el pueblo merece mi mayor cuidado pero
todavía no lo tengo organizado en la forma que deseo. Al
presente asisten relativamente pocos niños y no con regularidad.
Es difícil conseguir señoritas ni Señoras que se presten a ayudar
al párroco[29].

El Terremoto de San Fermín (1918)

El día 11 de octubre de 1918 a esos de las 10:14 a.m. la zona oeste
recibió los influjos de un fuerte seísmo conocido como Terremoto de
San Fermín o Terremoto de Puerto Rico. La consecuencia de éste en la
parroquia fue devastadora. Sus tres instalaciones eclesiales quedaron
destruidas: la Iglesia Parroquial, la Ermita del Espinal y la Ermita del
Rosario. Vista esta situación, el párroco decide abandonar la parroquia
por imposibilidad para construir una nueva iglesia[30].

---

[26]   Libro de Visitas Pastorales, fol. 3 - 4.
[27]   Cfr. Libro de Capellanías de la Parroquia San Francisco de Asís de Aguada,
       APASFA.
[28]   Cfr. Informe Anual enviado a la Diócesis de Puerto Rico correspondiente al
       año 1913. Pregunta no. 13.
[29]   Ibídem. Nota al en la parte detrás hecha a mano.
[30]   Cfr. Revilla, I. *Memoria de los Agustinos en Aguada. 1919–1994.* [S.E.],
       Aguada 1994. p. 5.

II

ESTABLECIMIENTO DE LA MISIÓN AGUSTINIANA EN AGUADA (1919–1929)

1. Inicios de la Vida Agustiniana

Ante el panorama en el que se encontraba la Parroquia San Francisco de Asís del pueblo de Aguada Mons. William Jones, Obispo de Puerto Rico, pidió a sus hermanos agustinos que se hicieran cargo de la cura pastoral de la Parroquia de Aguada. Para auxiliar al obispo en medio de sus necesidades el P. Fr. Juan Torner, Comisario Provincial de las Antillas, se trasladó desde San Germán hasta Aguada estableciendo un trabajo pastoral ad experimentum.

La firma del P. Fr. Juan Torner como Cura Encargado de Aguada se registró por primera vez en el libro de Bautismos número XXXIX el 9 de febrero de 1919[31]. Su período fue de conocimiento y transitoriedad, pues debía volver pronto a su sede vicarial. Por eso, antes del 11 de mayo de 1919 el Vicario de las Antillas designó para el trabajo misional en Aguada al P. Fr. Pedro de Arancibia. En esta fecha se registra su firma en el mismo libro.

El 21 de julio de 1919 el Consejo Vicarial aceptó la Parroquia de Aguada según consta en su Libro de Actas[32].

---

[31] Cfr. Parroquia San Francisco de Asís de Aguada. Libro de Bautismos XXXIX, folio 348, no. 1043. APASFA.

[32] Cfr. Acta No. 2, fechada 21 julio 1919. Libro de Actas del Consejo Vicarial, AVANT.

Desde el Capítulo Provincial 1919 hasta 1923

En el Capítulo Provincial celebrado en León desde el 4 hasta el 5 de agosto de 1919, el P. Juan Torner expuso a los presentes la necesidad de Mons. Jones y la utilidad de aceptar el trabajo pastoral en la Parroquia San Francisco de Asís de Aguada. Dentro de la Orden de San Agustín descansa sobre el Capítulo Provincial la facultad para aceptar definitivamente nuevas obras pastorales. Escuchada la exposición, los presentes en el capítulo aceptaron el trabajo en la parroquia de Aguada,[33] decisión con la que se ratificaba el trabajo realizado por el Vicario y su Definitorio días antes.

Este mismo capítulo nombró Prior de Aguada al P. Pedro de Arancibia,[34] ratificando nuevamente todo lo decidido con anterioridad. Su estilo de vida agustiniana misional debía coincidir con lo decretado en las Visita Provincial de Renovación de 1912. Se constituía en un cometido personal diario: hacer oración mental y rezar la serótina[35]; frecuentar la confesión sacramental[36]; prepararse personalmente para celebrar la Misa y, una vez terminada, dar gracias a Dios[37]; usar el hábito religioso dentro y fuera de la casa[38]; distribuir el tiempo de comidas, oración, recreación y estudios;[39] así como encargase de la educación cristiana de la persona que le hacía las comidas y limpiezas de la casa[40].

Esta casa fue oficialmente visitada por el Vicario de las Antillas en 1920 por delegación del provincial. En 1921 se adquiere la Casa del Padre Gorostiza.

---

[33] Lazcano, R. *Provincia de Castilla, Orden de San Agustín. Actas Capitulares (1895–1999), Estatutos Provinciales (1890–1997), Líneas Programáticas (1981–2001)*. Revista Agustiniana, Madrid 2000. p. 41–44.
[34] Ibidem.
[35] Visita de Renovación Provincial 1912, Decreto No. 3. Carpeta Visita Provinciales, AVANT. Cfr. Documento no. 1.
[36] Cfr. Ibid., Decreto No. 4.
[37] Cfr. Ibid., Decreto No. 5.
[38] Cfr. Ibid., Decreto No. 13.
[39] Cfr. Ibid., Decreto No. 14.
[40] Cfr. Ibid., Decreto No. 15.

Desde el Capítulo Provincial 1923 hasta 1927

Después del Capítulo Provincial celebrado en Calahorra desde el 3 hasta el 10 de agosto de 1923,[41] el P. Fernando Salterain pasa a ser el Comisario Provincial y, en principio, no se registraron cambios en el personal que atendía la parroquia.

El P. Pedro de Arancibia continuó su trabajo misional viviendo en la residencia de Aguada. Pero, este mismo capítulo decretó que en cada residencia debía haber dos o tres frailes para mantener la observancia religiosa[42]. Durante este período de tiempo él recibió la visita del Padre Provincial en 1924. Año en el que se autoriza la venta de la Casa del Cura Párroco de Aguada.

Tras haber sido trasladado el P. Pedro de Arancibia, comenzó a firmar en el libro de Bautismo el P. Jesús Fernández. Los bautismos realizados por el P. Jesús se registraron desde el 4 de julio de 1926 hasta principios de agosto del mismo año[43]. A partir del 15 de agosto de 1926 inició el período del P. Pablo Gutiérrez[44].

Desde Capítulo Provincial 1927 hasta 1929

Antes del Capítulo Provincial celebrado en Calahorra desde el 2 hasta el 6 de julio de 1927[45] el Vicariato de las Antillas asumió el trabajo pastoral en el Santuario de Nuestra Señora de la Monserrate en Hormigueros. Este mismo capítulo nombró al P. Fernando Salteraín como Vicario de las Antillas y al P. Pablo Gutiérrez como Prior y Párroco de Aguada.

Correspondió al P. Pablo Gutiérrez recibir la Visita de Renovación Provincial de 1927 delegada al Vicario de las Antillas y la Visita de Renovación General de 1928.

---

[41]   Cfr. Lazcaro, R. Op. Cit., p. 47–51.

[42]   Cfr. Ibid., p. 48.

[43]   Cfr. Libro de Bautismos No. XLI, folio 188, acta no. 562, APASFA.

[44]   Cfr. Libro de Bautismo No. Libro XLI, folio 207, acta no. 614, APASFA

[45]   Acta de la Elección del Prior Provincial. Año 1927. Cfr. Lazcano, R. Op. Cit., p. 59–60.

2. Visitas de Renovación

Delegación de la Visita Provincial de 1920

La Visita Provincial de Renovación correspondiente al año 1920 fue delegada por el P. Cipriano Asensio, Prior Provincial, al P. Juan Torner, Vicario de las Antillas: En el mismo nombramiento le otorgaba las facultades que como visitador le correspondían según las Constituciones de la Orden. A la vez, pedía a todos los religiosos del Vicariato que le reconocieran como visitador.[46]

Desde Santurce el P. Juan Torner informó por medio de una circular sobre la visita de renovación. Para ello integró en su texto la delegación realizada por el P. Provincial: "damos facultad para que en nuestro nombre, pueda guiarse la Sta. visita en todas las casas de nuestra jurisdicción en esa isla de Puerto Rico, dando a V. R. todas las facultades que como tal visitador corresponden según nuestras S. Constituciones y el nuevo Derecho Canónico = a todos nuestros religiosos de esa Isla rogamos y mandamos que le reconozcan como tal Visitador = Calahorra 11 de octubre de 1920"[47].

Visita de Renovación Provincial 1924

Con la Visita del P. Cipriano Asensio, Prior Provincial, adquirieron forma de estatuto los decretos de las Visitas Provinciales de Renovación de 1905 y 1912. Así se redactó el Reglamento de las Misiones de la Provincia de Castilla del Orden de Ermitaños de N.P.S. Agustín en Puerto Rico[48]. Estos fueron aprobados en el Capítulo Provincial de 1928–1929 en España.

---

[46]   Cfr. Nombramiento de Fr. Cipriano Asensio al P. Juan Torner como Visitador Vicarial, fechado en Calahorra el 11 de octubre de 1920. Carpeta Visitas Provinciales, AVANT.

[47]   Circular enviada al P. Ángel Cámara, Superior de la Comunidad de PP. Agustinos de San Germán, a los religiosos de la Comunidad de San Germán y a los Padres de Cabo Rojo y Lajas, fechada en Santurce el 19 de diciembre de 1920. Carpeta Juan Torner 1915–1923, AVANT.

[48]   Cfr. Documentos no. 7.

Delegación de la Visita de Renovación 1927

A través de un comunicado Fr. Ambrosio de Arancibia, Prior Provincial, delegó la Visita de Renovación en Fr Fernando Salterain, Vicario de las Antillas. Para ello le confería toda la autoridad que en torno a su cargo refiere. En el mismo documento saludaba a los misioneros de Puerto Rico[49].

Primera Visita General de Renovación al Vicariato de las Antillas 1928[50]

A principios de 1928 el P. Eustasio Esteban, Procurador General de la Orden, visitó el Vicariato de las Antillas. Como parte de su visita determinó lo siguiente:

- Dejar sin efecto la distribución del personal que sobre el Vicariato de Puerto Rico había tomado el Capítulo Provincial de 1927.
- Colaboración económica del Vicariato de las Antillas con la Casa de Formación en España.
- Cumplimiento con lo decretado por el Capítulo Provincial de 1923 en torno la cantidad de hermanos por residencias para la observancia religiosa. Propuesta para la ubicación de los lugares donde se podían establecer las mismas y de las parroquias desde las cuales se podían atender.
- El Reglamento de los Misionero del Vicariato de las Antillas.

---

[49] Nombramiento del P. Salterain para realizar la Visita de Renovación. Firmado por Fr. Ambrosio de Arancibia fechado en León, España el 21 marzo 1927. Reg. Lib. 5º., 165. Carpeta Visitas Provinciales, AVANT.

[50] Cfr. Acta de la Visita General de Renovación (1928). Carpeta Visitas Generales de Renovación, AVANT.

Delegación de la Visita Provincial de Renovación 1928

El P. Ambrosio de Arancibia, Prior Provincial, solicitó la dispensa de la Visita Provincial de Renovación al P. General, Fr. Eustasio Esteba. Esta fue concedida el 10 de noviembre de 1928. Después de haber recibido la dispensa, la realización de la Visita de Renovación se delegó en el Vicario de las Antillas, P. Fernando Salterain[51].

3. Reglamento Misionero

El capítulo Provincial Intermedio celebrado desde el 31 de diciembre de 1928 hasta el 2 de enero de 1929 en Calahorra aprobó los Estatutos Misioneros de la Provincia de Castilla en Puerto Rico. Su votación obtuvo la aprobación unánime de todos los votos y se vio como el modo más conveniente para gobernar la misión en Puerto Rico[52].

El texto titulado Reglamento de las Misiones de la Provincia de Castilla del Orden de Ermitaños de N.P.S. Agustín en Puerto Rico[53] consta de un preámbulo y las disposiciones de las visitas de 1905, 1912 y 1924 readaptadas a las circunstancias del lugar. Será punto de referencia en adelante para los trabajos a realizar[54].

4. La Casa de los Agustinos

La Visita de Renovación Provincial exigía que el P. Pedro de Arancibia tuviese un uso adecuado del dinero y de los bienes: casa, caballo, muebles, etc. Para ello debía tener un libro de ingresos y un libro de gastos. Estando fundada la administración parroquial con la correspondiente a la Comunidad, el libro de ingresos se conoció como libro de Colecturía, lo administraba el Párroco, y el libro de egresos como el libro de

---

[51]   Cfr. Dispensa General para delegar la Visita de Renovación en Puerto Rico firmada por el P. Fr. Eustasio Esteban, fechado en Roma el 10 de noviembre de 1928. Nombramiento del P. Fernando Salterain como Visitador Delegado firmado por el P. Ambrosio de Arancibia, Prior Provincial, fechado en León el 21 de noviembre de 1928. Carpeta Visitas Provinciales, AVANT.

[52]   Cfr. Rafael Lazcano. Op. Cit., p. 61–62.

[53]   Reglamento de Misioneros del Vicariato de las Antillas. Carpeta Estatutos Vicariales, AVANT.

[54]   Cfr. Documentos.

Procuración, lo administraba uno de los hermanos de la comunidad designado para este oficio.

El primer bien que la Orden adquiere en Aguada es La Casa del Padre Gorostiza.

Casa del Padre Gorostiza

Los primeros agustinos que vivieron en Aguada establecieron como la sede de su convento la Casa del Cura Párroco de Aguada. El edificio de esta casa era propiedad del Obispado de Puerto Rico y se encontraba en mal estado. Los terrenos sobre los que dicho edificio se encontraba edificado eran del Municipio de Aguada.

El 2 de junio de 1922 el P. Juan de Gorostiza compró los terrenos que Doña Ulpiana Rosario Torres[55] había vendido al Señor Eugenio González y González. Entre sus predios había construida una casa. A esta propiedad, casa y terrenos, se les conoce entre los agustinos como La Casa del Padre Gorostiza.

Los PP. Agustinos pasaron a vivir en la Casa del Padre Gorostiza desde antes de su compra en 1922. Esto llevó a Mons. George J. Caruana, Obispo de Puerto Rico, a vender el edificio de la Casa Parroquial de Aguada. Con el dinero proveniente de dicha venta él saldaba la deuda que mantenía con los PP. Agustinos por motivo de la compra de la Casa que los Padres Agustinos ubicada en Lajas.

Los documentos de la compra de La Casa del P. Gorostiza y la Autorización de la Venta de la Casa del Cura Párroco de Aguada.

Documento de la Casa del Padre Gorostiza (1922)

En 1922 P. Juan de Gorostiza compró los terrenos que Doña Ulpiana Rosario Torres vendió al Señor Eugenio González y González en 1921. A esta propiedad se le conoció entre los padres agustinos como la casa del Padre Gorostiza. Corresponde con la Escritura número cuarenta y tres del notario público Alberto Ducós.

Según su notarización, Dña. Ulpiana era la dueña de una finca urbana que poseía una casa de un solo piso. Esta casa era de madera y techada de

---

[55]   Documento adjunto escrito a mano sobre la Compra-Venta de los Terrenos de los Padres Agustinos en Aguada. Carpeta Documentos Casa Parroquial, ACAA. Cfr. Documentos.

zinc. Sus dimensiones eran de cinco metros ochenta y cinco centímetros de frente por siete metros y diez centímetros de fondo. Colindaba al frente por la Calle Paz, a la derecha por la Casa del Cura Párroco de Aguada, a la espalda por la Calle San José y a la izquierda por los Egidos del Pueblo. Ella vendió esta casa a Don Eugenio González por trescientos pesos con sus usos, servidumbres y anexiones.

El 2 de junio de 1922 Don Eugenio González traspasó la propiedad que había comprado a Dña. Ulpiana Rosario Torres. Para ello entregó las escrituras que había firmado con Dña. Ulpiana al P. Juan de Gorostiza. El importe a pagar fue de trescientos pesos. Sirvieron de testigos de este acto de compra y venta: Mercedes P. de González, Guillermina Vicente y Juan Lorenzo Ríos[56].

Autorización de Venta de la Casa del Cura Párroco de Aguada (1924)

La servidumbre de la Casa Parroquial de Aguada conectaba con la Calle Paz. La Diócesis de Puerto Rico era propietaria del edificio; mientras que, la Alcaldía de Aguada lo era de los terrenos sobre la que estaba enclavada esta casa. El 14 de abril de 1924 Mons. Georgius Joseph Caruana, Obispo de Puerto Rico, le autorizó al P. Pedro de Arancibia la venta de la estructura de esta casa por un valor de valor de $1100.00 dollars[57].

5. Construcción de la Parroquia

Los Padres Agustinos llegaron a un pueblo afectado por el terremoto. Sin templo parroquial, con una catequesis poco cuidada; por eso, además de dar misiones en los barrios, se dedicaron con empeño a la catequesis y la construcción del templo parroquial.

Durante esta década la Parroquia de San Francisco de Asís de Aguada pasa a ser regentada por la nueva Diócesis de Ponce, recibió dos visitas

---

[56]   Documento de compra de la Casa del P. Gorostiza firmados por Don Eugenio González, fechado en Aguada el 2 de junio de 1922. Documentos Casa Parroquial, ACAA.

[57]   Autorización de venta de la Casa Parroquial dada por Mons. George Caruana, Obispo de Puerto Rico, al P. Fr. Pedro de Arancibia, Párroco de la Parroquia San Francisco de Asís de Aguada. Fechado en San Juan el 14 de abril de 1924. Carpeta Documentos Casa Parroquial, ACAA.

pastorales, permutó los terrenos de la antigua Ermita del Rosario y construyó la primera fase del Templo Parroquial; a la vez que se hacía un intenso trabajo pastoral en continuidad con el trabajo pastoral establecido por la Visita de Renovación Provincial del año 1912 y, luego, el Reglamento Misionero.

El Panorama Encontrado

El panorama que encontró el P. Pedro de Arancibia a su llegada a Aguada consistía en: un templo derrumbado junto con sus ermitas y con un inventario diezmado; los campos de cultivos azotados por el ciclón de 1918; algunas edificaciones familiares afectadas por el terremoto; la catequesis debilitada y un pueblo de poca asistencia a las misas de acuerdo con el Informe de 1917.

Inventario Parroquial de 1919

El P. Pedro de Arancibia recibió un inventario parroquial diezmado por el terremoto, de todo con lo que anteriormente contaba la parroquia sólo se había quedado lo siguiente:

1º. Un sillar parroquial.
2. Tres pies de madera para la Cruz y Ciriales.
3. Una mesa grande.
4. Unas andas para los entierros.
5. Un facistol para los entierros.
6. Cuatro candelabros de metal.
7. 1 candelabro de metal pequeño de San José.
8. Dos rituales pequeños.
9. Un confesionario.
10. Juego del Santo Vía Crucis.
11. Diez quinqués con sus ganchos.
12. Un pulpito de hierro.
13. Un reclinatorio.
14. Un crucifijo de madera regalado por Juan Lorenzo.
15. Un armario para guardar las ropas.
16. 2 escaleras.
17. Canceles para resguardo de las puertas.
18. Cuatro cepillos para las limosnas.

19. Las sacras.
20. Tres mesas, una percha y 1 lava mano.
21. Una regadera.
22. Un balde de latrén.
23. Una palangana enlozada.
24. Las Imágenes de Jesús Nazareno y Jesús en la columna.
25. Los altares, con acepción del altar de las ánimas.
27. diez paños para la limpieza del altar y los tubos.
28. Dos cepillos para la limpieza.[58]

Primeros Pasos de la Pastoral Misionera

Una vez establecido en Aguada, el P. Pedro de Arancibia debía organizar la vida y el trabajo en conformidad con lo establecido por la Visita Provincial de Renovación de 1912. Esto significaba realizar predicación y administración de los sacramentos para la santificación de los fieles[59] y crear las asociaciones de los fieles laicos de Hijas de María, Sagrado Corazón y Hermandad del Santísimo[60]. A este trabajo cotidiano se unían las necesidades propias del panorama parroquial.

Desde Aguada esto significó hacerlo todo, puesto que no tenían iglesia. "Para sustituir a la antigua, levantaron los feligreses un fantástico Ranchón de Yaguas. Mientras tanto se decía la misa en la casa de D. Francisco Calda"[61].

La conformación de las catequesis y dar misiones en los barrios. Para ello se desplazaban en caballos prestados[62] y allí "se daba catequesis en casas particulares y se terminaba con primeras comuniones de niños y general de los fieles"[63].

Primera Fase de Construcción del Nuevo Templo Parroquial

---

[58]   Cfr. Libro de Visitas Pastorales, fol. 26-34.
[59]   Visita de Renovación Provincial de 1912. Decreto no. 6.
[60]   Visita de Renovación Provincial 1912, Decreto no. 3.
[61]   Revilla, I. *Op. Cit.* p. 12.
[62]   Ibid., p. 7.
[63]   Informe del P. Pablo Gutiérrez en 1929, citado por el P. Isaías Revilla Casado. Op. Cit. p. 6.

(1920–1924)

Debido a la destrucción del templo parroquial por el terremoto de San Fermín del 11 de octubre de 1918, el P. Pedro de Arancibia se vio en la necesidad de construir un caserón de palos entrecruzados para oficiar los servicios eclesiales. Luego, orientó su trabajo pastoral hacia la organización de las catequesis, contando con la Congregación de las Hijas de María, y recaudación de fondos para la reconstrucción del templo.

El documento "Cuentas de la Construcción de la Nueva Iglesia Parroquial" va describiendo semanalmente los gastos en los que se iba incurriendo con motivo del pago de carpintería, peones, albañiles y algunos materiales de construcción como madera. Este inicia su conteo en la semana del 5 de marzo de 1923 para concluir en el mes de diciembre de 1924[64].

Donaciones Recibidas

Desde 1920 se registran los donativos para la construcción del templo parroquial. Los nombres, donativos y sus fechas de donación son:

Cuentas de la Construcción de la nueva Iglesia Parroquial

Don	Nombre	Cantidad $	Fecha
	Nicolás Chaparro	10-00	Noviembre 30-1920
	Santiago Lorenzo	1-00	Diciembre 10-1920
	Manuel Acevedo Ruiz	1-20	
	Juan Chaparro	2-00	Enero 1921
	Atanasia López	0-25	Febrero 18-1921
	Martín Chaparro	0-50	Febrero 18-1921
	Vicente Pérez de Cerro Gordo	3-00	Marzo 26-1921
	Dominga Hernández	1-00	Mayo 7-1921

---

[64] Cuentas de la Construcción de la Nueva Iglesia Parroquial. Aunque el documento sin fecha no cita directamente el año de inicio de la obra, esta se deduce al iniciar el cómputo del año siguiente estableciéndola como Semana del 2 de enero de 1924. ACPA, Carpeta Relaciones Parroquiales, Cuentas de la Construcción de la Nueva Iglesia Parroquial, p. 2.

Juan Mercado	5-00	Junio 7-1921
Pedro Vargas	0-50	Junio 26 1921
Joaquín Rios	1-00	Mayo 2-1921
Juan González	2-00	Abril 21-1921
Rosa A. Lausel	4-00	Julio 9-1921
Juan Román	1-00	Abril 25-1921
Ramona Ruiz	5-00	Diciembre 4-21
Alejandrino Santoni	4-00	Junio 3-21
Juan Lorenzo	25-00	Mayo 24-21
Pedro F. Acevedo	2-00	68-45
Juana López	4-00	Junio 9-21
Antonio Sánchez	3-00	Mayo 2-21
Ana R. de Mejías	3-00	Junio 6-21
Emiliano Ruiz	20-00	Mayo 16-21
Eugenio González	10-00	Mayo 5-21
Manuel Ruiz González	5-00	Junio 12-21
Francisco Moret	5-00	
Julia Sánchez de Álvarez	2-00	Abril 15-21
Ramón Rosa González	1-00	Mayo 16-21
Sinforoso Méndez	1-00	Mayo 1-21
Juan Carrero	30-00	Mayo 3-21
Armando Rivera	5-00	Mayo 16-21
Rosa Crespo	1-00	Mayo 31-21
Blas Rivera	2-00	Abril 26-21
Remigio Rivera y Hermano	10-00	Abril 26-21
Dionisio Sosa	5-00	Abril 26-21
Úrsula Domenech	1-00	Junio 2-21
Carlota González	5-00	Abril 20-21
Lolita Ramos	0-50	Mayo 24-21
Evangelista González	2-00	Abril 24-21
Modesta Santoni	5-00	Septiembre 4-21
Inocencio Charneco	5-00	Mayo 1-21
Francisco Ruiz	5-00	130-50

Francisco Cardas	2-00	Abril 18-21
Nestor Miyalles	2-00	
Jacoba Jiménez	6-00	Abril 17-21
Pedro Ruiz	3-00	
José Vargas	1-00	Abril 26-21
Ramón Sánchez	5-00	Abril 14-21
Faustino Cáceres	1-00	
Modesto Román	2-00	Mayo 25-21
León Vadi	2-00	Mayo 1-21
Leopoldo Ramos	5-00	Junio 17-21
José Crespo	1-00	Abril 28-21
Juan Corsino	2-00	Abril 26-21
Suma anterior		230-95
Don Anastasio Ramos	5-00	Abril 18-21
Nicolás Núñez	1-00	Mayo 11-21
Hypólito Durey	1-00	Mayo 1-21
María Ruiz Luyanda	5-00	Abril 18-21
Quintin Cardas	1-00	Mayo 15-21
Juan Benito Noboa	2-00	Abril 18-21
Nicacio Acevedo	1-00	Mayo 3-21
José González	2-00	Agosto 12-21
Alfredo Vega (Gefe P.I.)	2-00	Abril 24-21
Juan Chaparro	2-00	Mayo 3-21
Adolfo Vásquez	1-00	Mayo 3-
Dolores Rivera	1-00	
Señora desconocida	2-00	Mayo 1021
Sinforiano Ríos	1-00	Mayo 12-21
Manuel Rosa	1-00	Mayo 15-21
Arístides Arroyo	10-00	Mayo 17-21
Manuel Sánchez Crespo (Rincón)		268-95
Santiago Lorenzo	5-00	Junio 5-21
Manuel y Ramón Acevedo	6-00	
Marcelino Rios	1-00	Junio 8-21

Agapito Morales	1-00	Junio 8-21
Juan Muñoz	3-50	Junio 8-21
Amalia M. de Sierra (Coloso)	1-00	Junio 16-21
María Rosa de Jiménez	28-00	Junio 20-21
Juan Balladares	25	Junio 24-21
Domingo Feliciano	5-00	Junio 27-21
Rosa Martínez	3-00	Junio 29-21
Joaquín Meléndez	3-00	Julio 1-21
René Bouchet	1-00	
Juanito Bianchi	5-00	
Francisco Sedeño	0-25	
Bonifacio Ruiz	3-00	Julio 4-21
Marcelino Acevedo	2-00	
Pedro Rosa Cabán	1-00	
Eleuterio Loperena	5-00	
Cecilia Giménez	2-00	
Sabas Villarubia	1-30	77-30
José Giménez	2-00	
Venancio Cardona (De varios)	4-00	Julio 11-21
Antonio Rosado	5-00	Julio 12-21
Celestino Rosado	2-00	
Francisco Crespo Ellín	1-00	
Rodulfo Crespo	0-50	
Avelino Muñiz	1-00	
Cecilio Pérez	60	
Cornelio González	30	
Ramón Cardona	1-00	
Manuel Carrero	1-00	
Felipe Caro	1-00	
Bernardo Mirles	2-00	
Jesús Muñiz	3-00	
Juan Rivera	11-00	Julio 18-21

Donato Giménez	10-00	Agosto 6-21
Domingo Román	2-00	Septiembre 25 $48-15
	$394-40	$394-40
Don Isaías Delgado	1-00	Sept. 25-21
Juanita López	1-00	Octubre 15-21
Pedro Cáceres	5-00	
Catalina Fernández	1-00	Julio 26-22
Mercedes Carrero Viuda de Don Manuel González	1-00	
Asociación de Hijas de María	25-00	Diciembre 11:22
Felipa Carrero	3-00	Diciembre 20-22
Juan González	3-00	
Lorenzo González	1-20	
Valentín Acevedo	60	
Ramón Acevedo	1-00	Enero 24-23
Un día de trabajo de los Bueyes de Don Pedro Cáceres	1-00	$437-20
Medio día de trabajo	50	
Un beneficio del Cine	4-50	
Hermanos del Santísimo	9-00	
Anita Ruíz	6-00	Mayo 17-23
Estefanía Torres	60	Mayo 24-23
Jacoba Giménez	25	
Rufino Acevedo	12;00	Junio 3-23
Epifanio Carrero de Jagüey	2-00	/unio 18-23
Ramón Ruiz Ríos Mamey	7-50	Junio 24-23
Sandalio Ruíz 4 d. carro bueyes	4-00	25
Felicito Rosario	25	Julio 8-25
Manuel Crespo Badillo	2-00	
Manuel Crespo Ríos	50	
Sinforosa Sánchez	2-00	Julio 10-23

Cecilia Sánchez	3-00	58-10
Tino Sánchez por el Ranchón que le tocó en suerte	5-00	Agosto 12-23
Ecequiel Delgado	50	29-28
Isabel y Seberiana Delgado	50	
Domingo Rivera y Señora	1-75	Septiembre 2-23
Varela de Naranjo Arriba	1-00	Septiembre 1-23
Vicente Varela	2-00	Septiembre 10-23
Francisco Pérez Naranjo	50	Noviembre 4-23
Epifanio Carrera	3-00	6-23
Domingo Rivera Guaniquilla	2-50	11-23
Juana Feliciano niña de 10 años	10	11-23
Atanasio Mendoza	1-00	
Julia Torres de Piedras Blancas	1-00	Diciembre 30-23
Antonio Aviles de Naranjo	1-00	Enero 20;24
Lorenzo Cordero Villarubia	1-00	Mayo 5-24
Velén Nieves su esposa	25	
Juan Faustino Acevedo	3-00	Agosto 7-24
Leopoldo Ramos	5-00	Septiembre 27-24
Manuel Matías Ramón Naranjo	1-20	28-24
Juan Cortes	10	
Ramón Matías	10	30-50
	$525-80	$525-80

Nombre	Cantidad $	Total
Recolectado por las Comisiones	1-983-85	
Colecta anterior a mi llegada	0-407-05	

Recolectado por la Comisión del Pueblo	0-315-20	
Mi contribución	0-200-00	
Valor de materiales de la Iglesia caída que fueron vendidos	0-264-49	

Donativos de fuera de Aguada

El Obispo	2-000-00	
La Sociedad de extensión de la fe de E.U.	1-000-00	
La Sociedad o Asociación de la Propaganda por medio del P. José Murphy	0-417-95	6-6996-39
Limosna por mediación de Monseñor Caruana	0-200-00	
Coloso en 1921	0-025-00	
Coloso en 1923	0-200-00	
Don Ramón Vélez	0-050-00	
De Lares	0-070-00	
Don Félix Ramos de Hormigueros	0-050-00	
El Sr. Veray de Aguadilla	0-015-00	
Don Manuel Sánchez Crespo de Rincón	0-015-00	
De Mayagüez	0-007-00	
Un desconocido Americano	0-002-00	1-351-195
Ingresos totals	8-048-34	8-048-34

Resumen de Ingresos

Total de Recolectado en Aguada	3-234-90
De las colectas de fuera	4-351-95
Mi cuota	0-200-00
Materiales vendidos	0-264-49

Total reunido   8-048-34

Gastos $10-551-98
Ingresos $ 8-048-34

Déficit por mi pagado $02-503-64

Nota: De los $10-551-98 gastados, corresponden a la nueva Iglesia $10-101-93

Y a la destrucción y extracción de escombros   450-00
Total   10-551-98

Materiales Utilizados en la Construcción

El mismo documento aporta el listado de materiales utilizados en la construcción de la primera fase del templo parroquial:
-   533 Barriles de cemento.
-   78 kintales de 8 libras de varillas.
-   Alambre liso 4 kintales.
-   Clavos galvanizados 1 kintal.
-   Clavos ordinarios 8 kintales.
-   78 kintales y 70 libras de zinc acanalado.
-   Hy rib 1484 pies cuadrados.
-   Zinc liso 10 kintales y medio.
-   Reches 2 libras.
-   Picos, palas, seguetas, baldes, alicates, tornillos, cuatro carretillas.
-   Goznes, pestillos, fallebas.
-   Una cerradura.
-   18.426 pies de madera comprada a la Casa de Sucesires de Esmoris de Mayagüez.
-   11.833 pies de madera de la Casa de Guillermo Frontera de Aguadilla.
-   Más de 866 pies de madera de la casa anterior.
-   Pintura.
-   Cristales.
-   Materiales de Instalación de alumbrado.
-   1540 metros de piedra picada.

- 350 metros de arena.
- Molduras para cornisas y columnas.
- 70 fanegas de cal[65].

La obra arrojó un gasto total de USA $ 10.551,98[66].

Descripción del Nuevo Templo Parroquial

La nueva planta se componía de un sistema de paredes de hormigón cuya distribución abarcaba dos sacristía, el presbiterio y la nave de la Iglesia. Fue techada de zinc. En espera de fachada, se le había puesto un seto de madera que se extendía desde casi todo el suelo hasta el techado. Sólo la puerta del perdón rompía la rigidez del entablado.

Visita Pastoral de Monseñor George J. Caruana, Obispo de Puerto Rico (1924)

Mons. George J. Caruana fue el Obispo de Puerto Rico 1921–1925[67]. Él visitó al P. Pedro de Arancibia justo en el tiempo que se estaba terminando de construir la estructura templo parroquial y se estaba tomando algunos detalles de carpintería[68].

> Felicitados al Sr. Cura el Rev. Fr. Pedro Arancibia, O.S.A. por la obra que desde hace años realiza en este pueblo edificando de nuevo el hermoso templo parroquial y le animamos a continuar esta tarea hasta terminar con éxito y acierto por la gracia de Dios y de nuestra S. Religión.

> Estamos muy satisfechos con la piedad que hemos visto en esta feligresía y la fe practica de la cual continuamente nos dan pruebas los católicos leales y fieles de este pueblo.[69]

---

[65] Listado de materiales de construcción extraídos de Cuentas de la Construcción de la Nueva Iglesia Parroquial, p. 5. Carpeta Relaciones Parroquiales, APASFA.

[66] Ibidem.

[67] Cfr. Ibid., 177–190.

[68] Cuentas de la Construcción de la Nueva Iglesia Parroquial. Op. Cit.

[69] Libro de Visitas Pastorales, fol. 23.

Permuta de los Terrenos de la Ermita del Rosario (1924)

La Ermita del Rosario data su construcción desde 1545. Tras el terremoto de San Fermín del día 11 de octubre de 1918 la Ermita del Rosario quedó completamente destruida. Por ese motivo Mons. George Joseph Caruana, Obispo de Puerto Rico, decidió permutar los terrenos de esta ermita por los terrenos ubicados al lado izquierdo de la Iglesia Parroquial, según se entra, con el Municipio de Aguada.

El 2 de mayo de 1924 Mons. George Joseph Caruana, Obispo de Puerto Rico, firmó la permuta de terrenos con Manual Ruíz González, Comisionado de Servicios Públicos de Aguada[70].

Primera Visita de Mons. D. Edwin V. Byrne, nuevo Obispo de Ponce (1927)

Con la creación de la Diócesis de Ponce por la Constitución Apostólica "Ad Sacrosanti Apostolatus" del 21 noviembre de 1924 de Pío XI la zona geográfica de la Diócesis de Puerto Rico fue dividida entre la Diócesis de San Juan y la Diócesis de Ponce. La Parroquia de Aguada quedó integrada en la zona geográfica de la nueva Diócesis de Ponce y, por tanto, bajo la autoridad eclesiástica de Mons. Edwino V. Byrne (1925–1929)[71], primer obispo de dicha diócesis.

Entre los puntos anotados por Mons Byrne durante su visita resalta: el sentirse complacido por la Asociación Catequística organizada por el párroco, la necesidad de construir la fachada de la Iglesia parroquial y la buena armonía con que vivía el párroco y las autoridades municipales.[72]

---

[70]   Permuta realizada sobre los Terrenos de la Ermita del Rosario y la Zona Ajardinada del ala derecha según se entra a la Iglesia Parroquial. Esta permuta se encuentra asentada en el Folio 169, del tomo 21, finca 786 de la 1ª Inscripción de Aguadilla. Fechada en Aguada 2 de mayo de 1924. Carpeta Documentos Casa Parroquial, en APASFA.

[71]   Cfr. Huerga, A.–McCoy, F. Episcopologio de Puerto Rico: los obispos norteamericanos de Puerto Rico (1899–1964). Pontificia Universidad Católica de Puerto Rico, Ponce 2000. p. 191–203.

[72]   Libro de Actas de Visitas Pastorales, fol. 41–42.

6. Relación Parroquial desde 1919 hasta 1929[73]

Para 1929 Aguada era un pueblo de 12,540 habitantes, de los cuales sólo 100 eran de otra religión.

En este año se registraron cuatrocientos treinta y cuatro nacimientos, cuatrocientos sesenta y un bautismos, mil cuatrocientos treinta confirmaciones, ochenta y ocho matrimonios canónicos. 232 párvulos recibieron sepultura eclesiástica. Catorce personas recibieron la extremaunción antes de morir y cuarenta el viático de los enfermos.

Las eucaristías dominicales y de precepto se celebraban a las 8:00 a.m., a las 9:00 a.m. y a las 12: m. Los días de semanas a las 7:30 a.m. Siendo un total de 700 las personas que asistían los domingos a misa.

Los domingos se predicaba y se exponían los artículos del credo. Las cuarenta horas anuales se celebraban en cuaresma. Los domingos por la noche se hacía la visita al Santísimo y los días laborables el Santo Rosario.

Había doce catequistas y se daba catequesis una vez a la semana en el Pueblo para un total de 475 niños. Mientras que en los campos se tenía la catequesis en ocho lugares para un total de 440 niños. En algunas ocasiones se daba el catecismo en casas particulares y terminaban con misión y primeras comunión de los niños y comunión general de los fieles.

En el pueblo los presbiterianos tenían un centro, los espiritistas dos, los masones uno y no había teosofistas. Mientras que en el campo había presencia de los presbiterianos, adventistas y espiritistas.

Las Cofradías: Hermandad del Santísimo con 250 miembros, Sagrado Corazón de Jesús con 300 miembros y las Hijas de María con 400.

Tanto la iglesia como la casa parroquial estaban en construcción. La iglesia poseía en propiedad algunas finquitas valoradas en $700.00.

---

[73] Relación Anual de la Parroquia de Aguada año 1929. Firmada por el P. Pablo Gutiérrez en Aguada, P.R., el 4 de agosto de 1930. Carpeta Relaciones Parroquiales 1913-1955, APASFA.

III

DE RESIDENCIA A COMUNIDAD (1929–1939)

1. Residencia y Comunidad Agustiniana (1929–1939)

En agosto de 1929 continuaba ejerciendo el cargo de párroco y único misionero agustino en Aguada el P. Pablo Gutiérrez, a pesar de lo que había pedido el Capítulo Provincial de 1923 y el P. Eustasio Esteban, Procurador General, en su visita. Esta vida solitaria no concuerda con la vida de comunidad, carisma propio de la Orden de San Agustín.

Desde el Capítulo Provincial 1930 hasta 1933

El Capítulo Provincial de Calahorra celebrado desde el 2 hasta el 9 de julio de 1930 nombró Comisario Provincial para Puerto Rico al P. Juan García[74]. En el mismo fueron designados como prior de la comunidad el P. Arsenio Fernández y como sacristán y procurador el P. Henrique Fernández[75]. Con estos nombramientos cambia la situación de los agustinos en Aguada, pasan de ser una casa de un misionero, a la residencia de dos hermanos viviendo el carisma agustiniano en comunión de vida, comunión de bienes y comunión en el apostolado.

Por España se están viviendo momentos muy tensos con las presiones de las leyes antirreligiosas. El 19 de diciembre de 1931 P. Clemente Fuhl,

---

[74] Lazcano, R. Op. Cit., p. 66.
[75] Ibidem.

Prior General, escribió una carta circular a todos los hermanos españoles en la que describía la situación que la Iglesia estaba viviendo por causa de los bolcheviques.[76]

El P. Ángel Monjas, Prior Provincial, realizó la Visita de Renovación junto al P. José Durán el 26 de enero de 1932[77]. En junio de este mismo año el Vicariato atraviesa una difícil situación económica debido a la muerte inesperada del P. Juan Torner, lo que llevará consigo un nuevo método de administración de las finanzas vicariales.

Ante las dificultades en España escribió el P. Juan García, Comisario Provincial, a los padres de las residencias de Puerto Rico informando:

> "Nuestro M.R.P. Provincial me encarga MANDE UNA CIRCULAR A CADA UNA DE NUESTRAS CASAS DE PUERTO RICO PARA QUE OREMOS CON TODO FERVOR E INSTANCIA POR NUESTRA QUERIDA ESPAÑA, y por la tristísima situación en que se encuentran las Órdenes Religiosas, en especial las de Enseñanza. Están a punto de ser PUBLICADAS LEYES POR LAS CUALES SE LES PROHIBIRA EJERCER LA ENSEÑANZA con título y sin él. Por otra parte, la ley de Asociaciones, que pronto se habrá de publicar también, incluye poco menos que la confiscación de los bienes de dichas Órdenes Religiosas. De modo que la vida se les hará casi imposible.
>
> Es, pues, nuestro deber ORAR SIN INTERMISIÓN y con fe y confianza para que el Señor se apiade de nuestros Padres y les socorra en tan urgente necesidad"[78].

En esta misma circular insta a los hermanos a cumplir el Reglamento de Misiones en los aspectos concernientes a los estudios comunitarios.

---

[76] Cfr. En el Adviento del Señor firmado por Fr. Clemente Fuhl, Prior General, en Roma el 19 de diciembre de 1931. Carpeta Circulares Generales 1929–1939, ACAA.

[77] Libro de Procuración 1930–1953, p. 11. Cfr. Libro de Colecturía, p. 9.

[78] Circular del P. Fr. Juan García, Comisario Provincial, a Nuestros Padres de las Residencias de Puerto Rico, fechada en San Germán, el 30 de septiembre de 1932. Carpeta Circulares Vicariales 1929–1939, ACAA.

A finales de este trienio provincial cambia nuevamente la situación de la residencia de Aguada, al ser tres los hermanos que viven en la misma casa se constituye en Comunidad. Así, formaron parte de la primera comunidad agustiniana de Aguada los PP: Arsenio Fernández, Enrique Fernández y Antonio Nistal.[79]

> El 23 de noviembre de 1932 Mons. Edwino V. Byrne, Obispo de San Juan, nombra párroco de Toa Alta, Toa Baja y Dorado al P. Cándido Herrero[80].

Desde el Capítulo Provincial 1933 hasta 1936

> En el Capítulo Provincial celebrado en Calahorra desde el 1 hasta el 5 de julio de 1933 fue nombrado Comisario Provincial el P. Arsenio Fernández y párroco el P. Pablo Gutiérrez[81]. Como párroco le correspondía el cargo de depositario de la comunidad, este cambio se efectúa el día 1 de agosto[82].

P. Ángel Monjas, Prior Provincial, delegó la visita provincial de renovación propia del trienio en el P. Juan de Gorostiza el día 26 de marzo de 1933, documento firmado desde Cádiz. Esta información el P. Juan de Gorostiza la comunicó indicando que dicha visita iniciaba el 24 de abril de 1933[83]. La que se llevó a efectos en Aguada el día 27 de abril de 1933[84].

---

[79] Estado Actual de Nuestra Casa de Aguada, P.R. 30 octubre de 1930–15 marzo 1933. Carpeta Informe 1930–1933, ACAA.

[80] Nombramiento del P. Cándido Herrero como Párroco de Toa Alta, Toa Baja y Dorado firmado por Mons. Edwino V. Byrne, Obispo de Ponce, fechado en San Juan el 23 de noviembre de 1932. Reg. Lib. De Licen No. 2, fol. 71. Carpeta Nombramientos 1929–1939, ACAA.

[81] Lazcano, R., p. 74.

[82] Libro de Procuración, p. 24. Cfr. Libro de Colecturía de la Comunidad desde 1930–1954, p. 21 - 22.

[83] Oficio por el que se delega al P. Juan de Gorostiza como visitador del Vicariato. Firmado por el P. Ángel Monjas en Cádiz, 26 marzo 1933. Reg. Lib. 5, fol. 210. Oficios 1929–1939, ACAA.

[84] Libro de Colecturía, Op. Cit., p. 18.

Hacían vida de comunidad en Aguada desde el capítulo los PP. Pablo Gutiérrez, Emilio Alonso y Antonio Nistal. En 1934 es trasladado el P. Emilio Alonso y en su lugar envían al P. Florencio Martín. La duración de éste último se extiende hasta el siguiente año por motivo de traslado.

Desde el 12 de marzo de 1936 pasa a ser depositario P. Luis González,[85] y el P. Pablo Gutiérrez es nuevamente trasladado. En el mismo año se integra a la comunidad el P. Arsenio Fernández.

Así, al final del trienio vivían en la comunidad los PP. Luis González y Arsenio Fernández.

Desde el Capítulo Provincial 1936 hasta 1939

El Capítulo Provincial celebrado en León desde el 2 al 7 de julio de 1936 mantuvo el mismo Vicario y nombró Prior de Aguada al P. Ángel Cámara. [86]

A sólo 10 días de concluido el capítulo estalló la Guerra Civil Española. En esta fueron martirizados lumbreras de la Orden de San Agustín como San Anselmo Polanco, Obispo de Teruel,[87] y los hermanos de la Provincia de Castilla que vivían en el Convento de Calella. A consecuencia de esta situación se efectuó la pérdida de la comunicación postal con la sede provincial, restablecida en 1937[88].

---

[85] Libro de Colecturía de la Comunidad, p. 41. Cfr. Libro de Procuración de la Comunidad, p. 42.

[86] Cfr. Lazcano, R. p. 82.

[87] Cfr. Circular del P. Fr. Ioseph Hickey, Prior General, fechada en Roma el 1 de noviembre de 1936. Carpeta Circulares Generales 1929–1939, ACAA.

[88] Cfr. Circular del P. Fr. Ambrosio de Arancibia a los Amados Padres Misioneros de Puerto–Rico, EE. Unidos y Brasil fechado en León el 24 junio 1937. Carpeta Circulares Provinciales 1929–1939, ACAA.

Desde enero de 1937 es depositario de la comunidad el P. Antonio Nistal[89] hasta mayo del mismo año. Pasa a ocupar dicho cargo y lugar el P. Enrique Fernández.[90]

El 20 de diciembre de 1937 murió el P. Juan de Gorostiza e Hinchaurbe.

El P. Cándido Herrero revisó las cuentas del libro de Colecturía en noviembre de 1937.[91] El 20 de diciembre de 1937 trasladaron al P. Enrique Fernández a Santurce[92] y en su lugar nombran párroco y colector al anterior revisor[93]. El 31 de diciembre de este año la comunidad recibió la Visita de Renovación de parte del P. Arsenio Fernández, hizo el oficio de secretario de la visita el P. Cándido Herrero[94].

El 20 de mayo de 1938 Fr. Arsenio Fernández, Vicario Provincial, nombró al P. Pablo Gutiérrez como Pro Vicario Provincial mientras durara su ausencia de la isla.[95]

La siguiente visita de renovación la realizó Fr. Ambrosio de Arancibia, Prior Provincial, el 10 de septiembre de 1938. Le acompañó su secretario de visita Fr. Emilio Alonso. [96]

El 10 de marzo de 1938 fue trasladado el P. Leandro Abella a la Casa de Aguada por oficio firmado por el P. Vicario Arsenio Fernández[97].

---

[89]   Cfr. Libro de Colecturía, Op. Cit. p. 47–48. Cfr. Libro de Procuración Op. Cit., p. 50 - 51.

[90]   Cfr. Ibid., p. 52–56.

[91]   Cfr. Libro de Procuración, Op. Cit., p. 56–69.

[92]   Destino del P. Enrique Fernández a Santurce, firmado por el P. Arsenio Fernández, Vicario Provincial, fechado en Aguadilla el 20 de diciembre de 1937. Carpeta Oficios 1929–1939, ACAA.

[93]   Cfr. Libro de Colecturía, Op. Cit. p. 52.

[94]   Libro de Colecturía, p. 52. Cfr. Libro de Procuración, p. 57.

[95]   Nombramiento del P. Pablo Gutiérrez como Pro Vicario de las Antillas en ausencia del P. Arsenio Fernández, firmado por P. Arsenio Fernández, fechado en Aguadilla el 20 de mayo de 1938. Carpeta P. Arsenio Fernández, AVANT.

[96]   Cfr. Libro de Colecturía, p. 58. Cfr. Libro de Procuración, p. 67.

[97]   Oficio firmado por el P. Arsenio Fernández, Vicario Provincial destinando al P. Leandro Abella a Aguada, fechado en Aguadilla el 10 marzo 1938. Carpeta Oficios 1929–1938, ACAA.

El Capítulo Provincial celebrado en León desde el 2 hasta el 8 de julio de 1939 nombró Vicario al P. Pedro Álvarez, párroco al P. Cándido Herrero y procurador al P. José María Castellanos[98].

2. Aspectos Vicariales

Visita Provincial de Renovación (1932)

P. Juan García notificó de la pronta visita del P. Ángel Monjas, Prior Provincial, a través de una circular enviada el 23 de octubre de 1931. Como preparación a la misma recomendó la observancia del Reglamento de Misioneros, sobre todo en los tres artículos referentes al día de retiro mensual, meditación diaria y confesión semanal[99].

La visita anunciada se efectuó en la Comunidad de Aguada el 26 de enero de 1932. [100] Destacando en ella los siguientes puntos: retiro mensual, meditación personal y estudios. [101] Al concluir, los visitadores expresaron en el acta la satisfacción por la unión y caridad de los hermanos, la observancia de las leyes, el orden y limpieza del templo parroquial. Sólo recordaron los números 11 y 14 del Reglamento de Misioneros, la Regla y el Capítulo de Culpis.

Acta de la Visita Provincial de Renovación en Aguada (1932)

ACTA DE LA VISITA DE RENOVACIÓN EN AGUADA

Fr. Ángel Monjas, Lector y Prior Provincial de Castilla a los RR. PP. De la Casa Residencia de Aguada P.R. salud y bendición en el Señor:

---

[98]   Lazcano, R. Op. Cit. p. 91.

[99]   Cfr. Circular a los RR. PP. Agustinos de Aguada P.R. firmada por el P. Juan García, Comisario Provincial, fechada en Santurce el 23 de noviembre de 1931. Circulares Vicariales 1929–1939, ACAA.

[100] Visita de Renovación firmada por Fr. Ángel Monjas, Prior Provincial, y Fr. José Durán, Secretario de la Visita, en Aguada, P.R., el 26 enero 1932. Carpeta Visita de Renovación 1932.

[101] Cfr. Acta de la Visita de Renovación firmada por Fr. Angel Monjas, Prior Provincial, y Fr. José Durán, Secretairo de la Visita, en San Germán el 4 de febrero de 1932. Carpeta Visitas de Renovación 1929 - 1939, ACAA.

Verificada la Santa Visita Provincial y después de oídos separadamente cada uno de los religiosos de la citada casa y recorrido las dependencias de la Iglesia Parroquial, tenemos la satisfacción de manifestar nuestra complacencia por la unión y caridad que existe entre todos, así como por la observancia de nuestras leyes y por el orden y limpieza que existe tanto en la casa como en el templo.

Por tanto, no tenemos determinación ninguna y solo recordamos a los citados Padres pongan en vigor lo establecido en los números 11 y 14 del Reglamento para nuestras misiones en lo que a la lectura de la Santa Regla se refiere y al capítulo de culpis.

Dadas en Aguada, a 26 de Enero de 1932.

Fr. Ángel Monjas
Prior Provincial

Fr. José Durán
Secr. Vis. [102]

Nota: el acta posee el sello provincial.

Economía Vicarial (1932)

El cierre del Banco Comercial de Puerto Rico ocasionó perjuicios a la Comunidad manifestados en la suspensión del Pago en el que el P. Arana tenía la suma de 775.00 dolars y la inesperada muerte del P. Juan Torner en España dificultando la recuperación del dinero. Por esos motivos el P. Juan García, Vicario Provincial, ordenó:

---

[102] Acta de la Visita de Renovación realizada por Fr. Ángel Monjas, Prior Provincial, y Fr. José Durán, Secretario de la Visita, a la Comunidad de Aguada. Fechada en Aguada, Puerto Rico, el 26 de enero de 1932. Carpeta Visitas de Renovación 1929–1939, ACAA.

1ª: que se tenga muy poco dinero en los Bancos sean ellos los que fueren.

2ª: que, si por alguna razón grave conviene tener bastante dinero en los Bancos, se ha de poner dicho dinero o libretas de Banco a nombre de tres Padres: 1.– El P. Comisario Provincial; 2.– El P. Ángel Cámara, Tesorero de la "Sociedad de PP. Agustinos de Pto. Rico"; y 3.– El P. Superior de cada Casa respectiva, que es quien ordinariamente ha de girar los cheques".[103]

Estas situaciones conllevaron un nuevo sistema administrativo vicarial.

Estudios Comunitarios (1932)

El P. Provincial Ángel Monjas, pidió al P. Juan García que enviara una circular a cada una de las casas de Puerto Rico para que oraran por la situación de las Órdenes Religiosas dedicadas a la enseñanza en España, como se ha visto anteriormente. El Padre Vicario aprovechó la ocasión para reforzar los estudios y propone a los hermanos desarrollar un programa:

Aprovecho la ocasión para exhortarles a que cumplan con el artículo de nuestro Reglamento de Misiones que ordena se DEDIQUEN TODOS LOS DÍAS ALGUNAS HORAS AL ESTUDIO DE COSAS NECESARIAS Y ÚTILES. Entre estas materias útiles y necesarias ocupa el primer lugar la Teología Moral. Prescindamos ahora de la cuestión si es pecado moral o solamente venial el ser descuidado en estos estudios; bástenos saber que es pecado y que nos exponemos a errar en muchas decisiones de mora, si no repasamos con frecuencia estas asignaturas. Esto vale para todos: jóvenes y no jóvenes. La

---

[103] Circular del P. Fr. Juan García, Comisario Provincial, fechado en San Germán el 3 de junio de 1932. Carpeta Circulares Provinciales 1929–1938, ACAA.

experiencia sola, no es suficiente para cumplir bien con nuestro ministerio.

Después de la Teología Moral, los estudios más necesarios y útiles para aquí son los Tratados de "Vera Religione et de Ecclesia Christi", De Locis Theologicis y la Introducción a la Sgda. Escritura.

Pida pues cada casa los libros que hagan falta y procuren cumplir con esa sagrada obligación, estudiando algo todos los días.[104]

Muerte del P. Gorostiza (1937)

A través de una circular del P. Arsenio Fernández, Vicario, comunicó que tenían noticias de la muerte del P. Juan de Gorostiza e Inchaurbe. Esta aconteció el 17 de diciembre de 1937 en la Residencia de Aguadilla[105]. Fue un duro golpe para el Vicariato y la Parroquia de Aguadilla, él era muy querido por todos.

3. Restablecimiento de la Comunicación con la Provincia

Desde el Capítulo Provincial de 1936 los hermanos del Vicariato de las Antillas perdieron comunicación postal con los hermanos de la Provincia de España. Las noticias internacionales les mantenían al tanto de la Guerra Civil Española, sin conocimiento del destino de sus hermanos y familiares continuaban sus labores ordinarias en un mundo incomunicado. Con una circular se da a conocer el martirio de los hermanos del Convento de Calella[106].

---

[104] Circular del P. Fr. Juan García, Comisario Provincial, a Nuestros Padres de las Residencias de Puerto Rico. Fechado en San Germán el 30 de septiembre de 1932. Carpeta Circulares Vicariales 1929–1938, ACAA.

[105] Cfr. Oficio de la muerte del P. Gorostiza firmado por Fr. Arsenio Fernández, Vicario Provincial, en Aguadilla el 20 de diciembre de 1937. Carpeta Defunciones Vicariales 1929 - 1939, ACAA.

[106] Cfr. Circular del P. Ambrosio de Arancibia a los Amados Padres Misioneros de Puerto–Rico, EE. Unidos y Brasil, fechada en León, Natividad de Juan

4. Construcción de la Nueva Casa y sus Terrenos

La vida de la residencia y, luego, comunidad de los Padres Agustinos se desarrollaba con toda regularidad asumiendo el continuo intercambio de personal arriba registrado. Con el inicio del registro en el Libro de Procuración se asientan gastos por conceptos de: alimentación, compra de carbón, enfermería y medicinas; pantalones, camisas, botas y hábitos; sellos postales, prensa, revistas, servicio de teléfono y biblioteca; pago de luz y agua; pagos a servidumbre y limosnas. También se registran diversas reparaciones a la casa.

Durante el período que va de 1930 a 1933 los PP. Agustinos construyeron su casa sobre los terrenos del Municipio en los que anteriormente estaba enclavada la Casa del Cura Párroco de Aguada. El Municipio de Aguada les concedió permiso de uso estos terrenos municipales el día 15 de febrero de 1933[107]. Al otro día Mons. H. Willinger, Obispo de Ponce, reconoce a los agustinos como propietarios de esta casa[108].

Construcción de la Casa de los Padres Agustinos (1933)

Con el dinero obtenido por el intercambio entre los Padres Agustinos, terrenos y Casa Parroquial de Lajas, y Mons. Caruana, Casa Parroquial de Aguada, los agustinos construyeron su casa. En el Informe enviado al Capítulo Provincial de 1933 se describe la construcción según sigue: "La casa está situada en terrenos del Municipio en la Calle La Paz, frente a la Plaza. Su capacidad es de 16,75 metros frente, por 47,80 metros de largo suficiente para tres religiosos". [109]

---

el Bautista [24 junio], 1937. Carpeta Circulares Provinciales, 1929–1939, ACAA.

[107] Cfr. Documento sobre la cesión del uso de la Superficie de los Terrenos Parroquiales. El documento posee una inscripción que acredita que fue firmado en Aguadilla el 3 de febrero de 1933. Carpeta Documentos Casa Parroquial, ACAA.

[108] Documento sobre la cesión de la casa Parroquial de Aguada a los PP. Agutinos. Frimado el 16 de febrero de 1933. Carpeta Documentos Casa Parroquial, ACAA.

[109] Estado Actual de Nuestra Casa de Aguada, P.R. 30 octubre de 1930–15 marzo 1933. Carpeta Informe 1930–1933, ACAA.

Medios de Transporte

Desde la llegada a Aguada los PP. Agustinos utilizaron con fines pastorales caballos prestados. En el Libro de Procuración de 1930–1948 el P. Pablo Gutiérrez registra por primera vez el pago por cuidado de un caballo en las cuentas de los meses abril–diciembre de 1933[110]. Al siguiente mes se registra la compra de un caballo por 50.00 y sus arras por 17.60 haciendo un total de 67.60[111]. En febrero de 1934 se habla de su herradura por 0.54,[112] en adelante se inscriben esporádicamente los pagos a peones por el cuidado del caballo.

En noviembre de 1937 el P. Cándido Herrero registra los pagos por medicinas del caballo, arreglo de un carro y compra de gasolina[113].

5. Mejoras en la Iglesia Parroquial

Desde el inicio del registro de las cuentas en el Libro de Procuración se asientan pagos a un organista de Rincón, monaguillos, catequistas, sermones de la Novena y al sacristán de la Iglesia, encargado de su aseo. Así como pago de vino y formas, ceras y velones, costura de casullas y albas; Santos Óleos y medallas; servicios de luz y agua.

Mejoras al Templo Parroquial (1929–1933)

Mons. Byrne en su visita pastoral de 1927 pidió al párroco la construcción de los altares de la Iglesia. En atención a su petición, el párroco además de construir los altares realizó las siguientes mejoras:

"Altar Mayor de valor $1.349.00–Imagen de S. Francisco $45.00–Mesa de la sacristía, reclinatorios y columnas $100.00; ciriales y peanas respectivas incluso para la Cruz Parroquial $20.00; confesionario y arreglo del otro $30.00–arreglo de ropas $30.00–pinturas de friso, puertas y ventanas $20.00–comulgatorio $125.00–piso del Presbiterio y escalinata de loseta

---

[110] Cfr. Libro de Procuración, Op. Cit., p. 26.
[111] Cfr. Ibid., p. 27.
[112] Cfr. Ibid., p. 27.
[113] Cfr. Ibid., p. 56.

$200.00–Lámpara del Santísimo $132.00–escalinata y acera de fachada $50.00–columnas para marcar los límites del terreno de la Iglesia $24.00 y algunas cositas de menos importancia"[114].

Las Primeras Capillas (1929–1933)

Desde la visita pastoral de 1907 se había pedido al anterior párroco P. Mangual la construcción de capillas en las que se pudiera dar catequesis. El P. junto a los hermanos de comunidad construyeron tres capillas durante este trienio. Así lo consignan en el Informe al Capítulo Provincial de 1933:

"CAPILLAS. Si tal nombre merecen, tenemos tres de madera que han levantado los fieles apenas tiene valor alguno."[115]

Capellanías (1929–1933)

En el Informe al Capítulo Provincial los miembros de la comunidad hacen constar el estado de las Capellanías o terrenos propiedad de la Iglesia Parroquial que se atendían desde San Juan: "La Parroquia de Aguada tiene bienes propios por valor de $1255.00 que existen en el Obispado de San Juan P.R. de censos redimidos y cuyo interés asciende a $62.65"[116].

Inventario Parroquial y su Incremento (1930 - 1931)[117]

Inventario de los objetos pertenecientes a esta Sta. Iglesia Parroquial, de San Francisco de Asís de Aguada, Diócesis de Ponce P.R. en 13 de octubre de 1930.

Sección 1ª.
Alhajas

1 Cruz parroquial–recompuesta–de plata.
1 Incensario con cadenas de hierro - de plata.

---

114 Estado Actual de Nuestra Casa de Aguada, P.R. Carpeta Informe al Capítulo Provincial 1933, ACAA.
115 Ibidem.
116 Ibidem.
117 Libro de Visitas Pastorales, fol. 43-46.

1 Caja para las hostias.
1 Naveta.
6 Varas para el palio–recompuestas–de plata.
3 Ánforas para los Stos. Óleos.
2 id. Para bautizar.
1 Bandera de San Francisco.
1 Corona de San Francisco–de plata.
1 id. Del Sto. Cristo.
1 id. De la Dolorosa.
1 Espada de la Dolorosa.
1 Custodia.
3 Tornillos para la cruz del Cristo.
2 Copones de Aluminio.
2 Cálices.
1 Crucifijo de metal para S. Francisco.
1 Hisopo–inservible.
1 Caldereta de metal.
1 Crucifijo de metal para el altar.
4 Pares de candeleros de metal.
1 Media–luna de metal–en mal estado.
1 Candelero pequeño de metal–en mal estado.
1 Crucifijo pequeño de metal.

Sección 2ª.
Ornamentos

2 Dalmáticas a banda negras.
3 Casullas negras–dos en mediano estado.
1 Casulla azul–regular.
3 Casullas verdes–dos en mediano estado.
3 Casullas encarnadas–dos en buen estado.
4 Casullas Moradas–una inservible y dos incompletas.
3 Casullas blancas–dos inservibles.
2 Capas blancas–inservibles.
1 Capa negra.
1 Capa morada.
1 Capa encarnada.
1 Paño de hombros blanco.
1 Palio en regular estado.

Sección 3ª.
Ropa Blanca

4 Albas–una inservible.
4 Roquetes–dos inservibles y dos medianos.
16 Paños de altares.
9 Amitos.
12 Corporales.
34 Purificadores.
1 Sudario para el Sto. Cristo.
Varios paños de adornar los altares y cubrir las imágenes.
3 Cíngulos.

Sección 4ª.
Imágenes

1 Imagen de San Francisco de Asís.
1 Imagen de Sdo. Corazón de Jesús.
1 Imagen de la Purísima–Lourdes.
1 Imagen de la Purísima pequeña para la procesión.
1 Imagen de la Virgen de los Dolores.
1 Imagen de S. José en mal estado.
1 Imagen de san José pequeña en mal estado.
1 Imagen de la Resurrección en mal estado.
1 Imagen de Sta. Lucía en mal estado.
1 Imagen de San Antonio en mal estado.
1 Imagen de San Juan Bautista inservible.
1 Imagen del Sto. Cristo.
1 Imagen de la Virgen del Carmen en mal estado.
1 Imagen de S. Juan Evangelista inservible.
1 Imagen de la Magdalena inservible.
1 Grupo de la Sagrada Familia.

Sección 5ª.

1 Ropero grande nuevo para guardar las ropas y ornamentos.
1 Ropero para los libros del Archivo.
3 Mesas una pequeña y dos más grandes en mal estado.
4 Andas para las procesiones.

1 Sepulcro–Sto. Entierro.
2 Atriles.
4 Pares de Candeleros de madera.
3 Misales, uno nuevo y dos en mal estado.
1 Armonium con su asiento en mediano estado.
1 Sello Parroquial.
2 Reclinatorios en mal estado.
2 Campanas, una grande y una pequeña.
1 Hachero para el Cirio Pascual en mal estado.
1 Cuadro de la Virgen del Carmen.
1 Campanilla.
3 Bandejas, dos inservibles.
1 Cojín de tela encarnada.
1 Estandarte del Sdo. Corazón de Jesús.
1 Estandarte de la Purísima.
1 Pila bautismal, descompuesta.
2 Piletas para el agua bendita.
2 Piedras de Ara; una grande y otra pequeña.
1 Púlpito de madera.
1 Par de Ángeles en mal estado.
1 Sagrario de Madera.
1 Confesionario incompleto.
1 Juego de Sacras, sin marcos.
4 Bonetes medianos.
1 Botsa de administraciones.
Varios Floreros.

Aguada 15 de Octubre de 1930.
Entregué   Recibí
Fr. Pablo Gutiérrez, OSA   Fr. Arsenio Fernández, OSA.

En 1930 el P. Arsenio Fernández compró para la parroquia los siguientes objetivos:

-   Sacramentales.[118]
-   Vasito para el altar.[119]

---

[118] Libro de Procuración Oct 1930–1948. p. 1.
[119] Ibid., p. 2.

- Cerraduras para el sagrario. [120]
- Cunita para el Niño Jesús. [121]
- Platillo de Comunión. [122]
- Arreglo del Nacimiento. [123]
- Reclinatorios. [124]
- Vicacrucis. [125]
- Hisopo. [126]
- Campanillas. [127]

En marzo de 1931 se recibieron $25.00 de limosnas para el viacrucis. [128]

6. Mons. Alonso J. Willinger

En 1929 llegó a Ponce, Puerto Rico, Mons. Alonso J. Willinger. Como Obispo de Ponce y, por tanto, de la Parroquia San Francisco de Asís de Aguada, durante sus visitas hacía uso de las estadísticas enviadas a la Diócesis anualmente para motivar a los feligreses a colaborar con las necesidades de la parroquia[129].

Visita Pastoral de Mons. Alonso J. Willinger (1932 y 1934)

La primera visita de Mons. Alonso J. Willinger iniciada el 6 de mayo de 1932 fue interrumpida por las lluvias. De ahí que la haya continuado dos años después, los días 17 y 18 de junio de 1934.

---

[120]   Ibidem.
[121]   Ibidem.
[122]   Ibidem.
[123]   Ibidem.
[124]   Ibid., p. 4.
[125]   Ibidem.
[126]   Ibidem.
[127]   Ibidem.
[128]   Libro de Colecturía Octubre 1930–En 1954. p., 3.
[129]   Huelva, A. *Aloysus J. Willinger, C.Ss. R., en* **Episcopologio de Puerto Rico.** Ponce 2000. p. 251–252.

En el primer decreto emanado de esta visita se reconoce la piedad y docilidad cristiana de los feligreses del pueblo y el trabajo realizado por los Padres Agustinos. El segundo aborda sobre la Acción Católica y la propaganda de la Doctrina Cristiana. La motivación para continuar con las terminaciones de la fechada y las torres fue el tema del tercero. Corregir algunas prácticas de hablar en la Iglesia, el cuarto. El quinto aborda la conclusión de la visita[130]. En estos aspectos consistió la Primera Visita de Mons. Willinger.

7. La Fábrica Continúa

Segunda Fase de Construcción del Templo Parroquial: el Altar Mayor de la Iglesia, la cúpula y el presbiterio (1932)

La Iglesia parroquial de Aguada contaba con tres altares: el Altar Mayor en cemento y dos laterales en madera. He aquí el contrato de construcción del altar mayor construido en 1932:

CONTRATO PARA LA CONSTRUCCION DE UN ALTAR EN LA IGLESIA PARROQUIAL DE AGUADA, Puerto Rico:

El Rvdo. P. Arsenio Fernández, Vicario de Aguada, y Don Alonso Aguilar, ingeniero civil, CONVIENEN:

Que de acuerdo con el Plano que se acompaña, el segundo construirá para el primero un altar, de cemento armado, que colocará en el Presbiterio de la Iglesia de Aguada.

Las mezclas todas serán de una parte de cemento, 2 partes de arena y 4 partes de piedra triturada ó cascajo.

La pintura será a la aguada, y del color o colores que el primero determine.

---

[130]   Libro de Visitas Pastorales, p. 52-54.

El importe del trabajo es de mil trescientos dollars, ($1,300.00), pagaderos:

200.00 Doscientos dollars, ($200.00) la primera semana de empezado el trabajo;

300.00 Trescientos dollars, al tener la Cúpula de concreto colocada.

250.00 Doscientos cincuenta dollars, al concreto de las gradas y del altar, colocados;

250.00 Al estar el Plano ejecutado. Y

300.00 A razón de cincuenta dollars ($50.00) mensuales, a contar del día que se entregue la obra.

La obra se terminará en un plazo no mayor de (5) semanas, exceptuando tiempo perdido por fuerza mayor.

Conforme, P. Fr. Arsenio Fernández,

Conforme, Alonso Aguilar[131].

Tercera Fase de Construcción de la Iglesia Parroquial: las torres, el atrio, el bautisterio y las verjas (1936–1937) [132]

El P. Luis González en su **Cuaderno de resumen de gastos de la Iglesia de Aguada** da los detalles de lo que podemos llamar la Tercera Etapa de la Construcción de la Iglesia Parroquial que va desde 1936 hasta 1937. En ella se asientan los gastos y fechas en las que terminó de

---

[131] Contrato para la Construcción de un Altar en la Iglesia Parroquial de Aguada, Puerto Rico. Firmado por P. Fr. Arsenio Fernández y Alonso Aguilar, fechado en Mayagüéz el 29 de junio de 1932. Carpeta Mejoras al Templo Parroquial 1932, ACAA.

[132] Cuaderno resumen de gastos en la Iglesia de Aguada. Empieza el 21 de marzo de 1936, firmado por Fr. Luis González. Carpeta Mejoras a la Iglesia Parroquial 1936–1937, ACAA.

construir las torres y la fachada, el zaguán, la sacristía y las verjas de la Iglesia. A continuación presentamos página por página lo que sería un conjunto de cuartillas de papel grapadas.

1

Cuaderno resumen de gastos en la Iglesia de Aguada.
Empieza el 21 de marzo de 1936
Fr. Luis González

2

MES	DÍA	CONCLUSIÓN DE LA TORRE	
Marzo	21	Conducción del material	3.55
Abril	2	Comida para los peones	.80
	4	Jornales	33.94
	"	Conducción de arena	3.05
	6	Comida para los peones	75
	"	Ron " "	25
	8	Comida " "	70
	16	Jornales	16.00
	13	Comida para los peones	70
	"	Clavos etc.	2.30
	18	Jornales	36.81
	"	Comidas peones	1.06
	21	Comidas peones	1.06
	22	Comida	15
	22	" "	1.16
	24	" "	71
	25	Jornales	34.98
	"	Conducción del material	3.50
	"	Comida peones	26
	"	Obsequio a los trabajadores (fin de la torre)	2.40
Mayo	12	Material, cemento, hierro, etc.	83.64
	"	Cajonería de la sacristía, jornales	10
	"	Pintura	1
		Toral	$237.71

3

EMPAÑETE DE LA TORRE

MES	DÍA		
Mayo	12	Cemento	25.00
	14	Una criba	70
	"	" brocha	75
	16	Tonelada de cal	13.00
	"	Cal	70
	"	Jornales	22.50
	"	Imprenta de tiques rifa	1.50
	23	Jornalcs	17.85
	26	Madera cajonería sacristía	11.35
	30	Jornales (D. Carlos)	6.25
Junio	6	Jornales	30.50
	13	Jornales (Nacho)	2.50
	13	Jornales	24.00
	20	Jornales	24.00
	"	" tirar andamio	2
	26	Brochas	1.50
	27	Jornales	24.00
	"	Aseguro de Obreros	10.35
	"	Partes de Arena	3.75
Julio	4	Jornales	24.75
	6	Cemento	12.80
	11	Jornales	24
		Total	286.75

4
EMPAÑETAR LA FACHADA Y HACER EL PÓRTICO

MES	DÍA		
Julio	13	Cal	8
	"	Conducion de cemento	1.90
	"	Cemento	18
	18	Arena, portes	1.75
	"	Jornales tirar andamio torre	10

	"	Portes madera	75
	"	Jornales	38.25
Agosto	1	Jornales	25
		"	8.75
	3	Comida peones	1.98
	6	Impresos	1.98
	"	Jornales	25.75
	"	" a Nacho	13.75
	10	Comidas peones	1
	"	Portes	1
	"	Viaje de obreros	.60
	12	Comidas peones	.45
	14	Sobres	.75
	"	Sellos	1.50
	"	Jornales	20.25
			180.28

5

MES	DÍA	SUMA Y SIGUE	180.28
Agosto	14	Jornales	4
	"	Jornales (Nacho)	8.75
	21	Jornales	35.25
	"	Luz del pórtico	1.30
	"	Jornales	2.50
	"	Impresos (hojas programa)	1.75
	24	Frontera (cemento, hierro)	46.50
	"	Moldura	60
	"	Juan, pintura	5.88
	"	Rivera Hos. Cemento, puntas	22.45
Julio	18	Partes de cal y losetas batisterio	1.75
	"	Jornales batisterio	17.00
	"	Losetas del batisterio	21.12
Agosto	24	Diez y ocho bancos grandes	209.00

		Escalinatas del altar mayor	3.83
		Cerradura para la iglesia	2.25
		Tierra para la imagen de la fachada (la imagen no se hizo)	4.60
	29	Portes de arena	2.00
		Total	570.81

6

Septiembre	Día		
	17	Cable para la lámpara	3.75
	"	Polcas	25
	19	Colocar la lámpara	2.50
	"	Tubos bajantes de las chorreras	33.45
	"	Fotografías de la Iglesia	6
	"	Viaje a Ponce Dr. González y Vicenti	10
	26	Poner los tubos bajantes	5.00
	"	Limpiar paredes de la Iglesia	4.50
			$65.45

7

Sumas parciales de gastos

237.71

286.75

570.81

65.45

Suma Total $1160.72   Gastado

Fr. Luis González Rubio

O.S.A.

Septiembre 30 de 1936

Octubre	26	Planchas de cinz	2.00
Diciembre	5	Seis candeleros grandes dorados	30.00
	"	Cuatro más pequeños comprados antes	17.00
	16	Una alfombra grande para altar mayor	25.00
Diciembre	31	Cuatro candeleros grandes	20.00
		Total	$94.00

Total gastado en el año 1936

1160.72

94.00

1254.72

Fr. Luis González

O.S.A.

Diciembre 31 de 1936

Aguada

8
GASTOS ENTRADAS EN EL ÁTRIO Y VERJAS DE LA IGLESIA

			Ingresos	Egresos
Enero	23	Obreros		22.00
	"	A Nacho Sánchez		12.50
	"	Arena		9.00
	"	Piedra		5.00
	30	Obreros		18.50
	"	A Nacho Sánchez		12.50
	"	Arena		4.00
	"	Piedra		7.00
Febrero	6	Obreros		43.34
	"	A Nacho Sánchez		12.50
	"	Arena		6.00
	"	Piedra		8.00
	13	Obreros		17.42
	"	Arena		1.00
	"	Cable de la luz e instalación		10.22
Marzo	16	Factura Hnos. Rivera		105.89
		Recogido de varias personas	60.00	
		Recogido de Hnos del Santísimo	100.00	
			160.00	294.87
				294.87
		Sacados de casa		134.87

Cuarta Fase de Construcción del Templo Parroquial: las lozas del piso

(1937)

Los trabajos en la Iglesia Parroquial continuaron a manos del P. Antonio Nistal, colector, quien hizo los contratos en marzo de 1937 para la postura del piso. Ello conllevaba la demolición del primer piso construido en madreperla y raso, colocación de ventiladores, los bordes en cemento de las de bases de las columnas e instalación de la luz eléctrica terrera.

MARTINEZ & LAZARO
INGENERIOS CONTRATISTAS
APARTADO 301--SAN JUAN, P.R.

5 de Marzo de 1937

Rev. P. Antonio Nistal, O.S.A.
Apartado 85
Aguada, P.R.

Muy estimado Padre:

Realmente me sorprendió su carta pues parece que tuvimos un mal entendido. Creí haberle dicho en Aguada que como presupuesto aproximado Ud. podría fijar el costo de las obras de concreto en $6,000.00 pero que sería mejor subir la cifra pues después tendría que gastar en la demolición, enlucido, luz eléctrica, el coro que no lo había calculado, la pintura y hasta el pavimento, si quería poner losetas y Ud. mismo dio la cifra de $8,000.00. Que con estas cifras vería Ud. al Sr. Obispo de Ponce y si se llegaba a un entendimiento, yo le haría un proyecto y presupuesto exacto.

Como esto es una tarea que me tomaría más de una semana de trabajo sería realmente muy sensible perder ese tiempo si al fin no se hace la obra; pero como veo que Ud. espera mejor información, le he hecho un presupuesto si no definitivo, más aproximado sobre determinadas obras que casi abarca lo que Ud. quiere hacer.

Le acompaño dicho presupuesto que monta a $7,680.00 sin el pavimento de losetas que sería algo más de mil dólares.

Estoy dando por sentado que las sacristías y presbiterio ya tienen sus techos de concreto. ¿Es así?

Suyo afmo. Amigo y s.s.,

Por A. M. Martínez D.

José Lázaro Costa[133].

MARTINEZ & LAZARO
INGENERIOS CONTRATISTAS
APARTADO 301--SAN JUAN, P.R.

PRESUPUESTO APROXIMADO PARA MODIFICACIÓN DE LA IGLESIA DE AGUADA

Demolición
$ 400.00
12 Columnas con cimientos
1,080.00
24 Vigas o arcos laterales sobre columnas
560.00
12 Vigas transversales laterales
240.00
200 m2 bóveda
2,800.00
200 m2 losa plana
800.00
5 ventiladores en la bóveda
250.00
Coro
500.00
Enlucidos

---

[133] Carta del Ing. José Lázaro Costa al P. Antonio Nistal sobre la construcción del Templo Parroquial. Fechado en Santurce, P.R., el 5 de marzo de 1937. Carpeta Documentos de la Casa Parroquial, ACAA. Nota: al documento le falta un pedazo en su parte superior izquierda, tiene grapado el presupuesto al cual alude.

500.00

Pintura

400.00

Luz eléctrica: 20 luces y 6 switches

150.00

$ 7,680.00

Santurce, P. R., 5 de marzo de 1937[134].

8. Segunda Visita Pastoral de Mons. Alonso J. Willinguer (1939)

Nuevamente visitó Mons. Willinger a sus feligreses de Aguada, esta vez sin que su visita haya sido intervenida por las lluvias. De ahí que todo cuando consigna en su acta sea para bienes por ver en tan corto tiempo una obra ardua y pesada terminada.

En esta visita no deja de hacer alabanzas por la religiosidad del pueblo, el buen estado en que se conservan los libros parroquiales, la buena disposición y conservación de los enseres de la parroquia y el esfuerzo pastoral del párroco[135].

9. Pastoral Parroquial

El aumento continuo del número de hermanos residentes y miembros de la comunidad de Aguada facilitaba el trabajo y las mejores atenciones pastorales al pueblo y los barrios. Durante esta década se continuó con sistema de misiones por barrios, a lo que se agregó la formación de catequistas en los mismos. Barrios como Cerro Gordo, Mal Paso y Laguna gozaban de capillas para impartir las catequesis; en los demás se daba en casas particulares.

---

[134] Presupuesto para la colocación del techo del Templo Parroquial. Fechado en Santurce, P.R., el 5 de marzo de 1937. Carpeta Documentos de la Casa Parroquial, ACAA. Nota: al documento le falta un pedazo en su parte superior izquierda, tiene grapada la carta de la cual procede.

[135] Cfr. Libro de Visitas Pastorales, fol. 55–58.

Contando con caballos propios y, luego, un carro, se logró dar una mejor y más continua asistencia pastoral a los barrios.

Comunión Diaria Habitual

El 8 de diciembre de 1938 D. Card. Jorio, Prefecto firmó la Instrucción reservada de la Sagrada Congregación de Disciplina de los Sacramentos sobre la comunión diaria habitual y los abusos que se han de evitar. Mons. Willinguer le dio cumplimiento enviando una copia de la misma a las Parroquias para su puesta en ejercicio el día 3 de mayo de 1939,[136] pidiendo dar la comunión diariamente a los feligreses.

Relación de la Parroquia de 1939[137]

Para 1939 Aguada era un pueblo de 16,764 feligreses, de los cuales sólo 100 eran de otra religión.

En este año se registraron ocho cientos nacimientos. Se registraron seis cientos sesenta y dos bautismos, dos mil quinientos doce confirmaciones. Ochenta y cuatro matrimonios canónicos. Como ciento sesenta y cuatro recibieron sepultura eclesiástica y casi todos recibieron la extremaunción.

Las eucaristías dominicales se celebraban a las 8:00 a.m., a las 9:30 a.m. Los días de precepto se celebraban a la 6:30 a.m., 8:00 a.m. y 9:30 a.m. Siendo un total de 1,103 las personas que asistían los domingos a misa. Los domingos se explicaba el evangelio y se daban pláticas doctrinales. Las cuarenta horas anuales se celebraban durante la Novena al Sagrado Corazón de Jesús.

Por las noches se hacía el Santo Rosario, la Hora Santa los jueves, los Primeros Viernes, el Vía Crucis, el Mes de María, Novenas y Triduos.

---

[136] Cfr. Protocolo de la Sagrada Congregación de Disciplina de los Sacramentos. Firmada por el D. Card. Jorio el 8 de diciembre de 1938 en Roma, Prot. N. 3161/30. Carpeta Congregación de Disciplina de los Sacramentos 1929–1939, APASFA.

[137] Relación Anual de la Parroquia de Aguada año 1929. Firmada por el P. Pablo Gutiérrez en Aguada, P.R., el 25 de enero de 1940. APSFAA, Carpeta Relaciones Parroquiales 1913-1955, APASFA.

En el pueblo daban las catequesis un padre y dos catequistas. Mientras que en los campos treinta y cinco catequistas, entre ellos: Hijas de María, Hermanos del Santísimo, Socios del Santo Nombre.

En el pueblo los presbiterianos tenían cuatro centros y uno los espiritistas. Mientras que en el campo había presencia de los presbiterianos y adventistas.

Las Cofradías: Hermandad del Santísimo con 230 miembros, Jueves Eucarísticos con 50 miembros, Sagrado Corazón de Jesús con 278 miembros, Santo Nombre con 370, las Hijas de María con 400 y Virgen del Carmen con 145.

Se había construido, además de la Iglesia, las Capillas de Nuestra Señora del Buen Consejo en Cerro Gordo, Nuestra Señora de la Concepción en el Espinar y de San José en Mal Paso. Tenía la Iglesia una deuda de tres mil pesos.

IV

COMUNIDAD AFIANZADA, 1939–1949

1. Los Hermanos de Comunidad

Desde el Capítulo Provincial 1939 hasta 1942

Se recuerda que el Capítulo Provincial celebrado en León del 2 al 8 de julio de 1939 nombró al P. Pedro Álvarez[138] como Vicario de Puerto Rico, y para la Comunidad de Aguada al P. Cándido Herrero, Prior y Párroco, y P. José María Castellanos, procurador[139]. Pero, no se encuenta la firma de este último en el libro de procuración.

El 1 de septiembre de este mismo año el P. Vicente Murga, Canciller–Secretario de la Diócesis de Ponce, escribió al P. Cándido:

> El Sr. Obispo aceptó la presentación de V.R. para párroco de Aguada y le ruega haga lo antes posible la Profesión de Fe y juramento antimodernista, y mande una copia al Obispo de la toma de posesión de la parroquia[140].

A partir de noviembre de 1939 pasa a ser el procurador P. Leandro Abella[141], hasta el 11 de abril de 1940[142]. Desde entonces firma el P.

---

[138] Cfr. Lazcano, R. Op. Cit., p. 92.

[139] Cfr. Ibid., 91.

[140] Notificación de Aceptación para el Nombramiento del P. Cándido Herrero como Párroco de la Parroquia San Francisco de Asís de Aguada, Puerto Rico, firmado por P. Vicente Murga, Canciller–Secretario de la Diócesis de Ponce, fechado en Ponce el 1 de septiembre de 1939. Ref. No. 8. Carpeta Nombramientos Parroquiales, 1939–1949.

[141] Libro de Procuración, Op. Cit., p. 77.

[142] Ibid., p. 81.

Luis González como procurador y, debajo de su firma, el P. Cándido Herrero[143].

El 7 de abril de 1941 recibieron la visita del P. Pedro Álvarez, visitador delegado, y de Fr. Emilio Alonso, Secretario de la Visita.[144] A partir de esta visita deja de firmar en el Libro de Procuración el P. Cándido Herrero, quien sigue firmando en el libro de Colecturía.

Desde el Capítulo Provincial de 1942 hasta 1945

En el Capítulo celebrado en León desde el 20 hasta el 26 de julio de 1942 son ratificados en sus cargos los PP. Pedro Álvarez, para el Vicariato, y Cándido Herrero y Luis González, para la comunidad de Aguada[145].

El P. Pedro Álvarez, Visitador Delegado, junto con el P. Donato Liébana, Secretario de la Visita, realizaron la visita de renovación el 17 de abril de 1942.[146] La siguiente visita la correspondió a los PP. Pedro Álvarez, Visitador Delegado, y Donato Liébana, Secretario de la Visita, el 8 de mayo 1944[147].

Desde el Capítulo Provincial 1945 hasta 1948

El Capítulo Provincial celebrado en León desde el 20 hasta el 26 de julio de 1945 nombra al P. Cándido Herrero, Vicario de Puerto Rico; Prior y Párroco de la Parroquia San Francisco de Asís de Aguada al P. Pablo Gutiérrez[148]. En el mes de octubre de 1945 pasa a ser depositario de esta comunidad el P. Pablo Gutiérrez.[149] La comunidad fue visitada por el P. Cándido Herrero, Visitador Delegado, y Fr. Carlos Gutiérrez, Secretario de la Visita, en diciembre de 1946[150].

---

[143] Ibid., p. 82.
[144] Libro de Colecturaía Oct. 1930–Ene. 1964, p. 76. Cfr. Libro de Procuración, p. 96.
[145] Lazcano, R. Op. Cit. p. 98–99.
[146] Libro de Colecturaía Oct. 1930–Ene. 1964p. 76. Cfr. Libro de Procuración, p. 96.
[147] Ibid., p. 98. Cfr. Libro de Procuración 1943–1963, p. 40.
[148] Libro de Colecturaía Oct. 1930–Ene. 1964p. p. 103–107.
[149] Ibid., p. 108.
[150] Ibid., p. 117.

Siendo Vicario Provincial Fr. Cándido Herrero nombra a P. Pedro Álvarez como Comisario en su nombre durante su estadía en España[151] con motivo del Capítulo Provincial.

Desde el Capítulo Provincial 1948 hasta julio de 1949

En el Capítulo Provincial celebrado en León desde el 20 hasta el 27 de julio de 1948 fue nombrado Vicario Provincial el P. José Rodríguez Cristiano[152]. Pasó a ser Prior y Párroco de Aguada el P. Antonio Zubillaga[153]. El Vicario nombró al P. Pablo Gutiérrez como colector de esta comunidad[154].

En julio de 1948 inicia un nuevo libro de Procuración. A partir del mes de noviembre de 1948 firman el libro de Colecturía todos los miembros de la Comunidad: P. Pablo Gutiérrez, P. Antonio Zubillaga y P. Carlos Gutiérrez.[155] El P. Antonio Zubillaga fue nombrado párroco por Mons. Jaime Eduardo Mc Manus, Obispo de Ponce, el día 10 de septiembre de 1948[156].

El 2 de octubre de 1948 la Comunidad recibió la Visita General de renovación realizada por Joseph Hickey, Prior General, y P. Ignacio Arámburu, Secretario General[157].

---

[151] Nombramiento del P. Pedro Álvarez, como Comisario Vicarial, firmado por el P. Cándido Herrero, Vicario de las Antillas, fechado en San Germán el 29 de marzo de 1948. Carpeta Oficios de la Comunidad 1939–1949, ACAA.

[152] Lazcano, R. Op. Cit., p. 114.

[153] Nombramiento del P. Antonio Zubillaga como Prior y Párroco de Aguada firmado por el Fr. Carlos Vicuña, Presidente del Capítulo, fechado en León el 27 de julio de 1949. Carpeta Oficios de la Comunidad 1939–1949, ACAA..

[154] Nombramiento del P. Pablo Gutiérrez como Colector de la Comunidad de Aguada firmado por el P. José Rodríguez, fechado en San Germán el 15 de noviembre de 1948. L.C.

[155] Lazcano, R. Op. Cit., p. 130.

[156] Carta de Nombramiento del P. Antonio Zubillaga firmada por Mons. Jaime Eduardo McManus, Obispo de Ponce, en Ponce el 10 de septiembre de 1948. Carpeta Nombramientos Parroquiales 1939–1948, ACAA.

[157] Ibid., p. 129.

A partir de noviembre de 1948 firman en el libro de Colecturía los PP. Pablo Gutiérrez, Antonio Zubillaga y Carlos Gutiérrez[158]. Por el libro de Procuración se sabe que el P. Carlos Gutiérrez hacía la función de Procurador y P. Antonio Zubillaga, Depositario[159].

El 22 de febrero de 1949 el P. Pedro Moratiel escribió a todos los miembros de la Provincia determinando "la observancia del ayuno de todos los miércoles, viernes y sábados de Cuaresma y los viernes comprendidos entre la festividad de Todos los Santos hasta la vigilia del día de Navidad, y la abstinencia con ayuno de los viernes de cuaresma, vigilias de Navidad, Pentecostés y Asunción de Nuestra Señora, de N.P. San Agustín y Santo Tomás de Villanueva y los viernes de las cuatro Témporas"[160].

A través de la Sagrada Congregación de Ritos el Papa Pío XII declaró a Santo Tomás de Villanueva como Patrono de la Provincia Agustiniana de Castilla el 22 de abril de 1949[161].

Economía Vicarial

Como parte del proceso de aportación para la Casa de Formación de Calahorra, el P. Pablo Gutiérrez entregó al P. Cándido Herrero la cantidad de 2000 dolars en el día 10 de diciembre de 1946,[162] esta misma suma le entregó nuevamente el 18 de enero de 1948[163].

---

[158]   Libro de Colecturía, p. 130.

[159]   Libro de Procuración 1943–1963, p. 41.

[160]   Circular del P. Pedro Moratiel, Prior Provincial, a los MM. RR. PP. Comisarios, Priores y Demas Religiosos de Nuestra Amada Provincia de Castilla, fechado en León el 22 de febrero de 1949. Carpeta Circulares Provinciales 1939–1949, ACAA.

[161]   Circular de Fr. Pedro Moratiel a los Hermanos de la Provincia de Castilla, fechada en León el 11 de mayo de 1949. Carpeta Circulares Vicariales 1939–1949, ACAA.

[162]   Recibo de entrega de fondos para la Provincia de Castilla, firmado por el P. Cándido Herrero en San Germán el 29 de diciembre de 1946. Carpeta Economía Vicarial 1939–1949, ACAA.

[163]   Recibo de entrega de fondos para la Provincia de Castilla, formado por el P. Cándido Herrero en San Germán el 18 de enero de 1948. Carpeta Economía Vicarial 1939–1949, ACAA.

Visita General de Renovación (1948)

Consta en el Libro de Procuración 1943–1963 de la Casa de Aguada la firma y el sello del P. General, Joseph Hickey. Le acompaña en esta visita P. Ignacio Arámburu, Secretario General. No se conservan otros documentos al respecto. Estas firmas autentificadas por el sello gomígrafo en tinta azul se consignan el día 2 de octubre de 1948[164].

2. Remodelación de la Casa Parroquial y sus terrenos

Este gran esfuerzo se hizo para mejorar las condiciones en las que se daban las catequesis, por ese motivo se construyó también una escalera para la terraza que conducía hacia el segundo piso. He aquí el proyecto de ampliación preparado por la empresa constructora Lázaro y Lázaro, conforme al cual se trabajó.

JOSE LAZARO COSTA
Ingeniero Civil
CARLOS LAZARO GARCIA
Ingeniero Civil
Tel. 2-5592–Apartado 325
SAN JUAN, PUERTO RICO

PLIEGO DE CONDICIONES PARA LAS OBRAS DE AMPLIACIÓN DE LA
CASA PARROQUIAL DE AGUADA.
DESCRIPCIÓN DE LAS OBRAS: Las obras que se proyectan realizar consiste en la ampliación del primer piso de la casa existente utilizando el solar que está al frente de la misma y da a la calle de la Paz. La construcción consistirá en una armadura columnas y vigas de concreto reforsado entrepañada con muros de 4"espesor. El techo será de concreto armado, y se utilizará como terraza para juegos y distracciones de los niños del Catecismo, cuyo fin los pretiles serán de alambre "Cyclon" sobre un zócalo de concreto de 4"de espesor, siendo 6'la altura total de estos pretiles.
PLANOS: Los planos de fecha de Diciembre de 1948 suministran la información necesaria para llevar a cabo estas obras; estos planos serán suplementados por dibujos o detalles adicionales si así fuere necesario.

---

[164] Libro de Procuración 1943–1963, p. 41

MATERIALES Y PROCEDIMIENTOS

CEMENTO: Se usará indistintamente cemento marca "Puerto Rico" o "Ponce".

ARENA: Será limpia, uniforme y libre de arcilla o barro, polvo y de materia terrosas y organicas. Si fuera necesario se lavará o cernirá según el caso.

PIEDRA: Será triturada, limpia, libre de materias extrañas y de calidad y clase conocida por "Caliza azul". La piedra para cimientos, muros y vigas, losas y columnas debe ser de tal tamaño que pase por anillo de ¾"y sea rechazada por uno de ¼"de diámetro.

HORMIGON: El hormigón para cimientos, columnas, vigas, losas al aire se mezclará en la proporción del volumen de cemento, 2 de arena y 4 de piedra triturada. Para muros y tabiques las proporciones serán de 1 de cemento 2-1/2 volúmenes de arena y 5 volúmenes de piedra y para losas sobre relleno 1 volumen de cemento 3 volúmenes de arena y 5 volúmenes piedra y para losas sobre relleno 1 volumen de cemento 3 volúmenes arena y 6 volúmenes de piedra. El agua ha de ser limpia, libre de aceites, materias vegetales y ácilis o sales y la cantidad será la necesaria para que se mexclen bien los componentes del hormigón y sea fácil su colocación y acomodo en los moldes, para teniendo cuidado de que no haya exceso de agua y de la proporción sea igual para todas las templas, con el find e que la resistencia sea uniforme en todos los elementos iguales de la construcción que se realiza. Las templas serán de tal tamaño que puedan colocarse en los moldes en no más tiempo de treinta (30) minutos después de mojada.

REFUERZO: Las varillas de refuerzo deben estar limpias, libre de óxido y de cualquiera otra sustancia que reduzca el poder de adhesión. Se colocarán según se indica en los planos y se fijarán cuidadosa y firmemente para conservar su posición mientras se coloca el hormigón, y en los puntos que interceptan otras varillas y que fuere necesario, se atarán con alambre no. 14.

CONDICONES ESPECIALES

1/ CIMIENTOS: Los cimientos de muros se reforzarán como se indica en los planos de detalles. Se colocarán las varillas que van a través del cimiento a 3"de la superficie inferior y las que van a lo largo se colocarán sobre las que vanal través. Se fundirá parte de los muros con el cimiento.

2. <u>MUROS:</u> Los muros de cierre entre columnas serán de 10 cm. de espesor y se reforzarán vertical y horizontalmente con varillas redondas de 3/8"a 12"de separación unas de otras.

3. Las columnas irán reforzadas con cuatro varillas redondas de 1"y aros de varillas redondas de ¼"colocadas a 8"de separación unos de otros.

4. <u>VIGAS:</u> Las vigas se reforzarán con 4 varillas redondas de 1". Los estribos serán de varillas redondas de ¼".

5. LOSA: Será de concreto reforsado y se construirá al mismo tiempo que la parte rectangular de las vigas en que se apoya. Se colocarán las varillas de refuerzo principal a 1"del falso piso y las varillas de temperatura sobre estas en dirección contraria. La losa se construirá a nivel y después de fraguada se dará con mortero los declives para el desagüe de las lluvias. Este mortero se compondrá de una parte de cemento y cuatro de arena. Este relleno se enlucirá con mortero compuesto de una parte de cemento y tres partes de arena, frotando a llana; el espesor no será mayor de ¾".

6. <u>LOSA DE PISO:</u> Será de 3"de espesor, sin refuerzo. El relleno de tierra para hacer este piso un poco más alto que el patio se apisonará convenientemente y se mojará para que se asiente mejor.

7. <u>ENLUCIDO:</u> Los muros, tabiques, plafones, vigas y columnas se enlucirán con mortero de cemento, cal y arena compuesto de una parte de cemento, tres de arena y una décima parte de cal hidratada de la mejor calidad conocida en el mercado. La arena debe ser fina y cernida si fuera necesario. El enlucido será de ¼"de grueso y se terminará frotando cuidadosamente de modo que quede una superficie uniforme.

8. <u>PISO:</u> El terminado del piso será de mortero de cemento de 1"espesor, compuesto de una parte de cemento y dos partes de arena. La superficie será pulida.

9. <u>PORTAJE:</u> Los marcos, puertas y ventanas serán de pichipen de primera calidad. Los herrajes de cuelgue serán galvanizados y compresados de bronce y los de cierre serán de bronce.

10. <u>INSTALACIÓN ELÉCTRICA:</u> Será por tubería. Se usará alambre no. 12 de goma. Se conectará la instalación a la existente en la casa.

11. <u>BAJANTES DE HIERRO GALVANIZADO:</u> Se instalarán dos bajantes de hierro galvanizado no. 24 de sección rectangular de 3"x 4".

12. <u>PINTURA:</u> Se pintará interior y exteriormente a dos metros con pintura de agua de la mejor calidad que se obtenga en el mercado. Las puertas ventanas se pintarán al óleo a tres manos con pintura de reconocida buena calidad.

Diciembre 1948

Nota: firmado por José Lázaro Costa y Carlos Lázaro García y posee en sello tintado de Gobierno de Puerto Rico, Negociadora de Permisos, Área Oeste con fa la fecha de Diciembre 8 1948[165].

JOSE LAZARO COSTA
Ingeniero Civil
CARLOS LAZARO GARCIA
Ingeniero Civil
Tel. 2-5592–Apartado 325
SAN JUAN, PUERTO RICO

PRESUPUESTO DE AMPLIACIÓN DE
LA CASA PARROQUIAL DE AGUADA

			Unidad	Precio	*Importe*
No.	1	Excavaciones para cimientos.	48 y³	$ 2.00	$ 96.00
"	2	Cimientos de columnas.	7 y³	27.00	189.00
"	3	Cimientos de muros.	3 y³	24.00	72.00
"	4	Columnas	10 y³	77.00	770.00
"	5	Muros de 8" de espesor	42 y²	8.00	336.00
"	6	" " 6" " "	56 y²	6.50	364.00

---

[165]   Pliego de condiciones para la obra de ampliación de la Casa Parroquial. Firmado por José Lazaro Costa y Carlos Lazaro García. Fechado en diciembre de 1948.Carpeta Documentos Casa Parroquial (Propiedad de los Padres Agustinos de Aguada), en ACLA.

"	7	" " 4" " "	238 y²	5.50	1,309.00
"	8	Vigas de concreto reforzado.	7 y³	77.00	539.00
"	9	Losa de concreto reforzado para el techo.	120 y²	8.00	960.00
"	10	Enlucido de columnas, muros, vigas y plafón.	829 y²	0.80	663.20
"	11	Escalera de concreto enlucida.			230.00
"	12	Relleno para base del piso.	60 y³	1.00	60.00
"	13	Losa de concreto sin reforzar para base del piso.	120 y²	1.40	168.00
"	14	Piso de cemento.	120 y²	2.00	240.00
"	15	Pretiles de concreto y alambre "Cyclon" en la terraza.	20 y. l.	7.00	140.00
"	16	Portaje–3 pares de puertas forro de 3'4'x 8'-0"; 5 pares de puertas forro 5'- 0" x 8'-0"; 1 paces de puertas forro 2'-2"x 8'-0"; 1 par ventanas forro 3'-4" x 5'-0"; 1 par puertas forro de 3'-0"x 7'-0"; 1 ventana forro de 2'-6" x 5'-0"			216.00
"	17	Bajantes galvanizados de aguas pluviales.	2	25.00	50
"	18	Instalación eléctrica–6 luces, 2 switches, 1 switches three-way.	9	12.00	108.00
		A la página # 2			$6,510.20

- 2 -

De la 1ra. Página … … … … … … $6,510.20

Unidades   Precios

	19	Pintura de aceite a tres manos sobre puertas y ventanas.	78 y2	$0.80	62.40
"	20	Pintura de agua interior y exterior a dos manos sobre muros, columnas, vigas y plafones.	829 y2	0.40	331.60
					$6,904.20
		3% imprevistos -			207.13
					$7,111.33

Nota: a partir de imprevistos está escrito a mano. Firmado por José Lázaro Costa y Carlos Lázaro García, sellado con el sello tintado de Negociador de Permisos el 8 de diciembre de 1948[166].

La petición de permiso de construcción fue presentada ante el Departamento de Interior, Negociado de permisos el día 6 de diciembre de 1948 bajo el número 893199, en este se estimaba la obra en unos 6,904.20[167].

La aprobación de la obra registrada bajo el número 892891 valorada en 7,111.33 fue concedida el 21 de enero de 1949 por el Departamento de lo Interior, Negociado de Permisos. Este permiso se concedía para lo siguiente y bajo las contiguas especificaciones:

> Ampliación del primer piso de la casa Parroquial con columnas, vigas y losa del techo de concreto reforzado.

> Este edificio no se podrá usar hasta que este Negociado haga la inspección final y se otorgue Permiso de Uso y al efecto se la incluye blancos de solicitud del mismo.

> Este permiso no lo releva de cumplir con cualesquier restrucción privada que grave el solar en el cual se propone construir.

---

[166]   Presupuesto para la remodelación de la Casa Parroquial. Documento de dos páginas fechado el 8 de diciembre de 1948.

[167]   Solicitud de permiso para Construcción presentada por José Lázaro Costa ante Negociado de Permisos.

Nota: Permiso firmado por Héctor A. Deliz, Oficial de Permisos y sellado por el sello tintado del Negociado de Permisos[168].

JOSE LAZARO COSTA
Ingeniero Civil
CARLOS LAZARO GARCIA
Ingeniero Civil
Tel. 2-5592–Apartado 325
SAN JUAN, PUERTO RICO

PRESUPUESTO PARA LA CONSTRUCCIÓN DEL TECHO DE LA TERRAZA DE LA CASA PARROQUIAL DE AGUADA

			Unidad	Precio	*Importe*
No.	1	Columnas	6.30 y3	$ 77.00	$ 485.10
"	2	Muros de 4" de espesor	25.33 y2	5.55	139.32
"	3	Muros de 6" de espesor	18y2	6.50	117.00
"	4	Vigas de concretoreforzado	7.33 y3	77.00	564.41
"	5	Losas de concreto reforzada para el techo, balcón y alero.	184.55 y2	8.00	1,476.40
"	6	Enlucido de columnas, muros, vigas y plafón	399 y2	0.80	319.20
"	7	Escalera de concreto enlucida			170.00
"	8	Piso de cement	180 y2	2.00	360.00
"	9	Pretilas de concreto de 4" de espesor, enlucidas	23 y2	7.10	163.30
"	10	Baranda de balaustras en balcones	25 y. l.	8.50	212.50
"	11	Ménsulas	20	7.50	150.00
"	12	Portaje: 1 puerta en la buharda, 1 ventana en la terraza.			40.00
"	13	Bajantes galvanizados para aguas pluviales	2	25.00	50.00

---

[168] Permiso de ampliación de la Casa Parroquial concedido por el Negociado de Permisos. Fechado el 21 de enero de 1949.

"	14	Instalación eléctrica–5 luces, 3 switches y 2 switches threaway.			120.00
"	15	Pintura de aceite a tres manos sobre 1 puerta y 1 ventana.			11.20
"	16	Pintura de agua interior y exterior a dos manos sobre muros, columnas, vigas y plafones.	399 y2	0.40	159.60

4,538.03

A deducir el importe de
pretiles de concreto y alambra
"Cyclon" incluidos en el
presupuesto de Ampliación   140.00
de la casa parroquial del 6 de
Diciembre de 1948 que se
suprimen.

$4,398.03

Marzo 1949

José Lázaro García   Carlos Lázaro Coste

Nota: sellado con el sello tintado de Negociador de Permisos el 16 de marzo de 1949[169].

"Este permiso enmienda por primera vez el permiso con el mismo número del 21 de enero de 1949.
La enmienda consiste en:

Techar una terraza de 4'-8" de ancho por 24'-8" de largo, con una torta de hormigón"[170].

---

[169] Presupuesto para la construcción del techo de la terraza de la casa parroquial de Aguada. Fechado el 16 de marzo de 1949. Carpeta Documentos Casa Parroquial, ACAA.

[170] Permiso concedido bajo el número d892801. Fechado el 6 de abril de 1949. L.C.

Permiso firmado por Héctor A. Deliz, Oficial de Permisos, el 6 de abril de 1949; esta edificación estaba valorada en $4,398.03.

Permuta sobre la Casa del Cura Párroco de Aguada

A solicitud de Mons. Jaime Eduardo McManus el P. José Rodríguez, Comisario de las Antillas, firmó con él una permuta sobre la casa de Lajas en la que estaba situado el Colegio que la Diócesis tenía allí. De la parte agustiniana el tema de la permuta con la Diócesis de Ponce sigue siendo la Casa del Cura Párroco de Aguada cuyo dinero de venta se había invertido en la Casa que los Padres Agustinos habían construido en Aguada y estaba en proceso de remodelación. Este documento fue ratificado el 12 de enero de 1949[171].

3. Impacto Diocesano en la Pastoral Parroquial

Oraciones por las Peticiones del Papa (1941)

Mons. Alonso J. Willinger, Obispo de Ponce, recibió una comunicación de Mons. Maurilo Silvani, Arz. Tit. de Lepanto, Nuncio Apostólico y Delegado para Puerto Rico, en los siguientes términos:

> "El Eminentísimo Señor Cardenal Luis Maglione, Secretario de Estado de Su Santidad, acaba de comunicarme que el Santo Padre desea vivamente que, por todo el mes de octubre se eleven al cielo nuevas plegarias, según Sus intenciones.
>
> Las intenciones del Augusto Pontífice son: impetrar de la misericordia infinita del Todopoderoso los auxilios divinos de que la Iglesia tiene apremiante necesidad; conseguir, lo más pronto posible, una paz cristiana[172].

---

[171] Ratificación de la permuta entre el Obispado de Ponce y los Padres Agustinos por las casas de Lajas y Aguada respectivamente. Firmada el 12 de enero de 1949, inscrita bajo el número 5. L.C.

[172] Circular enviada por P. Vicente Murga, Canciller–Secretario de la Diócesis de Ponce, al P. Cándido Herrero, Párroco de Aguada, fechada el 26 de septiembre de 1941. Reg. Num. 223. Carpeta Circulares Diócesis de Ponce, APASFA.

Las disposiciones de Mons. Willinger para dar cumplimiento a estas peticiones las comunicó el Pbro. Vicente Murga, Canciller, a través de una circular destinada al Cura Párroco de Aguada fechada el 26 de septiembre de 1941. Los mandatos del obispo fueron:

> 1.- Durante todo el mes de octubre se rezará el santo rosario por las intenciones del Romano Pontífice y se hará mención especial de esto todos los días;
>
> 2.- Las comuniones generales que celebren las distintas Asociaciones durante el mes de octubre se aplicarán por las mismas intenciones;
>
> 3.- La comunión que celebrarán todas las Asociaciones en la gran fiesta de Cristo Rey se aplicará por el mismo fin;
>
> 4.- En las advertencias parroquiales durante las mismas de todos los domingos del mes de octubre se leerá la comunicación del Emmo. Señor Cardenal, Secretario de Estado.
>
> De la Cancillería Diocesana a 26 de septiembre de 1941.[173]

Movimientos Apostólicos (1941–1942)

Se conservan en el archivo datos de 1941 y 1942 sobre la Hermandad del Santísimo Sacramento y el Decreto de Erección Canónica de la Confraternidad de la Doctrina Cristiana.

El 7 de septiembre de 1941 Mons. Vicente Murga, Secretario–Canciller de la Diócesis de Ponce, escribió al P. Cándido Herrero, Párroco, instruyéndole sobre la entrega de los fondos del censo a la Hermandad del Santísimo Sacramento[174]. Siguiendo dicha instrucción el padre hizo la entrega de un total de $100.00 a esta cofradía.

---

[173] Ibidem.

[174] Carta del P. Vicente Murga, Canciller, al P. Cándido Herrero, Párroco de San Francisco de Asís de Aguada, fechada el 7 de septiembre de 1942. Carpeta Cartas Parroquia San Francisco de Asís de Aguada 1939–1949, APASFA.

CONFRATERNIDAD DE LA DOCTRINA CRISTIANA

Cancillería del Obispado

Ponce, Puerto Rico

Núm. 48.

DECRETUM ERECTIONIS CONFRATERNITATIS DOCTRINAE CHRISTIANAE

Vigore facultatis mihi concessae juxta norman canonis 711, art. 2 Codicis Juris Canonici, Ego Aloysius J. Willinger, C.SS.R., Episcopus Poncensis, hac die 7 mensis februarii, anno 1942, Confraternitatem Doctrinae Christianae cum annexis indulgentiis Archiconfraternitati concessis, erexi in ecclesia paroeciali Sancti Francisci, Aguada, dioecesis nostrae.

In quórum fide textimonium hoc mea manu subscripsi.

Williger, Ep. Poncensis.

Ex Aedibus Cancelleriae Episcopalis

Die 7 februarii, 1942,

De mandato Ex. Mi ac. Rev. Mi. Domini,

Vicentius Murga
Cancillarius

Nota: Pedida la erección C. el día 6 - 11–42.

Fr. Cándido Herrero, OSA
Vicario[175]

---

[175] Decreto de Erección de la Doctrina Cristiana firmado por Mons. A. Willinger, el 7 de febrero de 1942. Carpeta Decretos 1939–1942, APASFA.

Los Matrimonios por las Casas (1943)

Desde el principio de la misión, los padres se montaban en sus caballos y parte de sus provisiones consistía en llevar lo necesario para la celebración del Sacramento del Matrimonio. Muchos matrimonios se celebraron en las casas, sobre todo en los tiempos en que no había Barrios que no tenían capillas. Pero en 1943 la práctica del sacramento del matrimonio comenzó a cambiar. Así lo refleja la carta de Mons. Vicente Murga, Canciller de la Diócesis de Ponce, al P. Cándido Herrero sobre una boda que pensaba realizar en un Barrio de Aguadilla:

> Cancillería del Obispado
> Ponce, Puerto Rico 4 abril, 1943.
> Num. 68.
>
> Rdo. Padre Cándido Herrero, O.S.A.
> Párroco de Aguada.
>
> Estimado Padre:
>
> Nuestro Sr. Obispo recibió su solicitud y me ordena contestarte que no concede el permiso para que se celebre el matrimonio en la casa. Se introdujo el artículo 87, párrafo c. del Sínodo, precisamente para cortar la mala costumbre que se iba introduciendo de celebrar el matrimonio en las casas.
>
> Entregué el programa de la Visita al Sr. Obispo.
>
> V. Murga, Pbro.

Puede celebrarse en la capilla de Base Borinquen o en otra que prefieran.

Primeras Comuniones (1946)

En 1946 el Sr. Obispo Willinguer, tomando en cuenta la desproporción que existía entre la cantidad de niños que recibían el bautismo y la confirmación con los que se preparaban para la Confesión y

Comunión, decide y comunica a través de su Canciller, Vicente Murga, lo siguiente:

> … En todas las parroquias se celebre la primera Comunión de los niños por lo menos cuatro veces al año y en los siguientes meses: a fines de marzo–junio–septiembre–diciembre.

> Esto quiere decir que tanto en los pueblos como en los campos ha de existir durante todo el año un grupo de niños que estén recibiendo instrucción religiosa para la Primera Comunión, y los padres de familia no han de esperar con sus hijos de un año para otro, como viene sucediendo con la inadecuada costumbre de celebrar la Primera Comunión solamente durante el mes de mayo o junio. Esta circular entrará en vigor el 1 de abril.

> Enviarán una relación detallada de los niños que han asistido a las instrucciones y los que han recibido la Primera Comunión cada una de las veces, con el fin de publicarla en el número del Boletín correspondiente.[176]

La Práctica del Ayuno y Abstinencia (1947)

Mons. Mariano Vassallo, Administrador Apostólico de la Diócesis de Ponce, comunicó a todos los fieles a través de sus párrocos que los días de ayuno y abstinencia para el año 1947 eran los siguientes:

> "AYUNO solamente… Los miércoles de Cuaresma, jueves Santo, viernes de las   Témporas de Adviento, 19 de diciembre.

> ABSTINENCIA solamente… Vigilias de Pentecostés, 24 de mayo; San Pedro y San Pablo, 28 de junio; la Asunción de la Virgen, 14 de agosto;   Natividad del Señor, 24 de diciembre.

---

[176] Carta de V. Murga, Canciller, al P. Pablo Gutiérrez, Párroco de Aguada fechada en Ponce, P.R., el 15 marzo 1946. Carpeta CartasObispado de Ponce 1939–1949, APASFA.

AYUNO Y ABSTINENCIA... Miércoles de Ceniza, 19 de febrero; los viernes de   cuaresma"[177].

A través de una circular fechada el 15 de diciembre de 1947 Mons. McManus informó sobre la dispensa de la abstinencia con motivo del día de navidad. Esto cambiaba los días de abstinencia que desde la década del 30 abía asumido la Diócesis.

> "El Excmo. y Rdmo. Mons. J. E. McManus, C.SS.R., Obispo de la Diócesis, en virtud de las facultades concedidas por Su Santidad el Papa Pío XII, felizmente reinante, mediante el decreto dado por la Sagrada Congregación del Concilio, día 22 de enero de 1946 y actualmente vigente hasta que otra cosa se provea, dispensa de la abstinencia en la Vigilia de Navidad y suplica a los fieles que hagan alguna obra de caridad a los pobres y enfermos y recen por las intenciones del Santo Padre el Papa Pío XII para corresponder a dicha gracia apostólica".[178]

Oración por la Paz Mundial (1948)

El Santo Padre Pío XII en su afán por lograr la paz mundial pidió a todos los fieles del mundo la oración por la paz, principalmente a los socios del Apostolado de la Oración. Buscando cumplir este cometido el Sr. Obispo Jacobus E. McManus, decretó lo siguiente:

1. Que proceda un triduo a la celebración de la fiesta del Sagrado Corazón de Jesús;
2. El día 4 de junio, fiesta del Sagrado Corazón y Primer Viernes, se ofrecerá la comunión reparadora por LA PAZ MUNDIAL y para desagraviar y pedir a Dios por los que LE han declarado la guerra. El mismo día se celebrará una misa solemne en nuestra Santa Iglesia Catedral y en todas las parroquias de la Diócesis y una Hora Santa por la tarde, en la que se leerá la consagración del

---

[177] Ayunos y Abstinencias de la Diócesis de Ponce en el año 1947. Carpeta Administrador Apostólico de Ponce 1939–1949, APASFA.

[178] Circular de McManus, Obispo de Ponce, a los fieles, fechada en Ponce, P.R., el 15 de diciembre de 1947. Carpeta Circulares Obispado de Ponce 1939–1949. APASFA.

mundo al Divino Corazón de Jesús, de acuerdo con la fórmula ordenada por la Santa Sede y publicada en el Boletín.

3. En las parroquias donde haya escuelas parroquiales o colegios se invitará a los niños para una Hora Santa especial, haciéndoles saber el interés paternal de Su Santidad el Papa en las oraciones de los niños y en que interpongan su inocencia para que el Divino Corazón perdone los pecados de los hombres y nos haga objeto de su amor y misericordia.

4. Se insistirá en la consagración de las familias al Divino Corazón y en la renovación de las mismas en las que ya estén consagradas.[179]

Esta circular se leyó en la Iglesia y en todas las Capillas en las que hubo misas. Se invitó a los feligreses a que se hiciera el Santo Rosario todos los días por la paz mundial y a las actividades que el mismo decreto mandaba.

4. Tercera Visita de Mons. Alonso J. Willinger (1943)

Mons. Alonso J. Willinger, Obispo de Ponce realizó su tercera Visita Pastoral a la parroquia los días que van desde el 10 hasta el 14 de abril de 1943. Al final de la Visita Pastoral, reconoce los actos realizados para recibirle y la participación de las Eucaristías, destaca la importancia de seguir trabajando en la construcción de la verja del templo parroquial. Habla de los esfuerzos del párroco para atender las necesidades de las catequesis y presenta a Da. Luisita C. Vda. de Santiago de Coamo como la Directora General de la Catequesis en la Diócesis. Reconoce la Asociación Hermanos de Cristo y sugiere su pertenencia a la Sociedad del Santo Nombre. Termina agradeciendo a los padres agustinos por los trabajos realizados y el éxito de la Santa Visita[180].

5. Quinta Fase de Construcción del Templo Parroquial: el Reloj de la Torre (1944 - 1945)

Durante el período que va desde 1944 hasta 1945 el P. Cándido Herrero intentó comprar un Reloj para la Torre de la Iglesia. Aunque

---

[179] Circular de Jacobus E. McManus, Obispo de Ponce, a los fieles con motivo de la Fiesta del Sagrado Corazón, fechada en Ponce el día 17 de mayo de 1948. L.C.

[180] Cfr. Libro de Visitas Pastorales, fol. 59-61.

el propósito no se logró inmediatamente, sus fondos permanecieron e influyeron en su posterior comprar. Para ello se organizaron las siguientes recolectas de donaciones:

Primera Lista de donantes

Las primeras donaciones para comprar un RELOJ de Torre se realizaron el día de la Inmaculada de 1944; o sea, el 8 de diciembre de este año.

Donantes	Cantidad	Donantes	Cantidad
Los Padres Agustinos	50.00		
Juana González	0.50		
Juan González Otero	1.00	Isabel Lorenzo	0.25
Bernarda Sánchez	5.00	Valentín Acevedo	1.00
Eduarda Soto	0.50	Ma. Del Carmen	0.10
Liborio Carrero	1.00	Ezequiel Acevedo	0.25
Narciso Ruiz	2.00	Cecilia Acevedo	0.50
Félix Ruiz	1.00	Juana Pérez	0.50
Bárbara Torres	0.10	Celestino González	0.25
Evaristo Mendoza	2.00	Juan Carrero Lorenzo	0.25
María del Carmen	0.10	Ma Antonia Lorenzo	1.00
Jesús Camacho	1.00	Juan González Pérez	1.00
Hilario L. Suárez	1.00	Gumersindo Cardona	0.50
Susana Soto Acevedo	0.50	Emérito González	1.00
Teodoro Chaparro	1.00	Andrés Torres Vargas	1.00
Tomás Suárez	0.50	Candelaria Acevedo	1.00
Bautista Lorenzo	0.10	Juan B. Uno	0.05
Rosa Muñiz	0.10	Andrés Manuel Domen	0.05
Eugenio González	0.25	Luis Crespo	0.05
Juan Lorenzo	0.25	José Mendoza	10.00
Carmen Chaparro	0.05	Zenón Mendoza	5.00
Antonia Muñoz	0.05	Carlos Mendoza	5.00
Manuel Matos	0.50		
Alicia Sánchez	3.75		

Félix Román	0.40
María Acevedo	0.50
Lao O. Traverso	1.00
Adela González	0.50
Matilde Crespo	1.00
Ramón Acevedo	1.00
Julio González	5.00
América Mercado	3.00
Pedro Muñoz	10.00
Milila Mendoza	2.00
Alejo Román	1.00
Ángela Acevedo	1.00
José H. Burgos	0.05
Bernardino Rivera	0.50
Manuel Carrero	0.75

Reloj 2ª. Lista

Conchi Arce Acevedo	0.55	Marta Ruiz	1.00
Lorenzo Crespo	0.50		
Anónimo	0.25		
Alfredo Soto	0.10		
Bernarda Matos	0.25		
Rufino González	2.00		
Florencio Chaparro	5.00		
Juan Acevedo Suárez	0.25		
Federico Rivera	0.50		
María Vázquez	0.10		
Ramón Ruiz	0.35		
José Villanueva	0.20		
Luis Crespo	0.25		
Juan Muñoz	0.10		
María Muñoz	0.25		
Leonor Suárez	0.10		
Isidoro Soto	1.00		

Pedro Cáceres	1.00
Juan Lorenzo Acevedo	1.00
Vicente Soto	10.00
Martina Román	2.00
Lorenzo Román	1.00
León Traverso	5.00
Pedro Pérez	2.00
Lución Mirles	0.25
María Villarubia	0.25
Anselma Acevedo	0.10
Francisca Muñoz	0.20
Jesús Acevedo Santiago	0.50
Manuel Sánchez	0.05
Lolita Ramos	0.50
María Ester Avilés	0.05
Carmen Sánchez	1.00
Jacoba Jiménez	0.25
Bienvenido Domenech	0.05
María Acevedo	0.50
Cándida Traverso	1.00
Aurora Traverso	0.50
Esteban Echevarría	0.25
Anónimo	0.14

Reloj 3ª. Lista

Juan Sánchez Miranda	1.00		
Manuel Avilés	0.50	María Lorenzo	0.25
Ventura Nieves	0.50	Carlos Soto	0.25
Alicia Sánchez	0.75	Ernesto Orama	0.06
Ángel Soto	0.10	Higinio Nieves	0.25
Lorenzo Carrero	1.00	Telesforo Morales	1.00
Julio González Pérez	1.00	Federico García	0.40
Catalino Soto Bonet	0.25	María Núñez	0.50
Antonio Lorenzo R.	0.50	Juan Villarubia	0.10

Avelina Acevedo	0.10	Jacinto González	0.50
Esteban Quiñones	0.50	Hipólito Sánchez	1.00
Tomás Pérez	0.50	Manuel Muñoz	1.00
Anita González	0.25	Agapito Caro M.	0.25
Francisca González	0.10	Emérito González	1.00
Eulogio Acevedo	0.15	Álvaro Valentín	0.25
Juan Muñoz González	0.25	Flora González	0.25
Pedro Soto	1.00	Gregorio Sánchez	0.50
Joaquín González	0.05	Victoria Soto	0.50
Cecilia Ajigas	0.25	Leonor Carrero	1.00
Antolina Soto	0.90	Victoria Traverso	0.25
Isabel Román Ruiz	1.00	Juan Manuel Román	0.25
Antolino Sánchez	1.00	Alejito Soto	0.50
Julio Sánchez Martínez	0.50	Margot Ruiz de Moscoso	5.00
Hilda Mercado	0.25	Nila Traverso	1.00
Manuel González	1.00	Francisca Orama	1.00
Emérito González	4.55	José Santiago Chaparro	0.25
Pedro Muñoz	5.00	Pedro Román Rosario	0.25
José Matos Carrero	1.00	Juan Ramírez Villanueva	0.25
Faustino Patiño	0.75	Jesús Lorenzo Lorenzo	1.00
Carmen Acevedo	0.25	Francisca Soto	0.30
Antonia Ramírez	1.00	María Chaparro Muñoz	0.25
Liboria Rosa	0.20	Emeterio Soto	0.10
Lucrecia Sánchez	0.30	Juan Muñiz	0.25
Juan Crespo	0.25	Sin sobre	0.07
Julia Hernández	1.00		
Patricio Soto	1.00		
Tomás Martínez	1.00		
Domingo Lorenzo Ríos	1.00		
Filomena Soto	0.50		
Vicente Varela	5.00		
Juan Suárez Acevedo	1.00		

Reloj 4ª. Lista

María Acevedo	0.10	Eustaquio Figueroa	0.50
Simona Galloza	1.00	Cecilio Muñoz	1.00
Alicia Soto	0.10	Jesús Chaparro	1.00
Cecilia Soto	0.10	Bernardina Ruiz	0.75
Manuel S. Román	0.05	Emérito González	1.00
Manuel G. Pérez	0.50	Santiago Carrero	0.25
Nicanora Carrero	0.25	Juan Candelario	1.00
Dolores Carrero	0.25	Domingo Carrero	0.25
José Ramírez	0.20	Bautista Lorenzo	0.10
Juan Muñiz	0.10	Filomena Caro	0.25
Francisca Soto	0.05	Facundo González	0.50
Liborio Ramos	0.25	Andrés Lorenzo	0.50
Germán Agront	0.25	Estebanía Lorenzo	0.10
Ramón Arroyo	0.15	Victoriano González	0.50
Gregorio Román	0.05	José Moreno (Rincón)	1.00
María Vázquez	0.05	Juan Villarubia	1.00
Gloria Vásquez	0.05	Suelto	0.05
Juan Cáceres	0.05		
Juan González Soto	0.50		
Juan González Torres	0.25		
Agripino Rivera	0.50		
Ramón Román	0.50		
Manuel Acevedo López	0.50		
Cecilio Suárez	0.25		
Manuel Carrero González	0.30		
Leonor Badillo	0.25		
Elvira Soto	1.00		
Josefa Mendoza	0.25		
Ceferino Noriega	0.15		
Tito Sánchez	0.05		
Justina Patricio	0.50		
Jacinta Chaparro	0.10		

Marcelo Silva	0.10
Mariano González	0.30
Edelmira Rivera	0.25
Francisca González	0.15
Ma. González	0.15
Tomasa González	0.15
Claudino Acevedo	2.00
Francisco Bonilla	1.00
Martín González	0.25
Lorenzo Cordero	1.00

Reloj 5ª. Lista

Juan Soto	1.00	Alfonso Román	1.00
Juan Méndez Abreu	0.50	Juan González Díaz	0.40
F. S. S. Mal Paso	1.00	Nicasio Soto	1.00
Salustiano Matos	0.50	Eudosia Muñiz	0.30
María Badillo	0.30	Rosendo Abreu	1.00
Amparo Román	0.25	Ramona Acevedo	0.25
María Crespo	0.50	Faustino Suárez	0.25
Juan Lorenzo Carrero	0.25	Cecilia Acevedo	0.50
Longino Ruiz	0.45	**6ª**	
Francisco Hernández	0.50		
María Traverso	1.00		
María Patiño	0.25	Perfecto Lorenzo	0.50
Tomasa Soto	0.50	Eugenio Soto	0.25
Francisca Lorenzo	0.50	Rafael Lorenzo	0.40
Eduarda Soto	0.50	Lorenzo Gonzalez	0.50
Pablo Chaparro	1.00	Gregorio Román	0.05
Ana Patiño	0.25	Bernardino Rivera	0.30
Justina Camacho	1.00	Cayetano Traverso	1.00
Justina Sánchez	1.00	Juan León Rivera	0.50
Pascuala Muñiz	0.25	Manuel Feliciano	1.00
Celestino Lorenzo	1.00	Marcola Velázquez	0.10
María González	0.50	M. R.	1.00

Juan Lorenzo Ruiz	0.25	Isabel González	0.25
Mercedes Morales?	0.25	Dolores Badillo	0.20
Paula Traverso	1.00	Juan Lorenzo González	0.25
Ramón Santiago S.	0.50	Jaime Mendoza	2.00
María Carrero	0.10	Zoilo Chaparro	0.25
Alfredo Soto	0.25	Victorio Vega	1.00
Hilario Vásquez	0.25	Sin Sobre	1.00
Andrea Lorenzo	0.10	Sueltos	0.20
Juan Morales	0.25	Lucía Hernández Rivera	1.00
María Carrero	1.00	José Torres	0.50
Antonia Lorenzo	0.25		
María Ruiz	0.25		
Aurelia González	0.10		
Santiago Soto	2.00		
María Sánchez	0.25		
Carla Carrero	0.25		
Mercedes Sánchez	0.25		
Antonio Suárez	0.50		

Reloj 7ª. Lista

Gumercindo Muñoz	1.00
Juan M. Ruiz	0.05
Juan Villarubia	3.00
Sin Sobre	0.25
José H. Burgos	0.05
Agapito Caro	0.25
Carlos Fernández	1.00
Anacleto Chaparro	0.50
Pepe Ramos	1.00
Gino González	1.00
Corpus Valentín	0.50
M. V.	1.00
M. Cruz	0.50
Segundo Echevarría	0.50

Ramón Santoni	4.00
Micaela Rodríguez	0.50
Vicenta Ruiz	1.00
Anacleto Matos	0.50
Otros	0.18

Reloj 8ª. Lista

Evangelista González	5.00
Ulpiano Ruiz	1.50
Andino Acevedo	2.00
Pablo Chaparro	1.00
Francisco Caldas Tirado	2.25
Sixto González	1.00
Pedro Torrez Sánchez	1.00
Carmelo Jaime	1.00
Manuel Sánchez Méndez	1.00
Mateo Feliciano	0.50
Silverio González Figueroa	0.75
Celestino Sánchez	1.00
Jerónimo Torres	1.00
Luciano López	1.00
V V	0.25
Evangelista Sánchez	0.25
Sin Sobre	0.05
Sofía Santiago	0.50
Candelaria Acevedo	1.00
Isabelita Mendoza	2.00
Celestino Sánchez	4.00
Manuel Soto	0.50
Leoncio González	0.50
Catalino Soto	0.25
Sin sobre	0.11
Marcela López	2.00

Reloj 9ª. Lista

Manuel González	1.00
Antonio Villanueva	1.00
Juan Concepción	0.25
Lorenzo Suárez	1.00
Manuel Acevedo	0.50
José González Orama	1.00
Matilde Rodríguez	1.00
Santiago Echevarría	1.00
Candelaria Acevedo	1.00
Ramona Bonilla	1.00
Nicasia López	1.00
Francisca Mendoza	1.00
Mónico González	5.00
Ramonia Camacho	1.00
Sin Sobre	0.29
Agapito Caro	0.50
Julio González	5.00
Anónimo	1.00
Juan A. Carrero	0.30
José Mendoza	10.00
Carlos Mendoza	10.00

Reloj 10ª. Lista

Mercedes Duprey	1.00
Albino Acevedo	1.00
Sin nombre	0.86
Manuel Lorenzo	1.00
Petra Acevedo	1.00
Pedro Pérez	2.00

Hay otras ofertas que no se han
recibido

RESUMEN DE LOS DONATIVOS PARA EL RELOJ DE LA TORRE DE LA IGLESIA DE AGUADA, P.R.

Resumen de los Donativos para el Reloj de la Torre de la Iglesia de Aguada, P.R.

1ª. Lista	128.70	
2ª. "	40.34	
3ª. "	55.98	
4ª. "	23.75	
5ª. "	25.50	
6ª. "	12.25	
7ª. "	16.78	
8ª. "	31.41	
9ª. "	43.84	
10ª. "	6.86	
Total	385.41	Ingresado al fondo de la Colecta 8 de julio de 1963. P. G.G.

Aguada 7 de octubre de 1945
Fr. Cándido Herrero, O.S.A.

6. Misión y Catequesis en 1945 - 1946

El P. Cándido Herrero, párroco, era consciente de las necesidades de catequesis que tenía algunas zonas de la parroquia. El 22 de marzo de 1945 Sister María Pía escribió una carta al P. Cándido Herrero, Párroco de Aguada, en agradecimiento por el donativo como gratificación del trabajo realizado por las hermanas de su congregación[181]. Dicho trabajo consistió

---

[181] Carta de Sister María Pía, M.H.S.H., al P. Cándido Herrero, fechada en Ponce el 22 de marzo de 1943. Carpeta Cartas Parroquiales 1939–1949, APASFA.

en una misión con niños y adultos cuyos centros fueron los Barrios de El Espinal, Jagüey y Guanábano.. A continuación se presentan los informes de la misma:

Reporte de Noviembre de 1945

BLESSED TRINITY MISSIONARY CENACLE
AGUADILLA   PUERTO RICO
REPORTE DEL MES DE NOVIEMBRE DE 1945

AGUADA

Misa–Asistencia		283
Niños	101	
Niñas	182	
Doctrina–Asistencia		221
Niños	96	
Niñas	125	
Catequistas	4	
Visitas	35	
Entrevistas	95	

Misión de I.C. Espinal

Misa Asistencia		272
Hombres	39	
Mujeres	49	
Niños	44	
Niñas	140	
Confesiones		36
Comuniones		36
Hombres	1	
Mujeres	7	
Niños	4	
Niñas	24	
Visitas		140
Entrevistas		474
Doctrina Asistencia		506
Niños	137	
Niñas	362	
Adultos	7	
Catequistas	4	
Club de Niñas (I.C.)	41	

Sister Milagros Marie M.S.B.J.
        Custodian   Sister Mary Alcaque, M.B.B.J.

Reporte de Noviembre de 1946

BLESSED TRINITY MISSIONARY CENACLE
AGUADILLA   PUERTO RICO
<u>REPORTE DEL MES DE NOVIEMBRE DE 1946</u>

Misa Asistencia			593
	Niños	225	
	Niñas	368	
Doctrina Asistencia			410
	Niños	162	
	Niñas	248	
			5
Catequistas			
			28
Visitas			93
Entrevistas			105
Regalos			50
Estampas			150
Dulces			200
	ESPINAR		
Misa Asistencia			179
	Niños	25	
	Niñas	99	
	Hombres	23	
	Mujeres	32	
Confesiones			50
Comuniones			50
	Niños	4	
	Niñas	38	
	Hombres	1	
	Mujeres	7	
Doctrina Asistencia			56
	Niños	12	

	Niñas	44	
Catequistas			5
Visitas			49
Entrevistas			178
Club de Niñas (Inm. C.)			20
Reunión de las H. María			22
Aspirantes			4
Bautismo			10 yrs. Old.

	Jaguey		
Doctrina Asistencia			247
	Niños	77	
	Niñas	170	
Catequistas			7
Visitas			27
Entrevistas			160
Estampas			6

	GUANÁBANA	
Doctrina Asistencia		
	Niños	
	Niñas	
Catequistas		1
Visitas		18
Entrevistas		155
Estampas		82

Sister Milagros Marie M.S.B.T.
Sister Mary Alacoque M.S.B.T.[182]

---

[182]   Informe Misiones 1946. Carpeta Misones Parroquiales 1946, APASFA.

7. Mons. Jaime McManus, C.Ss.R. Obispo de Ponce

El 15 de agosto de 1947 Mons. Jaime Eduardo McManus toma posesión de la Diócesis de Ponce[183]. Se conservan en el archivo parroquial sus Disposiciones para la Santa Visita Pastoral en las Parroquias y el Acta de la Visita que realizó a la parroquia en 1948.

Disposiciones para la Santa Visita Pastoral en las Parroquias

La Santa Visita Pastoral se hará solemnemente de acuerdo con el derecho canónico y con los ritos ordenados en el Pontifical Romano.

Es deber de los Rvdos. Sacerdotes Curas Párrocos preparar todo lo necesario en cuanto a lo temporal y espiritual para la Santa Visita Pastoral.

La preparación de lo temporal consiste en disponer a tiempo todo lo necesario y procurar que todas las cosas que han de ser inspeccionadas estén limpias como conviene a la Iglesia de Dios, tanto en el templo como en las capillas u oratorios de la misma Parroquia.

La preparación espiritual se refiere principalmente a la conversión de las almas a Dios, para lo cual han de celebrarse misiones y otros ejercicios espirituales para pedir a Dios las gracias necesarias.

Los reverendos Párrocos han de instruir a los fieles en cuanto a los fines de la Santa Visita Pastoral que ha de hacerse a la Parroquia.

Es deber del Excmo. y Rvmo. Sr. Obispo inspeccionar, además del templo parroquial, todas las capillas de los campos, oratorios, cementerios católicos, hospitales, asilos, escuelas parroquiales y otras instituciones destinadas a fines religiosos o de caridad.

---

[183] Huerga, A.–McCoy, F. Op. Cit., p. 277.

Respecto a las cosas sagradas ha de inquirir acerca de lo siguiente, conforme a lo ordenado por el derecho canónico:

1. Si los Santos Sacramentos y sacramentales se administran con la debida diligencia y de acuerdo con los preceptos litúrgicos.

2. Si el Santo Sacrificio de la Misa y los ritos sagrados se celebran conforme a las leyes litúrgicas.

3. Si se guardan fielmente los Domingos y fiestas de precepto.

4. Si se instruye a los fieles oportunamente acerca del ayuno y la abstinencia.

5. Acerca de la custodia y culto del Santísimo Sacramento, para ver si se cumple las disposiciones eclesiásticas.

6. Lo mismo en cuanto al culto de los Santos, sagradas imágenes y reliquias.

7. Si las vestiduras sagradas se conservan bien y con el debido cuidado y limpieza.

8. En cuanto a la instrucción catequística.

9. Si se predica a los fieles de acuerdo con las normas del derecho y las pontificas.

10. De la administración de los bienes eclesiásticos de acuerdo con el derecho.

11. Del cumplimiento de las cargas de misas, las fundaciones pías.

12. De lo que se hace para conservar y aumentar la vida cristiana y litúrgica en el pueblo y en cuanto a promover la acción católica de acuerdo con las normas pontificias.

El Excmo. y Rvdmo. Sr. Obispo ha de inspeccionar en el archivo parroquial lo siguiente: Los libros de bautismos, confirmaciones, matrimonios y administración económica en cuanto a ingresos y egresos; el inventario de los inmuebles y de otras cosas muebles de considerable valor.

Están sujetos a la visita episcopal ordinaria las personas, cosas y lugares píos que están dentro de los límites de la diócesis aunque sean exentos, a no ser que se pruebe que están exentos de la visita por concesión especial de la Santa Sede (can. 344)[184].

Primera Visita Pastoral (1948)

La visita realizada por Mons. Jaime Eduardo McManus se realizó desde el 10 hasta el 14 de abril de 1948. En ella se pidió establezca contacto con los Hnos. Cheos para realizar una misión parroquial. Recomendó hacer lo siguiente:

a. Que el interior del tabernáculo sea forrado de seda.

b. La llave del mismo debe ser de plata o metal con baño de oro.

c. Caja para los Santos Óleos.

d. Libro de fábrica de la Iglesia en el que se mostrarán colectas dimisional, id. Parroquial, id. Extraordinario de Navidad, Pascua, Animas, reparaciones, etc… donatiovs hechos a la parroquia, velitas y lámparas, etc.

Salidas como sueldos, limpieza, luz, reparaciones, etc. Balance.

1. Libro de anuncios y advertencias para los domingos.

---

[184] Disposiciones para la Santa Visita Pastoral en las Parroquias. Carpeta Circulares Pastorales 1939–1949, APASFA.

2.   Inventario de la Casa Parroquial[185].

8. Relación Parroquial de 1949

Para 1949 la parroquia contaba con un total de 16,764 habitantes. Recibieron el bautismo un total de 837 niños y la confirmación un total de 3,819 personas. La visita Pastoral se realizó en 1948.

Durante la semana, los sacerdotes confesaban: los domingos unas siete horas; los sábados unas dos horas; los miércoles, aproximadamente hora y media; y los demás días como media hora.

Diariamente comulgaban unas 15 personas, semanalmente unas 340 y mensualmente unas 600. Se celebraron primeras comuniones en mayo, agosto y diciembre habiéndola recibido un total de 273 niños.

Se celebraron 112 matrimonios católicos.

Un total de 105 personas recibieron la extremaunción y el viático de los enfermos un total de 82. El número de difuntos al año fue de 234 y recibieron sepultura eclesiástica un número de 120.

Las misas de los domingos se celebraban a las 7:00, 8:30 y 10:00 a.m. Los días de guardar a las 8:00 y 9:00 a.m. Los días laborables a las 6:30 y 7:00 a.m. En la Capilla del Espinal los 2º. y 3º. sábados y domingos del mes, los 4º. domingos en Cerro Gordo y los 5º. en Mal Paso.

Con motivo de la Visita Pastoral de 1948 se celebraron las misiones durante 8 días. Durante las misas se realizaban pláticas, rosarios, sermones y bendición con el Santísimo por las noches. Estas se hicieron en Laguna del 8 al 12 de febrero con pláticas, rosarios, cánticos y misas diarias; en Atalaya del 9 al 13 de marzo con pláticas, rosarios, cánticos y misas diarias; en Cerro Gordo del 28 de abril al 1º. De mayo con misa, cánticos, pláticas y acto por la noche; en Mal Paso del 19 al 22 de mayo con rosario, cánticos, pláticas, actos por la noche y misa el último día; en Guaniquilla del 7 al 17 de julio con cánticos, rosarios, pláticas, acto por la noche y misa el último día; en Carrizal con cánticos, rosarios, pláticas y misa el último día desde el 15 hasta el 24 de septiembre y en Espinal a mediado de diciembre con cánticos, rosarios, pláticas y misa el último día.

Asociaciones piadosas: Hermanos del Santísimo con 320 miembros, Archicofradía del Sagrado Corazón y Apostolado con 280 miembros; Santo Nombre con 150 miembros; Hijas de María con 460 miembros y Jueves Eucarísticos con 80 miembros.

---

[185]   Libro de Visitas Pastorales, fol. 62-63.

Mejoras a la Iglesia Parroquial: se renovó el zinc del techo; se adquirieron pluviales y juegos de ornamentos. Su inscripción en el Registro Civil estaba asentado en el Tomo 21, no. 169. No tenía inventario.

Se mantenían las capillas del Espinal, Cerro Gordo y Mal Paso. Era párroco entonces el P. Antonio Zubillaga.[186]

---

[186] Relación Anual de la Parroquia de San Francisco de Asís de Aguada año 1949. Carpeta Relación de la Parroquial 1919–1955.

V

NECESIDAD DE REFORMAS
1949–1959

1. Hermanos de Comunidad

Desde agosto de 1949 hasta 1951

En el mes de agosto de 1949 deja de reportarse la firma del P. Pablo Gutiérrez en el libro de procuración. Siguen formando parte de la comunidad los PP. Antonio Zubillaga y Carlos Gutiérrez,, procurador. El 15 de noviembre de 1949 recibieron la visita del P. Pedro Moratiel, Provincial, y el P. Eulogio Rodríguez, secretario de la visita[187].

El 14 de febrero de 1950 fue trasladado a Aguada el P. Donato Liébana,[188] al día siguiente Mons. McManus firmó y envió su decreto de nombramiento como coadjutor con el siguiente nombramiento:

Obispado de Ponce

Box 1430

---

[187] Libro de Colecturía, p. 137. Cfr. Libro de Procuración 1943–1963, p. 48.

[188] Cfr. Oficio firmado por P. José Rodríguez en San Germán el 14 de febrero de 1914. Carpeta Oficios Vicariales 1949–1958, ACAA.

POR LAS PRESENTES LETRAS:

El Excmo / y Rdmo. Mons. J. E. McManus, C.SS.R., Obispo de la Diócesis, nombra coadjutor de la Parroquia de Aguada al Rev. Padre Donato Liébana y le concede las FACULTADES de acuerdo con el derecho canónico y el sínodo diocesano.

Dadas en la Cancillería Diocesana a 15 de febrero de 1950.

Por mandato de S. E. Rdma.

Mons. Vicente Murga,

Canciller

Rev. Padre Donato Liébana, OSA

Coadjutor de Aguada/

Reg. En el L. I de Licencias, Folio 18/[189]

Desde enero de 1951 es destinado a Aguada el P. Carlos Gutiérrez[190]. Se integra a la Comunidad el P. César García desde febrero del mismo año[191].

Desde el Capítulo Provincial 1951 hasta 1954

El Capítulo Provincial Ordinario celebrado en León del 20 al 27 de julio de 1951 nombró Vicario Provincial al P. Cándido Herrero y Párroco al P. Antonio Zubillaga[192]. El Consejo

---

[189] Nombramiento del P. Donato Liébana como Párroco de la Parroquia San Francisco de Asís de Aguada, firmado por Mons. Vicente Murga, Canciller, fechado en Ponce el 15 de febrero de 1950. Carpeta de Nombramientos 1949–1958, APASFA.

[190] Libro de Colecturía, p. 139.

[191] Libro de Procuración 1943–1963, p. 57.

[192] Cfr. Oficio firmado por Fr. Carlos Vicuña en León el 27 de julio de 1951. Carpeta Oficios Vicariales 1949–1958, ACAA.

Vicarial reunido nombró para esta comunidad el 15 de septiembre de 1951 a los PP. Carlos Gutiérrez con el cargo de procurador y César Antonio García, depositario[193]. El oficio de destino fue enviado al P. César desde Cabo Rojo el 24 de septiembre de 1952[194].

Recibieron la Visita Provincial del P. Pedro Moratiel, Prior Provincial, y P. Carlos Gutiérrez, secretario de la visita, 6 de abril de 1953[195]. Esta visita había sido anunciada por el Secretario Provincial, Fr. Castor Gutiérrez, en su carta circular del día tres de febrero de 1953, retipografiada y enviada desde Cabo Rojo el día 11 de febrero de 1953 por P. Cándido Herrero, Vicario Provincial.[196]

En enero de 1954 el P. Celso Martínez es destinado para formar parte de esta comunidad con el cargo de procurador[197].

Desde el Capítulo Provincial 1954 hasta 1957

El Capítulo Provincial Ordinario celebrado en León del 5 al 12 de julio de 1954 nombró al P. Antonio Zubillaga Uranga como Vicario y de las Antillas y Párroco al P. Carlos Gutiérrez Gutiérrez, colector de la comunidad[198]. Su nombramiento como párroco firmado por Mons. McManus así lo expresa:

---

[193] Cfr. Oficio firmado por Fr. Cándido Herrero, Vic. Prov. fechado en Cabo Rojo el 30 de octubre de 1952.

[194] Cfr. Oficio firmado por Fr. Cándido Herrero, Vic. Prov., fechado en Cabo Rojo, 24 septiembre 1952.

[195] Libro de Colecturía, p. 161.

[196] Cfr. Circular al Superior de la residencia de Aguada, P.R. Firmado: Fr. Cándido Herrero, Vicario Provincial, fechado en Cabo Rojo el 11 de febrero de 1953. Carpeta Circulares Vicariales 1949–1958, ACAA.

[197] Libro de Procuración 1943–1963, p. 78.

[198] Oficio firmado por Fr. Antonio Zubillaga en Cabo Rojo el 17 de noviembre de 1954. Carpeta Oficios Vicariales 1949–1958, ACAA. Cfr. Libro de Colecturía, p.171.

NOS DR. JAIME E. Mc. MANUS, C. SS. R., J. C. D.
Por la Gracia de Dios y de la S. Sede Apostólica
Obispo de Ponce, Puerto Rico

Por las presentes letras y en virtud de nuestra jurisdicción ordinaria y confiando en la virtud, ciencia y aptitud del Presbítero Dn. CARLOS GUTIÉRREZ, O.S.A.

Venimos en nombrarle cura PÁRROCO de la Parroquia de S. FRANCISCO DE ASÍS, AGUADA, P.R.

Con todas las facultades concedidas por el Derecho Canónico vigente; ordenándole así mismo, se sirva recibir la dicha parroquia bajo formal inventario, cuya propia remitirá a nuestra Secretaría de Gobierno. Deberá tomar posesión de esta parroquia el día 7 de agosto de 1954. También dará lectura al pueblo de este nombramiento en las misas del primer domingo de su actuación en esa Parroquia.

Dado en nuestro Palacio Episcopal de Ponce, Puerto Rico a 31 de julio de 1954.

Jaime E. Mc Manus
Obispo de Ponce

Secretario Canciller[199].

El 25 de noviembre de 1955 reciben la visita del P. Fr. Juan García Álvarez, Prior Provincial, y Fr. Donato Liébana, Secretario de la Visita[200]. El día antes el P. Provincial había convocado a todos los Superiores del Vicariato a tener una reunión para revisar el Reglamento de Misioneros de Puerto Rico, con este fin se reunieron el 6 de noviembre de 1955 a

---

[199]   Nombramiento del P. Carlos Gutiérrez como Párroco de Aguada, firmado por Jaime Eduardo McManus, Obispo de Ponce, en Ponce el 31 de julio de 1954. Carpeta Nombramientos Parroquiales 1949–1959, APSAFA.

[200]   Libro de Colecturía, p. 181.

las 9:00 a.m.[201] Durante la visita se hizo entrega de la Encuesta sobre los Trabajos en el Vicariato.

En esta misma casa se realizaron los exámenes quinquenales a los Padres Enrique Fernández, Pedro Álvarez y Antonio Zubillaga convocados por el Padre Provincial para el día 20 de noviembre de 1955.[202]

Se integra como Colector el P. César García desde abril hasta octubre de 1956[203]. Pasando a ser nuevamente colector el P. Carlos Gutiérrez desde noviembre de 1956[204].

Desde el Capítulo Provincial 1957 hasta 1959

El Capítulo Provincial Ordinario celebrado en León del 4 al 17 de julio de 1957 nombró Vicario de las Antillas al P. Maximino Álvarez Álvarez y párroco al P. Carlos Gutiérrez Gutiérrez[205]. En este capítulo se indica que ya la casa de Aguada está canónicamente erigida[206].

Para sustituir al P. Celso Martínez fue nombrado el P. Jaime Robles el día 26 de agosto de 1957.[207] Recibieron la visita de renovación del P. Fr. Antonio Zubillaga y Fr. Donato Liébana desde el 23 de enero de 1957.[208]

---

[201] R.P. Carlos Gutiérrez, firmado Fr. Juan García, Prior Provincial, el 24 noviembre 1955. Carpeta Circulares Vicariales 1949–1958, ACAA.

[202] Padres sujetos a Exámenes Quinquenales. Firmado por el Fr. Juan García, Prior Provincial, fechado en Aguada el 20 de noviembre de 1955. Carpeta Circulares Vicariales 1949–1958, ACAA.

[203] Libro de Colecturía, p. 184.

[204] Libro de Colecturía, p. 188.

[205] Nombramiento firmado por el Fr. M. Pérez, Presidente del Capítulo, y Fr. Juan García Álvarez, Secretario Provincial, en León el día 17 de julio de 1957. Carpeta de Oficios Provinciales 1949–1958, ACAA.

[206] Lazcano, R. Op. Cit. 144.

[207] Cfr. Oficio firmado por Fr. Maximino Álvarez en Santurce el 26 de agosto de 1957. Carpeta Oficios Vicariales 1949–1958.

[208] Libro de Colecturía, p. 189. Cfr. Libro de Procuración 1943–1963, p. 99.

El P. César García es el procurador de la comunidad desde septiembre de 1957 hasta abril de 1958, cuyo cargo vuelve a ocupar el P. Carlos Gutiérrez[209]. El P. Jaime Robles es trasladado a España el 10 de julio de 1958.[210] El 28 de octubre de 1958 es nombrado el P. José María Coto como Depositario[211].

La comunidad fue visitada el 26 de diciembre de 1958 por el P. Honorio Gutiérrez, Prior Provincial, y el P. César García, secretario de la visita.[212]

2. Visitas y Erección Canónica de la Comunidad

Visita de Renovación de 1949

La visita provincial realizada por el P. Pedro Moratiel en el año 1949, cuya acta está firmada el 26 de noviembre de este año, expresa la necesidad de renovar el espíritu agustiniano. Así lo manifiestan sus decretos:

El cuidado de la vida espiritual, las reuniones comunitarias, presentación de informes económicos y envío de fondos a la administración vicarial, la integración de los movimientos laicales agustinianos en las parroquias, promoción de las vocaciones nativas[213]. Estos eran los rasgos que debían tener una reforma u orientación de la Vida Agustiniana en Puerto Rico.

---

[209] Libro de Procuración 1943–1963, p. 104 y 108.

[210] Cfr. Carta del P. Maximino Álvarez al P. Carlos Gutiérrez fechada en Santurce, 10 julio 1958. Carpeta Oficios Vicariales 1949–1958. ACAA.

[211] Cfr. Carta del P. Maximino Álvarez al P. Carlos Gutiérrez, fechado en Santurce el 18 de octubre de 1958. Carpeta Cartas Aguada 1949 - 1958, ACAA.

[212] Libro de Colecturía, p. 205. Cfr. Libro de Procuración 1943–1963, p. 112.

[213] Acta de la Visita de Renovación realizada por el P. Pedro Moratiel, fechada en Santurce el 27 de noviembre de 1949. Carpeta Visitas de Renovación Provincial, AVANT.

Visita Provincial de Renovación (1953)

El 15 de abril de 1953 el P. Pedro Moratiel, Prior Provincial, realizó su siguiente Visita de Renovación. La propuesta de renovación espiritual realizada en la visita de 1949 había cundido en el corazón de los hermanos. En esta visita pide nuevamente la creación de movimientos laicales agustinianos en las parroquias, aunque ya en Aguada estaban en funcionamiento las Esposas y Madres Cristianas; la creación de una casa de formación[214].

Visita Provincial de Renovación (1955)

La visita se declaró abierta el 30 de octubre de 1955 a través de un oficio en el que se indicaba a P. Carlos Gutiérrez el itinerario de días que duraría la visita. En Aguada correspondía a los días que van del 21 al 26 de noviembre de 1955[215].

Acta de la Visita de Renovación Provincial en Aguada (1955)

PARROQUIA SAN FRANCISCO DE ASÍS
PP. AGUSTINOS, APARTADO 85
AGUADA, PUERTO RICO

DISPOSICIONES TRANSITORIAS
DE LA
SANTA VISITA PROVINCIAL
EN
AGUADA, PUERTO RICO.

Muy queridos HH. en N.P.S. Agustín.

Conforme hemos dicho en el acto de clausura de la Santa Visita Provincial, insertamos aquí algunas DISPOSICIONES

---

[214] Acta de la Visita de Renovación firmada por Fr. Pedro Moratiel, Prior Provincial, fechada en Santurce el 15 de abril de 1953. Carpeta Visitas de Renovación 1949–1959, ACAA.

[215] Oficio por el que se declara abierta la Santa Visita de Renovación, firmado por Fr. Juan García Álvarez, Prior Provincial. Fechado en Santurce el 30 de octubre de 1955. Carpeta Visitas de Renovación 1949–1958, ACAA.

Y ADVERTENCIAS que creemos muy convenientes para el mayor progreso de nuestros Religiosos en esta Casa.

Recordamos y pedimos encarecidamente que se observen con fidelidad lo que nuestras santas leyes ordenan en los siguientes artículos:

1º. Tener Capítulo Conventual todos los meses y a ser posible en la primera decena de cada mes. Se les recomienda que este Capítulo Conventual se realice al final del Retiro Mensual y en él se haga la aprobación de las cuentas y proyectos que hayan sido propuestos, así como también la solución del caso de moral.

2º. La meditación en los Domingos y Primeros Viernes debe hacerla cada Religioso en particular; las muchas ocupaciones de esos días no deben impedir el cumplimiento de ese deber tan sagrado.

3º. Aunque haya dos Padres solamente debe cumplirse lo que está mandado en los Anniversarios de la Orden, o sea: Misa de Comunidad y las Estaciones por los difuntos.

4º. La Coronilla y Serótina deben ser rezadas a las Diez de la noche; la Visita al Smo. Puede dejarse para hacerla antes del Rosario juntamente con los fieles.

5º. No debemos olvidar el grave deber que tenemos de estudiar con frecuencia la Moral, Dogmática, Derecho Canónico y Liturgia.–Cada Religioso debe tener un horario en el que no deben faltar las múltiples tareas apostólicas, pero sin menoscabo de la observancia religiosa y estudio conveniente.

6º. Debemos combinar los trabajos y el estudio con el conveniente descanso. Por lo que ordenamos que, excepto algún día de trabajo extraordinario u ocupación ineludibles, todos los Religiosos debe descansar por espacio de una hora, poco más o menos después del almuerzo y de la comida y todos los religiosos debe estar en Casa a las nueve de la noche.

Esperando el fiel cumplimiento de estas breves disposiciones os bendice de corazón y se recomienda a vuestras oraciones vuestro affmo. s.s. y h. en N.P.S. Agustín

Dado en Aguada a 25 de noviembre de 1955

Fr. Juan García
Prior Provincial

Nota: el documento está firmado y sellado con el sello provincial.[216]

En el Acta de Clausura de la Visita al Vicariato el P. Fr. Juan García sólo indicó la necesidad de redactar un nuevo Reglamento de Misioneros que se adaptara a las circunstancias y necesidades del Vicariato en el momento.

"Lo único que creemos conveniente hacer constar aquí es lo de que necesitamos con urgencia elaborar un buen Reglamento de Misiones para lo cual pedimos y esperamos la colaboración de todos". [217]

Texto de la Encuesta sobre los Trabajos en el Vicariato (1955)

Muy Rev. Y estimado P.

El artículo 30 del Reglamento de las Misiones Agustinianas de Pto. Rico "ordena al M.R.P. Comisario Provincial que reúna en un libro los datos referentes a la actuación de los Padres en la Isla hasta el presente y redactarse en forma breve, pero sin

---

[216] Disposiciones transitorias de la Santa Visita Provincial en Aguada, Puerto Rico. Firmado por Fr. Juan García, prior Provincial, fechado en Aguada 25 noviembre 1955. Carpeta de Visitas de Renovación Provincial 1949–1958, ACAA.

[217] Acta de Clausura de la Santa Visita en Aguada, P.R. Firmado por Fr. Juan García, Prior Provincial, y Fr. Donato Liébana, Secretario de la Visita, en Aguada el 25 de noviembre de 1955. Carpeta Visitas de Renovación 1949–1958, ACAA.

omitir nada interesante, evitando más la negligencia que la nimiedad, para que nuestros sucesores, en vez de acusarnos de incuria por la omisión de noticias, hallen en ellas la norma de su conducta. Procure también reunir y conservar lo publicado; y en lo sucesivo recoja un ejemplar de cada una de las hojas de propaganda o de artículos en la prensa".

En cumplimiento de este artículo, me creo obligado a averiguar con toda certeza y claridad los datos concernientes a V.R., y por los mismos, le ruego encarecidamente tenga la bondad de contestar las preguntas que a continuación se expresan:

1ª. ¿En qué día, mes y año ha llegado a Puerto Rico y en qué Parroquias o Misiones ha ejercido su ministerio sacerdotal y con qué cargos?

2ª. ¿Reparaciones de la Iglesia o Capillas; compras de Imágenes y objetos religiosos; cuantos bancos, altares, harmoniuns, ornamentos sagrados, adquirió para la Iglesia durante su estancia en ella como Párroco o Coadjutor?

3ª. Promedio mensual de bautismos, matrimonios, entierros, administraciones de Sacramentos a los enfermos, Misiones, Novenas y Triduos, catequesis, ejercicios religiosos de las distintas Cofradías de la Parroquia.

4ª. Otras obras de celo, como por ejemplo, propaganda católica en la prensa, Conferencias, Sermones en otras Parroquias, recolecta y distribución de limosnas a los pobres, cargos diocesanos, y en general, beneficios que se han hecho a los pueblos por intervención de nuestros Padres.

5ª. Libros, folletos, discursos, artículos que ha escrito y crítica que de ellos ha hecho la Prensa de su País. (Envíesenos algún ejemplar de cada una de esas cosas, como lo manda el citado Reglamento).

6ª. Utilidad que esa Casa ha reportado a la Provincia durante su Rectorado o Coadjutoría. Que mejoras o arreglos se ha hecho en la casa y muebles; fincas o propiedades que se han comprado etc., etc.

7ª. Concepto en que nos tienen los pueblos donde hemos ejercido el ministerio sacerdotal. Frases encomiásticas, y mejor todavía, hechos que demuestren aquel concepto.

Perdone, mí querido Padre, le inste de nuevo a que no se olvide de enviarme cuanto antes la contestación a las preguntas que preceden. Aunque su humildad proteste, el honor de nuestro santo hábito y Provincia exige de V.R. ese sacrificio.

Mucho le agradecería me enviase su retrato.

En espera de ser complacido, y dándole por ello anticipadamente las más sinceras gracias, sabe le ama en N. P. S. Agustín, su afmo.

Fr. Juan García
Comisario Provincial

Documento de la Erección Canónica de la Comunidad de Aguada (1957)

COPIA DEL RESCRIPTO DE LA SGDA. CONGREGACIÓN CONCEDIENDO LA ERECCIÓN CANÓNICA DE LA CASA DE AGUADA, Pto. Rico

Prot. N. 8908/56.   F. 17

BEATISSIME PATER.

"Prior Provinciae Castellae Ordinis Eremitarum S. Augustini humillime petit a Sanctitate Vestra canonicam domus erectionenm in civ. v. d. AGUADA. Et Deus, etc.

Vigore facultatum a Ssmo. Domino Nostro concessamur, Sacra Congregatio Negotiis Religiosarum Sodalium praeposita, audito voto Revmi. P. Prior. Generalis, Revmo. P. Priori

Generalis benigne facultatem tribuit deveniendi ad canonicam erectionem enunciatae domus cum ómnibus privilegiis et gratiis spiritualibus, quibus legitime aliae domus praefati Ordinis fruuntur el gaudent, proviso tamen ut omnia habeantur, quae de jure requiruntur ad normam Sacrorum Canonum et Apostolicarum Constitutionum.

Contrariis quibuslibet non obstantibus.

Datum Romae, die 29 Decembris 1959.

Sec. Petrus Palazzini
Sebsecretarius.

H Agostini
Ad. A Studiis"

Nota: posee un sello papal.

Es copia fiel y exacta del original que se conserva en el Archivo de la Provincia, de que doy fe en León, a 19 de Enero de 1957.

Fr. Juan García Álvarez, (Prior Provl.).

Fr. Felipe Morrondo (Secretario).

Reg. Lib. 7 pag. 6 no. 18.

Visita Provincial de Renovación (1958)

La última visita de esta década la realizó el P. Honorio Gutiérrez, Prior Provincial. El Acta de su estancia en Aguada está fechada el día 26 de diciembre de 1958.

Acta de la Visita Provincial en Aguada (1958)

Provincia de Castilla
Del
Orden de E. de San Agustín

Al Rvdo. Superior y Comunidad de Aguada:

Terminada la santa Visita declaramos con agrado que hemos visto una vida parroquial intensa y pletórica. Parce que hay en la misma auténtica espiritualidad.

Sin embargo para que la misma fuese en auge, o por lo menos no disminuya, aconsejamos un mayor acoplamiento de los esfuerzos.

Para mejor conservar la vida interior y mantener el caudal de conocimientos necesarios mandamos que todos los días, menos domingos y festivos, se guarde silencio y se dediquen a estudios todos los religiosos desde las 8,30 a las 9,30 de la mañana. Bajo ningún concepto se dispensará esta hora de estudios a no ser cuando sea necesario atender a enfermos.

Nos encomendamos a las oraciones de todos

Aguada, 26 de diciembre de 1958

P. Honorio Gutiérrez
Prior Provincial

Fr. César García
Secretario.

Nota: El documento está firmado y sellado con el sello provincial[218].

3. Ampliaciones en la Casa Parroquial 1951 - 1952

El 1 de noviembre de 1951 el P. Antonio Zubillaga solicitó el permiso no. 240247 al negociado de permisos. Este consistía en: "Ampliar un edificio de dos plantas de hormigón armado para comercio y vivienda. La

---

[218] Acta de la Visita de Renovación Provincial a la Comunidad de Aguada, firmada por Fr. Honorio Gutiérrez, Prior Provincial, y Fr. César García, secretario, fechada en Aguada el 26 de diciembre de 1958. Carpeta Visitas Provinciales 1949–1958, ACAA.

ampliación consiste en construir dormitorio al lateral izquierdo en parte anterior de segunda planta y cuarto de servicio al lateral derecho anterior un cuarto de servicio en primera planta al lateral derecho según indicado en croquis. Firmado por José Rosso, Oficial de Permisos"[219].

La respuesta a esta solicitud fue concedida por Filiberto García, Oficial de Permisos, el 29 de abril de 1960 bajo la certificación número: 60-8-0091. Dicha solicitud fue presentada el día 27 de abril de 1960. La obra estaba valorada en $19,300.00. Su P.C. fue #60-8-0026[220].

Estas propuestas de construcción retrasaron la consolidación de la creación dc construcción de un seminario e hizo de la Comunidad de Aguada no hiciera aportes a la Provincia de castilla.[221]

El 21 de julio de 1953 se autoriza al P. Antonio Zubillaga para romper calles y colocar los servicios de agua potable[222].

4. Movimientos Pastorales Agustinianos (1949)

El P. Antonio Zubillaga, párroco, fue el fundador en Aguada de la Archicofradía de las Esposas y Madres Cristianas y de los Talleres de Santa Rita. Estos últimos atendieron a muchos necesitados con las ropas que fabricaban y a través de la caridad.

De este modo el P. Zubillaga realizó a lo pedido por el P. Pedro Moratiel, Prior Provincial, en su visita de renovación de 1949. A la vez que ya tenía realizado la renovación de esta petición en la visita de 1949.

Altar dedicado a Santa Mónica

La Archicofradía de Esposas y Madres Cristianas construyeron el altar izquierdo según se entra a la Iglesia en mármol italiano dedicándolo a

---

[219] Permiso solicitado por P. Antonio Zubillaga para la construcción de las habitaciones en la segunda planta. Fechado en Aguadilla el 1 de noviembre de 1951. Carpeta Documentos Casa Parroquial, ACAA.

[220] Permiso concedido por Filiberto García el 29 de abril de 1960.

[221] Cfr. Carta del P. Cándido Herrero al P. Antonio Zubillaga firmado en Cabo Rojo, 20 octubre 1952. ACAA, Cartas Aguada 1949–1958. Cfr. Carta firmada por los mismos en Cabo Rojo el 17 de octubre de 1951.

[222] Autorización firmada por Antonio Román Villarubia, Tesorero–Dictor Escolar, en Aguada el 21 de julio de 1953. Carpeta Servicios de Agua 1949–1958, ACAA.

Santa Mónica[223]. Posiblemente esta obra se realizó en las mismas fechas en que se construyó el altar dedicado a la Inmaculada.

5. Informe del P. Antonio Zubillaga sobre las Catequesis (1949–1950)

A continuación se presenta el texto íntegro del informe presentado por el P. Antonio Zubillaga:

RELACIÓN DEL FUNCIONAMIENTO DE LA CATEQUESIS EN AGUADA, P.R.

Considerando que la Doctrina es la base principal para la conservación y aumento de los fieles hemos dado suma importancia a su extensión, difundiéndola por todos los medios posibles que están a nuestro alcance y que el ingenio puede prestar, habida consideración a los escasos recursos que podemos disponer.

Aunque no está canónicamente erigida la Asociación de la Doctrina Cristiana en la Vicaría de Aguada, funciona de la siguiente manera:

Para mayor eficacia de la enseñanza catequista en la parroquia hay un padre dedicado particularmente a la formación pedagógica de Catequistas auxiliares.

Todas las semanas se dan dos clases a las Instructoras, que son en la actualidad dieciséis. Las clases se prolongan por espacio de una hora, instruyéndolas en la Doctrina Cristiana y en le modo de enseñarla a los niños.

Los Domingos, a la hora señalada, se reúnen en la iglesia los niños y catequistas, cada una de las cuales con su grupo correspondiente, instruye a los niños por espacio de una hora, dirigidas por un padre agustino, anotando las faltas de asistencia para darles el día señalado el premio correspondiente de asistencia asidua.

---

[223] Cfr. Gutiérrez, C., Op. Cit. p. 14.

Para atraer más eficazmente a los niños a la Santa Misa y a la doctrina los domingos, se ha instalado en el salón del Círculo Católico de Aguada, que está en los bajos de la casa parroquial, un magnífico cine parlante de lo más moderno, y a los que asisten a la Misa de los niños y a la doctrina, se les da un "vale" por cada asistencia y este les da opción a la entrada gratis en el cine los domingos por la tarde. Esta actividad está dirigida por la Junta del Círculo Católico.

El resultado de este procedimiento es excelente, pues asisten a la misa los domingos y días de fiesta y lo mismo a la doctrina un número extraordinariamente mayor que antes de su instalación.

De entre los muchos medios empleados, este es el que ha dado mejor resultados prácticos.

Como nota particular, se puede señalar el hecho de asistir a la doctrina que se da en el pueblo, niños, hasta de siete kilómetros de distancia.

Número de catequistas en el pueblo	16
Número de niñas que asisten a la Misa	140
Número de niños que asisten a la Misa	75
Número de alumnos constantes en la doctrina	170

La diferencia que hay entre los que vienen a misa y a la doctrina es debida a los de los campos que vienen a cumplir con el precepto.

Hay además un buen número que asiste circunstancialmente.

La Catequesis en los campos de Aguada.

En la Doctrina que se da en los campos, a la que se presta sumo interés, asisten buen número de adultos, que llevan consigo grupos de niños, que no irían de otro modo, ya que los padres de los niños por la distancia y los peligros y malos pasos no se atreven a mandarlos solos.

Los mas instruidos ayudan en la enseñanza y otros escuchan atentos, como los mismos niños, toman parte en los cánticos y conservan el orden en los grupos numerosos.

Estas enseñanzas, suelen durar el curso escolar y por consiguiente no se dan siempre en el mismo sitio, aunque sí el tiempo suficiente para que la mayor parte aprenda el Catecismo breve de Primera Comunión y las oraciones.

Este trabajo es muy agotador, pero muy alentador y eficaz, ya que esto se traduce en mayor asistencia de niños y mayores a la iglesia los días de obligación de ori Misa; Los niños se preparan para la Primera Comunión, y muchos adultos ingresan en las Asociaciones piadosas.

En la época de las lluvias, cuando es muy difícil ir a ciertos barrios distantes, aún a caballo, se intensifica la labor en los sitios más próximos a las carreteras y donde es más fácil reunir un buen grupo de asistentes, principalmente junto a las escuelas y Unidades escolares a la salida de las clases.

En todo tiempo nos servimos de catequistas seglares de los mismos campos, como excelentes auxiliares; ya de los Socios del Santo Nombre, de los hermanos del Santísimo, de las Hijas de María o de otras Congregaciones, de modo que no es difícil reunir entre todos cerca de un centenar de auxiliares, que dirigidos por los Padres de la Vicaría, que los visitan constantemente, hacen una labor meritísima.

Hay Instructores tan entusiastas que dan la doctrina en distintos sitios en diferentes días de la semana.

Como estímulo y para recuerdo, hemos adoptado el sistema de sacar fotografías de los grupos, que después se reparten entre los mas asiduos y aplicados y entre los mismos catequistas. Ellos las conservan con esmero y ponen en cuadritos en los setos de las casas para mostrarlas a sus amistades. En la mayor parte de los sitios es un padre el que da la doctrina ayudado por auxiliares más o menos preparados pero que cumplen bien su misión, hasta los que no la saben muy bien y que tienen el librito en la mano, y enseñando aprenden ellos también.

Relación de los sitios de los campos de Aguada en donde se enseña la Doctrina, número de alumnos y de instructores

Lugar	Instructores	Alumnos
Parque Colón	3	53
Guaniquilla	4	56
Carrisal	5	35
Casa de D Galo Hernández	3	28
Casa de D Juan Rivera	2	30
Casa de Serafín Muñiz	2	25
Espinal (Capilla)	4	30
Laguna (José Mendoza)	1	17
Laguna (La O Traverso)	1	15
Laguna (Anita Traverso)	1	31
Laguna (Escuela)	7	105
Malpaso (Capilla)	9	123
Malpaso (José Villanueva)	5	62
Piedras Blancas (Escuela)	2	70
Piedras Blancas (Juan Lorenzo)	3	60
Atalaya (Valentín Acevedo)	4	58
Atalaya (Escuela)	1	40
Jagüey (Julio González)	2	28
Jagüey (Cándido Acevedo)	4	60
Jagüey (Florencio Chaparro)	1	20
Jagüey (Anselmo Mendoza)	8	116
Jagüey (Manuel Sánchez)	3	35
Cruces (Escuela)	1	48
Cruces (Hermógenes Muñoz)	3	25

Mamey (Petra García)	5	50
Naranjo (Nicasio Villarubia)	1	30
Naranjo (Pedro Rosa)	3	27
Cerro Gordo (Capilla, Manuel Morales)	1	25
Río Grande (Manuel Agudo)	4	35
Guayabo (Escuela)	1	25
Guayabo (Bajura)	1	20
Piedras Blancas (Faustino Patiño)	2	56

Destinada al P. Canciller, Murga[224].

6. Las Misiones Populares del P. Saturnino Junquera (1950)

> La misión del P. Junquera en Aguada era parte del programa con motivo de las Bodas de Plata de la Diócesis de Ponce.[225]

En diciembre de 1949, siendo párroco el P. Antonio Zubillaga encargó de la misión al Vicario Parroquial P. Pablo Gutiérrez. Una vez recibida la encomienda con un mes de antelación se organizó un plan de promoción para el anuncio de la misión. Para ello contaban con un Jeep y altos parlantes con los que recorrieron los barrios de Aguada anunciando el inicio de la Santa Misión. Así lo cuenta el P. Carlos:

> Insistimos, un día y otro, con incansable asiduidad, en la obligación moral que, tenían de asistir a ella; indicándoles, lugar, día y hora. Así; con un entusiasmo contagioso y sin escatimar sacrificios, logramos caldear los ánimos de todos nuestros "jíbaros", abriendo en sus mentes, el surco de la esperanza, para recibir en él, - en plan de gran cultivo -, la Palabra de Dios.

---

[224] Relación de la Catequesis en Aguada [1949–1950]. Carpeta Informes Catequesis 1949–1959, ACAA.

[225] Circular a los Párrocos, Directores de Escuelas Católicas, Directores de la Catequesis Parroquial, Comunidades de Religiosos y Religiosas firmada por Jaime Eduardo McManus, Obispo de Ponce, en Ponce en el año 1949. Carpeta de Circulares de la Diócesis 1949–1959, APASFA.

Por fin, llega el día señalado por nuestro Señor Obispo, Mons. Jaime E. McManus, y muy esperado, por todos y cada uno de nuestros jíbaros, con ansia incontenible. En esto, el Pueblo se viste de Fiesta, el campo se moviliza; y, todos se aprestan con alegría, para los grandes eventos.

En ese día…, por todas las vías de acceso; llenos de entusiasmo y de valentía; unos a caballo y otros a pie; con la más sincera expresión de alegría, cantaban y rezaban, como solo ellos lo saben hacer; y como movidos por un resorte …, afluyen a la Villa de Soto Mayor, riadas de seres humanos.

Ciertamente, en aquellos momentos, alimentaban, un solo pensamiento: Recibir al Misionero; al enviado de Dios, tal como nosotros se lo habíamos anunciado[226].

Misión en Marcha

A las 5:00 p.m. del día 15 de enero de 1950 inició la Santa Misión en la Plaza del pueblo de Aguada. La tribuna estaba colocada en la plaza, en dirección contraria a las torres de la Iglesia. Una gran cantidad de gentes bajó de los barrios inundando el pueblo y sus calles y haciendo imposible el tránsito rodado en dirección a Rincón y Aguadilla.

Dados los saludos del Padre Misionero y las aclamaciones de ¡Viva Cristo Rey! y ¡Muera el Pecado!!! Se dio por iniciada la Santa Misión. Habiendo desalojado las calles por el retorno a sus casas, se restablece el tránsito rodado con los pueblos vecinos.

Una vez iniciada la misión día tras día se llenaba el pueblo y sus calles desde las 5:30 p.m. has tas 12:00 p.m. Todos los barrios se encontraban diariamente para escuchar al misionero. Los efectos de la misma los cuenta el P. Carlos:

Día tas día… la Iglesia, la Plaza de Recreo y todas las calles del Pueblo, estuvieron, de 5:30 de la mañana, a 12:00 de la noche, abarrotadas de público.–El borracho, dejó de beber; el jugador …, de jugar; y, hasta el pillo, galantemente, contagiado por el ambiente, cesa en sus pillerías. Durante los días de la Misión,

---

los temas conversaciones, giraban todos, en torno a la misma Misión y sus, posibles, futuras proyecciones".

Según el testimonio, directo y fidedigno, de todos los dueños de Bares y restaurantes, durante la Misión, no se despachó en sus establecimientos, ni una sola copa de licor, ni un solo vaso de cerveza; no obstante, se hizo muy buen negocio, con la venta de bocadillos y refrescos.

El informe policiaco, a su vez, acusa una completa inactividad, durante los días de la Misión, entre los miembros de la Uniformada; ésta, no tuvo que intervenir con los ciudadanos, ni una sola vez[227].

El programa para todos los días de la Santa Misión consistió en: la Misa en la mañana; Pláticas sobre las verdades eternas por la noche y, una vez concluida la plática, se posesionaba con la imagen de la Virgen hasta la casa desde donde salía el Rosario de la Aurora del día siguiente. Una vez concluido el Rosario de la Aurora se seguía con la Misa.

Durante el día el P. Misionero se dedicaba a consultas particulares, visitar los enfermos y dialogar con algunas personas que no asistían a la Iglesia. Dictaba conferencias especiales a los movimientos parroquiales y fieles que así lo pedían. Mientras el Párroco y sus Coadjutores se dedicaban a las confesiones y preparar las parejas para recibir el Sacramento del Matrimonio.

El P. Carlos coordinó las confesiones pidiendo el auxilio de los Padres de las Parroquias vecinas. A partir del miércoles, tercer día de la Misión, y hasta el sábado, sexto día, en la noche los Padres de la Parroquia escucharon confesiones desde las seis de la mañana hasta doce de la noche; interrumpiendo la faena, tan solo, dos horas, cada día, para almorzar y comer. A pesar de que los padres que les auxiliaron pasaron de 20 algunos días. Cuenta el P. Carlos que entre ellos había "4 Padres Dominicos de Isabela; 6 Padres Redentoristas de Mayagüez; 4 Padres Agustinos de San Germán; 2 Padres Agustinos de Cabo Rojo; y, algún día, los Párrocos de Guayanilla, Hormigueros y Rincón"[228].

---

[227] Ibid., p. 19–20.
[228] Ibidem.

Las confesiones se oían en todas partes: en la Iglesia, las torres, la casa parroquial y los bancos de la Plaza.

El penúltimo día se llenó la Iglesia con la presencia de ochenta y dos parejas y sus testigos en la celebración del Sacramento del Matrimonio. Este se hizo en un acto comunitario lleno de gozo y alegrías.

A las 12:00 en punto de la media noche del último día inició la Santa Misa con la que se concluía la Misión. Este fue presidido por el P. Antonio Zubillaga, párroco; dirigida, animada y comentada por el P. Misionero. Seis sacerdotes distribuyeron la comunión para todas las gentes por más de dos horas consecutivas.

Durante la misa el P. Junquera repetía continuamente la frase con la que les animó durante su estancia: "MUERA, MUERA, MUERA EL PECADO; VIVA, VIVA JESÚS NUESTRO AMOR"[229]. Y les animaba a mantenerse en su firme propósito de comunión con Cristo. Con la conclusión de la misa y las palabras de agradecimiento concluyó la Misión Popular de 1950.

Evangelización a través de la Radio (1952)

Explica el P. Carlos Gutiérrez la necesidad que tenían de atender al pueblo que, tras la misión, se descargaban en masas a pedir los servicios de los padres. Pero ellos sólo eran cuatro, mientras que el pueblo una multitud. De allí surgió la idea al P. Antonio Zunbillaga de crear un programa radial desde el cual se atendiesen las necesidades del pueblo. Consultado el Monseñor McManus, contando con el aplauso del dueño de la Estación de Radio, Sr. Héctor Reichard, y la aclamación del pueblo iniciaron el día 20 de abril de 1952 el programa deseado por todos. Explica el P. Carlos Gutiérrez, encargado del programa:

> Con los acordes del "Padre nuestro" y la voz pastosa de Don Pedro Vargas, se inicia nuestro primer Programa Radial. Muy buenas noches, estimados Radio–Oyentes, muy buenas noches", - habla de nuevo el Padre Carlos -, fue el saludo con que dirigía de nuevo al público invisible; éste, había de repetirlo, cada Domingo, y a lo largo de noventa y nueve meses…, sin interrupción.
>
> Haciendo eco en nuestros corazones, empecé diciendo a mi querido público -, las pastorales exhortaciones del Santo

---

[229] Ibid., p. 24.

Padre, sobre la necesidad apremiante de orientar al Pueblo Cristiano…, nosotros, los Padres Agustinos de la Parroquia de Aguada, nos hemos decidido a cooperar en esta ingente tarea, presentándonos, cada Domingo, ante los micrófonos de W.A.B.A, para instruir y orientar.

Como el fin próximo e inmediato, era atender a nuestros feligreses, del mejor modo posible, dedicamos nuestro Programa, de cada Domingo y cada mes, a un grupo determinado de oyentes, como lo veníamos haciendo ya, cada Domingo, en nuestro Templo Parroquial.

El Programa, tenía media hora de duración, con dos secciones fijas de 10 minutos cada una: En la primera, explicábamos el Santo Evangelio; y la segunda, le dedicábamos a solucionar problemas de la actualidad y a comentarios útiles, los diez minutos restantes, para música y noticias, con el fin de amenizar el Programa.

Con bastante frecuencia, escenificábamos, algún hecho de la vida real, para dar más vida y colorido, a nuestro Programa y despertar más interés entre nuestros Radio–Oyentes. En estas actuaciones, tengo que agradecer, la cooperación desinteresada de dos familias de la Parroquia, amén de otras: La Familia González y la Familia Dupréy.

Nuestro programa, poco a poco, fue abriéndose camino, y ganando voluntades, por la forma práctica y constructiva de representarse ante el público invisible. Y, tanto es así, que según el estudio de una Agencia Federal, allá por el año 1958, mereció el calificativo de "Mayor Audiencia", entre todos los Programas Religiosos de Puerto Rico.

Este programa tuvo una duración de 99 meses en servicio del pueblo.

7. Segunda Visita de Mons. Jaime Eduardo McManus (1952)

Los días que van del 1 hasta el 6 de marzo de 1952 Mons. Jaime Eduardo McManus visitó la Parroquia San Francisco de Asís por segunda vez. En esta agradece el recibimiento recibido y destaca el trabajo que realizaban los padres agustinos en los movimientos laicales. Así como las mejoras al templo parroquial y la casa; a la vez, aconseja la lectura fiel de las visitas realizadas por los antiguos predecesores. [230]

8. Reformas Litúrgicas (1951 - 1956)

El Papa Pío XII autorizó la celebración de la Liturgia de la Vigilia Pascual a través de la *Dominicae Resurrectionis* del 9 de febrero de 1951. Este acontecimiento en la Diócesis por medio de una circular con carácter de elección de los párrocos, pasando a tener carácter obligatorio al año siguiente. Desde el primer momento el párroco adoptó lo mandado por el Papa Pío XII en la parroquia.

Siguiendo este modelo el Obispo McManus presentó los cambios para la Misa de Año Nuevo durante la Media Noche del día 31 de enero:

> "La Misa puede ser solemne, y los fieles pueden comulgar en ella. Pero nótese bien que de usar el privilegio es obligación también de organizar un acto público religioso de oraciones, himnos, bendición con el Santísimo, etc., que junto con la Misa debe durar cuanto menos dos horas. La Misa puede empezar a las doce en punto del día 31 de Diciembre o a las doce y media o a la una según mejor parezca al Señor Párroco. Los que comulgan en esta Misa deben estar en ayunas desde la medianoche". [231]

Los siguientes cambios litúrgicos introducidos por el Papa fueron los correspondientes a la Misa Vespertina en 1953. Entre otros y no menos importantes es la reforma de la Semana Santa a través de la *Máxima Redemptionis* del 16 de noviembre de 1955. Para ello se hicieron reuniones diocesanas, las nuevas adaptaciones no se conservan en los archivos parroquiales.

---

[230] Cfr. Libro de Visitas Pastorales, fol. 62-66.

[231] Carta de Mons. Jaime Eduardo, Obispo de Ponce, al P. Antonio Zubillaga, firmada en Ponce [S.F]. ACAA, Cartas Parroquia 1949–1958.

Liturgia del Sábado Santo (1951)[232]

La sagrada Congregación de Ritos ha autorizado los siguientes cambios en la Liturgia del Sábado Santo. Estos cambios no son obligatorios, y son para este año solamente, en vía de ensayo. Los Señores Párrocos pueden introducirlos en su parroquia o seguir las costumbres antiguas. En el caso de que los introduzcan, entonces todos los oficios del Sábado se trasladan a la noche. (No habrá comunión por la mañana).

Las ceremonias nocturnas deberán empezar con tiempo suficiente para que la Misa con que concluyen comience aproximadamente a la media noche. Esta Misa será la Misa de la Vigilia de Resurrección del Sábado Santo. Además se añade una nueva parte al ceremonial. La renovación de las promesas bautismales por la congregación de los fieles, que se hace después de la bendición de las aguas bautismales. El celebrante encabeza las respuestas. Las ceremonias de la bendición del fuego, el cirio pascual y los granos de incienso, pueden hacerse como antes fuera de la puerta principal del templo, o en el vestíbulo o dentro de la iglesia donde el pueblo pueda seguir mejor el sagrado rito.

El canto del "Exsultet" se conserva añadiendo una plegaria por las autoridades civiles en el mismo lugar donde en los primeros tiempos se rezaba una oración por el emperador romano. He aquí el texto: "Vuelve Tu mirada sobre los que nos gobiernan y, por medio del inefable regalo de Tu piedad y misericordia, dirige sus pensamientos hacia la justicia y la paz. Para que desde el lugar de sus trabajos terrenales puedan ellos en unión con todo Tu pueblo, elevarse a su hogar celestial".

De las 12 profecías contenidas en el misal romano para la liturgia del mismo día, solo cuatro se leerán en la ceremonia de la noche. Son la primera, la cuarta, octava y undécima, cada una con su versículo y la oración que le sigue. Se recitan ellas por el lector mientras el celebrante y los ministros permanecen sentados. Terminadas las letanías de Todos los Santos, sigue la Misa usando la antífona "Vespere autem Sabbati" como la oración para la Comunión.

Al rezar las letanías de la Virgen deberán añadirse Reina asunta… etc.,

---

[232] Circular sobre los Cambios en la Liturgia de Sábado Santo [Ponce, 1952].L.C.

INSTRUCCIONES QUE DEBEN OBSERVARSE EL SÁBADO SANTO EN LAS PARROQUIAS DE LA DIÓCESIS DE PONCE

1) En todas las Parroquias deberá observarse la nueva liturgia para el Sábado Santo y celebrar los Oficios por la noche y no por la mañana. (Por tanto deberá anunciarse a los fieles que no habrá bautizos del Sábado de Gloria). A los oficios de la Vigilia Pascual deberá seguir la Misa de Gloria.

2) Lugar para la celebración:
Los Oficios del Sábado Santo podrán ser celebrados únicamente en las Iglesias Parroquiales. No deberá celebrarse Misa en las Capillas y oratorios de religiosas.

3) Hora de comenzar los Oficios.
La Misa no deberá empezar antes de las 12:00 de la noche. Comiénzense las ceremonias a una hora conveniente, es decir, la que permita empezar la Misa solemne hacia la media noche.

4) Si posible, las ceremonias deberán ser explicadas a los fieles, al mismo tiempo que se celebran. Esto deberá hacerlo otro que no sea el celebrante.

5) Las ceremonias podrán celebrarse en el sitio usual de la iglesia, pero preferiblemente en un sitio en que los feligreses puedan presenciar mejor el rito.

6) Para mayor conveniencia el celebrante puede celebrar las ceremonias siguiendo estas notas hasta el Exultet. Para la lectura y música del Exultet consultará el Misal. Del Exultet en adelante deberá referirse a las notas y al Misal.

7) Las Promesas del Bautismo:
Esto deberá hacerse en la forma más solemne posible. Insertaremos las Promesas en castellano a fin de que el celebrante pueda recitarlas en voz alta y pausadamente y los feligreses contestarán a las mismas en alta voz. No deberá decirse a los fieles: recen el Padre Nuestro. Por el contrario, el celebrante deberá rezarlo él mismo en alta voz, haciendo las debidas pausas que permitan a los fieles repetirlo con claridad y devoción.

8) Los sacerdotes deberán estudiar de antemano detenidamente las nuevas ceremonias."[233]

Autorización de Misas Vespertinas (1953)

"El Excmo. Señor Obispo ha creído conveniente conceder a todos los Párrocos y Coadjutores de la Diócesis facultades para celebrar Misas Vespertinas (después de las 4 p.m.) en los siguientes días:

1) Domingos y demás días de precepto.
2) Fiestas de Precepto suprimidas.
3) Los Primeros Viernes de Mes.
4) En Ocasiones Especiales, tales como cierre de las Cuarenta Horas, Fiestas Patronales, Misiones, etc."[234]

Liturgia de La Semana Santa (1956)

Rápidamente se recibieron en la Diócesis los documentos de la Reforma Litúrgica de la Semana Santa efectuados en 1955. Para hacer las adaptaciones de lugar fue convocado el P. Párroco a una reunión que se realizó el día 9 de enero de 1956 en las Oficinas del Obispado de Ponce.

9. Inicios de la Legión de María en la Parroquia (1954)

A finales de 1954 se fundó en Aguada el primer Presidium a instancias del Padre Verona, Director del Comitium Diocesano. Su primer director espiritual fue el P. César García, gran propagador de esta obra pastoral. Entre sus propósitos estuvo hacer de cada fiel de la parroquia un legionario[235].

---

[233] Carta de Leoncio M. Quiñones, Secretario–Canciller, a los Párrocos. Firmada en Ponce, el 30 de marzo de 1952. L.C.

[234] Carta de Leoncio M. Quiñones, Secretario–Canciller, a los Párrocos. Firmada en Ponce el 27 de abril de 1953. L.C.

[235] P. Gutiérrez, Carlos. Op. Cit., p. 29–30.

10. Indulgencia Plenaria de 1955

A través de la Circular firmada por Mons. McManus el día 19 de septiembre de 1955 se daban las instrucciones para lucrar la Indulgencia Plenaria. Estas fueron:

> "Durante el mes de Octubre y hasta el día 2 de noviembre inclusive se debe rezar, después de la Santa Misa o en otro tiempo conveniente, cinco décadas del Santo Rosario ante el SANTÍSIMO expuesto en el Altar, añadiendo la Letanía y la Oración especial a San José. Se hará en todas las Iglesias Parroquiales y donde sea posible también en las Capillas. Donde no se tenga en las Capillas con la exposición siempre se debe encomendar a un buen católico que guíe el Rosario con los fieles.
>
> Confiamos que los Señores Párrocos, por su amor a la Santísima Virgen y su interés en su grey no dejarán de encomendar el rezo del Santo Rosario. Para que se interesen los fieles al rezo del Rosario no dejemos de advertirles que el hacerlo frente a Jesús Sacramentado se gana una Indulgencia Plenaria cada vez si confesamos y comulgamos cada ocho días".[236]

11. Tercera Visita Pastoral de Mons. Jaime Eduardo McManus (1957)

Desde el 2 hasta el 7 de marzo de 1957 se realizó la tercera visita de Mons. Jaime Eduardo McManus, Obispo de Ponce, a la parroquia de Aguada. En su acta habla del número de fieles que frecuenta los sacramentos, las nuevas capillas. Todos los demás aspectos estaban en correcto orden.[237]

---

[236] Cicular del Sr. Obispo Jaime Eduardo McManus, Obispo de Ponce, sobre la Indulgencia Plenaria de 1955 a los Párrocos de la Diócesis de Ponce. Archivo Parroquial Aguada, Carpeta Comunicaciones y Decretos Episcopales 1949–1959.

[237] Cfr. Libro de Visita Pastoral, fol. 67–68.

12. El Año Mariano en la Diócesis de Ponce y la Parroquia (1954)

A través de su Carta Pastoral, Mons. Jaime Eduardo McManus, para celebrar los cien años de la Definición Dogmática de la Inmaculada Concepción de la Virgen en la Diócesis dispuso que en todas las Parroquias se celebren los siguientes cultos:

a. "Una novena o triduo solemne por la Fiesta de la Inmaculada.
b. Dedicación del domingo 5 de diciembre a los hermanos perseguidos por la fe.
c. Misa solemne (cantada donde hay 3 sacerdotes) en todas las parroquias el día 8 de diciembre.
d. ROSARIO CONTÍNUO DE LA DIÓCESIS DE PONCE–empezando el domingo 7 de noviembre en Adjuntas y Aguada, siguiendo el día 8 en Aguadilla y Aguirre y continuando los días sucesivos en Ponce el día 8 de diciembre. Ese día en cada parroquia de la Ciudad se rezará el rosario continuamente desde la mañana hasta la noche. Y así terminará el Año Mariano"[238].

Altar dedicado a María Inmaculada

Además de las celebraciones mandadas por el Sr. Obispo, en Aguada se aprovechó la ocasión para dedicar un Altar a María Inmaculada. La Congregación de las Hijas de María fue la encargada de comprar e instalar este altar 8 de diciembre de 1954.

Fueron Padrinos de este altar: Dr. Rieta y esposa, Dr. Varela y esposa, Anselmo Mendoza y esposa, Adalid Carrera y esposa, Antonio Lorenzo y esposa, Alejo Román y esposa, Carlos Rivera y esposa, Carmelo Cajigas y esposa, Emérito González y esposa, Diego Mejías y esposa, Emilio Hernández y esposa, Enrique Sánchez y esposa, Enrique Villarubia y esposa, Francisco Román y esposa, Florencio Chaparro y esposa, Galileo López

---

[238] Carta Pastoral de Mons. Jaime Eduardo McManus con motivo del Año Santo Mariano fechada en Ponce el día 1 de noviembre de 1954. Carpeta Circulares del Obispo 1949–1959, APASFA.

y esposa, Guillermo Vicenty y esposa, Gumersindo Muñoz y esposa, Israel Soto y esposa, Hipólito Sánchez y esposa, Jaime Rodríguez y esposa, Jesús Camacho y esposa, Jesús Gotay y esposa, José Román y esposa, José Cruz y esposa, José Méndez y esposa, José Moreno y esposa, Julio Mejías y esposa, Juan González y esposa, Juan Muñiz e hija, Juna Miguel Arroyo, Juan Suárez y esposa, León Ruiz y esposa, Lolo Ruíz y esposa, Melanio González y esposa, Miguel Lorenzo y esposa, Modesto Acevedo y esposa, Manuel Muñiz y esposa, Manuel Cardona y esposa, Néstor Millayes y esposa, Pablo Vélez y esposa, Pablo Muñiz y esposa, Pedro Nieves y esposa, Román Acevedo y esposa, Remigio Rivera y esposa, Rufino González y esposa, Santiago Aponte y esposa, Sandalio Ruíz y esposa, Tomás Rosado y esposa, Trinidad Ramos y esposa, Ulpiano Ruíz y esposa, Vicente Rosa e hija, Ovidio Sánchez y esposa, Lorenzo Carrero y esposa, Tomás Suárez y esposa.

Fueron Madrinas: Antonia Mirle, Carmen Santoni, Conchita Pérez, María Ramos.

Srta: Eutropia Caldas, Genoveva Muñoz, Gladys Rivera, Gloria Agront, Luisa Torres, Milila Muñoz.

Montador de mármol: D. Isaác Pagán y como decorador P. Celso Martínez[239].

13. La Juventud de Acción Católica (1954)

A través de la subsiguiente circular llegó a la Parroquia el Plan sobre la Juventud de Acción Católica preparado para la Diócesis de Ponce en 1954. Este fue aplicado por completo como parte de la pastoral parroquial:

---

[239] Progama Solemne Bendición de un Altar a la Inmaculada Concepción de María el día 5 de septiembre de 1954. Carpeta Altar a María Inmaculada 1949–1959, APASFA.

PLAN INMEDIATO PARA LA ORGANICACIÓN DE LA A.C.
A LOS PARROCOS[240]

1. Fundar la junta parroquial con los presidentes de las Asociaciones de Apostolado que existen en la parroquia y con algunos otros miembros más que puedan pertenecer o no a las asociaciones existentes.

2. Se procurará que en la junta haya en el principio miembros que representen a diferentes grupos sociales como: maestros, estudiantes, oficinistas, etc.

3. El apostolado de la junta será formar la conciencia apostólica de los miembros de las asociaciones que representan a base de un programa detallado al final. Esta será la acción de la junta como tal en los comienzos.

4. La Junta fomentará los retiros mensuales entre sus miembros representados.

5. Conforme las instrucciones que vayan saliendo, se irán formando los CENTROS de la A. C. Especializada.

6. La formación religiosa y espiritual, excepto puntos especiales que sólo tienen interés con algún grupo particular, se podrá dar a todos los miembros de una Rama, si no se cuenta con los suficientes sacerdotes para cada grupo.

7. Podrán contar en todo momento con la ayuda del Delegado Diocesano y los sacerdotes Consiliarios.

8. Podrán contar en todo momento con la ayuda del Delegado Diocesano y los sacerdotes Conciliarios.

9. SERIE DE TEMAS QUE SE HAN DE EXPONER EN LA FORMACIÓN APOSTÓLICA DE LOS MIEMBROS DE TODAS LAS ASOCIACIONES DE APOSTOLADO CATÓLICO

   1. Qué se entiende por Apostolado y por Apóstol.

   2. Historia del Apostolado en la Iglesia.

---

[240] Plan Inmediato para la Organización de la A. C. a los Párrocos. Archivo Parroquial Aguada, Carpeta Comunicaciones y Decretos Episcopales 1949–1959, APASFA.

3. Dignidad del Apostolado.

4. Necesidad del Apostolado.

5. Necesidad de la Acción Católica, empezando por explicar qué se entiende por A. C.

6. La santidad del Apóstol base para su apostolado eficaz.

7. Necesidad de la formación religiosa y apostólica del seglar para el apostolado.

8. Necesidad de la Especialización en la Acción Católica.

9. Organización de la A. C. a base de ESQUEMA de la organización parroquial.

10. La encuesta como método efectivo en el apostolado de la Acción Católica.

14. Sexta Fase de Construcción del Templo Parroquial y su primera reforma: las Vidrieras (1954–1960)

Del testimonio del P. Carlos Gutiérrez sobre su trabajo pastoral, sabemos que asumió su cargo de párroco en octubre de 1954. Trabajó arduamente junto a los dos vicarios parroquiales que hacían vida de comunidad con él. De su testimonio se conserva:

"En la Iglesia cambiamos, por necesidad y por conveniencia, todas las ventanas de madera, ya que muy deterioradas, por otras de aluminio, yipo Miami; además, colocamos en la fachada principal, sobre las puertas laterales y en la Cúpula, trece vidrieras artísticas, importadas directamente de España, después de un concienzudo estudio sociológico y pastoral.

Año más tarde, manos inespertas, cambiaron las dos más significativas y de enseñanza permanente: El Buen Pastor y el Buen Consejo; el cambio fue hecho por unos cristales más o menos mudos.

Con este set de vidrieras artísticas a la Fechada Principal, representando la cultura religiosa de un Pueblo como el de Aguada, se realizó positivamente el valor y el atractivo de nuestra Iglesia; también colocamos en la torre de la derecha una campana nueva, tipo holandés que por su extraordinario timbre y sonoridad entusiasmó a toda la Población"[241].

Factura de las Vidrieras

LEON, a 6 de febrero de 1.957.
Rvdo. P. Carlos Gutiérrez
AGUADA.–Puerto Rico. -

Muy Sr. mío:

Tengo el gusto de adjuntarle factura correspondiente al valor real de las 13 vidrieras a todo color y con escenas, que le hemos fabricado en esta su casa.

Sin embargo, ya sabe Vd. que en su atención las hemos dejado en un importante neto de 172.000,-- Pts., cuya cantidad, dejamos cargada en su estimada cuenta.

Me permito hacerle observar, que de contratarlas en la fecha de hoy día, estas vidrieras tendrían muchísimo más valor, a causa de los aumentos que experimentaron en primeras materias y mano de obra, cuyos aumentos sabe Vd. que empezaron a regir desde primeros de este año.

Lo principal, es que el trabajo guste en esa, y que todos Vds. estén complacidos de la realización que efectuamos, en la que hemos puesto nuestra mayor atención; por lo que esperamos haber acertado una vez más.

Aprovecho esta oportunidad, para saludarle atte. y reiteramos suyo afmo. y s.s.

Rodríguez[242].

---

[241] Gutiérrez, C. ***Mini–historia del catolicismo en Aguada para Homenajear a los Padres Agustinos de la Provincia de Castilla, España, al celebrar sus Bodas de Oro, como Líderes Espirituales de esta Feligresía. 1919–1969.*** [S.E.], Aguada p.32. El Original se conserva en la Biblioteca de los Padres Agustinos de Aguada.

[242] Carta de Rodríguez al P. Carlos Gutiérrez, fechada en León el día 6 de febrero de 1957.

Nota de Embalado

El transporte de estas trece vidrieras se describe en su factura de la siguiente manera: "Vidrieras artísticas emplomadas, fabricadas a todo color con vidrios cocidos al alto fuego y decorados, de forma inalterable a la acción del tiempo y llevando todas ellas motivos religiosos y escenas de Santos, siendo los mismos:

Dos de ellas con la imagen de un ángel, una con San Agustín con el escudo de la Orden, una con la imagen de Sta. Monica y el escudo de la Diócesis, una con el Sagrado Corazón de Jesús y su anagrama una con la Inmaculada y su anagrama, una con la imagen de San Francisco de Asís y el escudo del Papa, una con la imagegen de la Virgen del Buen Consejo y otra con la escena del Buen Pastor, y finalmente cuatro con la imagen de los cuatro Evangelistas en forma igual.

Varillas de hierro de refuerzo, siguiendo la trayectoria del emplomado, barras de simple T de hierro para su sujeción a sus correspondientes bastidores metálicos de hierro angular circundante para cada una de las vidrieras.

Las trece vidrieras debidamente embaladas en tres cajas de madera reforzadas, y los bastidores en dos atados perfectamente sujetos, y un atado con todas sus varillas de hierro antecitadas, remitido todo por F.C. a la estación de Vigo, a la consignación del Rvdo. P. Evaristo González para su destino a la Iglesia de la Orden, en Ponce.

Todo ello en Pesetas. 　… … … … 219.000,00, ----"[243]

"OBISPADO DE PONCE
Ponce, Puerto Rico

15. Convocatoria al Sínodo Diocesano (15 enero 1957)

En la reunión presidida y dirigida por el Excmo. McManus, Obispo de Ponce, el 15 de enero de 1957 expuso el siguientes asunto:

---

[243] Factura de la Cristalería del Templo Parroquial de Aguada a nombre de ORDEN DE SAN AGUSTÍN–IGLESIA DE PONCE. fechada en León, el día 12 de febrero de 1957.

"La necesidad de celebrar un Sínodo Diocesano, ya que desde el año 1939 no se celebra ninguno. Inmediatamente procedió a nombrar una Comisión Preparatoria, la cual será presidida por el Muy Rvdo. P. Raúl Irizarry, Canciller de la Diócesis".[244]

En la parte correspondiente a los Sacramentos, el culto, Magisterio de la Iglesia y tradiciones populares. Era miembro el P. Antonio Zubillaga[245].

16. Telegrama sobre la Muerte del Papa Pío XII (1958)

A través del telegrama del día 9 de octubre de 1958 enviado desde Ponce, el párroco y los feligreses se enteraron sobre la muerte del Papa Pablo Pío XII. Con motivo de este acontecimiento debían celebrarse misas solemnes en las parroquias y capillas de comunidades, también novenas y rosarios iniciando la noche de ese mismo día hasta su entierro.

10. *Oración por la Iglesia de China (1959)*

A través de una circular se indicaba al Párroco las peticiones del nuevo Papa Juan XXIII. Estas consistían en declarar el día 15 de febrero de 1959, Día de la Oración por la Iglesia de China. En éste día se debía pedir a Dios la terminación del cisma que amenazaba su división e implorando la fuerza para los obispos, sacerdotes y fieles que estaban siendo víctimas de su persecución. Estas oraciones consistían en:

> Por la mañana: Procesión (rogativa) cantando las letanías de todos los Santos–Exposición del Santísimo Sacramento–Oraciones que siguen a las letanías–Misa Coram Smo. Sacramento Esposito, - Bendición al terminar la Exposición. La Exposición del Santísimo puede durar todo el día o menos, según las circunstancias. El sermón de la Misa deberá ser alusivo al caso y deberá exhortarse a los fieles a

---

[244] Acta de la Reunión del Clero del día 15 de enero de 1957 por la que se declara el Sínodo Diocesano, firmada por el P. Luis Aponte Martínez, Vice-Canciller del Obispado de Ponce.

[245] Cfr. Comisiones Preparatorias del Sínodo Diocesano, Hoja adjunta al Acta de la Reunión del Clero del Obispado de Ponce del día 15 de enero de 1957, firmada por el P. Luis Aponte Martínez, Vice-Canciller.

acudir a los cultos públicos por la Iglesia en China y a ofrecer sus oraciones privadas.

Por la noche: Rosario–Acto de Desagravio–Oración por la Unidad de la Iglesia y Bendición con el Smo. [246]

La misma circular daba instrucciones para aplicarse durante toda la cuaresma:

Ordenamos que en todas las parroquias se celebre el Santo Via-Crucis por lo menos dos veces en Semana por la Iglesia en China, avisándolo a los fieles. En las capillas de los campos pueden buscarse seglares bien formados que conduzcan el Via Crucis.

A éstas preces prescritas por nos, puede añadirse el rezo diario del Santo Rosario y otras oraciones.

No olvidemos que éstas instrucciones se conforman a los deseos y la petición del Santo Padre, felizmente reinante. El entusiasmo con que nos entregamos a la celebración de estos cultos sagrados por la Iglesia de China, es a la vez un acto consciente de nuestra misión como miembros del Cuerpo Místico de Cristo y una solemne adhesión al Vicario de Cristo en la tierra[247].

Estas informaciones llegaron a la parroquia a través de un aviso parroquial que decía lo siguiente:

Para dar fiel cumplimiento a los deseos de Nuestro Santo Padre el PAPA JUAN XXIII, y a lo mandado por Nuestro Señor Obispo JAIME EDUARDO McMANUS, conforme a la Circular que les acabamos de leer …

Yo, P. Carlos Gutiérrez, Agustino, Párroco y Responsable de esta Parroquia de Aguada: EXHORTO, PIDO Y MANDO

---

[246] Carta Cricular de Mons. Jaime E. McManus a los Párrocos de la Diócesis de Ponce, fechada en Ponce, el 28 de enero de 1959.

[247] Ibidem.

con la Autoridad que me da el cargo, al asistencia y puntualidad mas fiel a todos los actos que a continuación les señalamos:

PRIMER DOMINGO DE CUARESMA:

A las 8:30 de la mañana, PROCESIÓN–ROGATIVA; a continuación, Misa con el Sacramento Expuesto, Procesión del Santísimo y Bendición.

A las 7:30 de la noche, Exposición, Santo Rosario, Acto de Desagravio, Oración por la Unidad de la Iglesia y Bendición con el Santísimo. (Al Acto de la noche están escusados los del Campo).

TODA LA CUARESMA:

VIACRUCIS en la Iglesia, Todos los Martes y Viernes a las 7:30 de la noche, la próxima semana MIÉRCOLES DE CENIZA y Viernes; en las Capillas del Campo, según la mente del Sr. Obispo, también se debe rezar.

Todos estos Actos serán aplicados por las intenciones señaladas por nuestro Señor Obispo.

QUEDAN TERMINANTEMENTE PROHIBIDAS en la Parroquia las REUNIONES o JUNTAS en las horas y días señalados para los Actos públicos; así como también, los llamados actos de apostolado, visitas a enfermos, rezo de Rosarios en casas particulares, Etc.

No olviden que al decir de Nuestro Sr. Obispo, "estos Cultos, son un acto consciente de nuestra misión como miembros del Cuerpo Místico de Cristo y una solemne adhesión al Vicario de Cristo en la tierra.

P. Carlos Gutiérrez
Párroco

Domingo Quinquagésima

8 de febrero de 1959.[248]

11. Relación Parroquial hasta 1959

Para 1959 la parroquia contaba con un total de 22,500 habitantes. Recibieron el bautismo un total de 868 niños y la confirmación un total de 4,337 personas en la visita Pastoral que se realizó en 1957.

Durante la semana los sacerdotes confesaban en horarios de 6:30 a.m. hasta 8:00 a.m.

Diariamente comulgaban unas 35 personas, semanalmente unas 340 y mensualmente unas 600. Se celebraron primeras comuniones en mayo, agosto y diciembre habiéndola recibido un total de 540 niños.

Se celebraron 150 matrimonios católicos.

Hubo un total de 98 defunciones en el año, de los cuales casi todos recibieron la extrema unción.

Las misas de los domingos se celebraban a las 6:30, 7:30, 8:30 y 10:00 a.m. Los días de preceptos a las 8:00 y 9:00 a.m. Los días laborables a las 6:30 y 7:00 a.m. En la Capilla del Espinal los 2º. y 3º. domingos y sábados del mes; el 4º. domingo en Cerro Gordo y los 5º. en Mal Paso. Aproximadamente 2,00 personas escuchaban la misa de los domingos.

Con motivo de la Visita Pastoral de 1950 se celebraron las misiones durante 7 días. Durante las misas se realizaban pláticas, rosarios, sermones y bendición con el Santísimo por las noches.

Las catequesis en el pueblo se realizaban los lunes, martes y jueves en horarios de 4:30 a 5:30 p.m. en la Iglesia. Funcionaban tres turnos con un total de catorce catequistas para el pueblo. En los campos se establecieron 65 lugares distintos dirigida por los mismos catequistas, en cada uno se tenía dos turnos de reuniones semanales y un total de ciento tres catequistas diseminados por los barrios. El total de niños que recibían catequesis ascendía a 1676.

Asociaciones piadosas: Hermanos del Santísimo con 320 miembros, Archicofradía del Sagrado Corazón y Apostolado de la Oración con 400 miembros; Santo Nombre con 190 miembros; Hijas de María con 600 miembros y Jueves Eucarísticos con 150 miembros, Doctrina Cristiana

---

[248] Avisos del P. Carlos Gutiérrez a los fieles de la Parroquia de Aguada, fechados en Aguada el día 8 de febrero de 1959.

con 130, Esposas y Madres Cristianas con 175, Legión de María con 250. Alcanzando un total de 2,245 socios de asociaciones piadosas dedicados a rezar el rosario a domicilio, la catequesis, propaganda católica y otros.

Mejoras a la Iglesia Parroquial requería arreglos en su techo.

Se mantenían un total de siete capillas, era párroco entonces el P. Pablo Gutiérrez.[249]

---

[249] Relación Anual de la Parroquia de San Francisco de Asís de Aguada año 1960. Carpeta Relación de la Parroquial 1919–1955.

VI

TIEMPOS DEL CONCILIO VATICANO II
1959–1969

1. Comunidad de Padres Agustinos

Desde 1959 hasta 1960

En 1959 formaban parte de la Comunidad los PP. Carlos Gutiérrez, párroco; José María Coto, depositario y Pablo Gutiérrez.

Desde el Capítulo de 1960 hasta 1963

En el Capítulo Provincial celebrado en León durante los días 7 al 15 de julio de 1960 fue nombrado Vicario Provincial el P. Maximino Álvarez Álvarez y Prior el P. Gonzalo González Pereda[250].

De acuerdo con lo establecido por el Capítulo, en agosto de 1960 el P. Carlos Gutiérrez hizo entrega de la colecturía al P. Gonzalo González[251].

El Primer Libro de Consultas de la Comunidad de Aguada o libro de actas de las reuniones comunitarias fue aprobado por el P. Juan García Álvarez en su visita de renovación en fecha de 10 de diciembre de 1955[252]. Aunque la primera Consulta o reunión se tuvo el día 22 de mayo de 1961. En esta reunión se aprobaron las cuentas de los meses que van de agosto de 1960 hasta marzo de 1961 y la compra de un nuevo carro de segunda mano. Decisiones aprobadas por los PP. Gonzalo González, Pablo Gutiérrez y Lesmes Bernabé[253].

---

[250] Cfr. Lazcano, R. Op. Cit., p. 153.
[251] Libro de Colecturía, p. 219.
[252] Cfr. Libro de Consulta de la Comunidad de Aguada No. 1, p. 0.
[253] Cfr. Libro de Consulta de la Comunidad de Aguada No. 1, Consulta 1, p.1.

El P. Maximino Álvarez, Vic. Prov., realizó la visita de renovación como Visitador Delegado el día 29 de enero de 1960[254]. En este proceso fue acompañado por el P. César García como secretario de la visita. También desempeñó el cargo de procurador hasta septiembre de 1960, asumiendo esta responsabilidad el P. Lesmes Bernabé[255].

La siguiente visita de renovación fue la realizada por el P. Fr. Honorio Gutiérrez, Prior Provincial, asistido por el P. César García como secretario.[256] La disimilitud en las fechas de las firmas de los libros da a entender que el P. Honorio estuvo en Aguada desde antes del día 20[257] hasta después del día 28[258] de noviembre de 1961. Después de esta visita provincial el P. Pablo Gutiérrez fue trasladado y en su lugar se integró a la comunidad el P. Bernabé González[259].

Para el 12 de noviembre de 1962 ya el P. César García había sido trasladado de Comunidad y en su lugar había sido integrado el P. Jesús Franco[260].

Tras la visita de Renovación del P. Maximino Álvarez el día 5 de febrero de 1963, asistido por el P. Lesmes Bernabé como Secretario de la Visita[261], la comunidad quedó constituida como estaba antes con los PP: Bernabé González, Lesmes Bernabé, Gonzalo González y Jesús Franco.

Desde el Capítulo de 1963 hasta 1966

En el Capítulo Provincial de 1963 celebrado en Madrid desde el 4 hasta el 10 de julio de 1963 fue nombrado Vicario Provincial el P. Carlos Gutiérrez Gutiérrez y confirmado en su cargo de párroco de Aguada el

---

[254] Libro de Colecturía, P. 214. Cfr. Libro de Procuración 1943–1963, p. 121.

[255] Libro de Procuración, p. 125.

[256] Cfr. Visita realizada por el P. Provincial, Honorio Gutiérrez el 30 de noviembre de 1961. Libro de Consulta de la Comunidad de Aguada No. 1, p. 1. Cfr. Libro de Colecturía p. 229. Libro de Procuración, p. 134.

[257] Cfr. Libro de Procuración 1949–1963, p. 134

[258] Cfr. Libro de Colecturía, p. 228.

[259] Cfr. Libro de Consulta de la Comunidad de Aguada No. 1, Consulta 3, p.2.

[260] Cfr. Libro de Consulta de la Comunidad de Aguada No. 1, Consulta 8, p.3.

[261] Cfr. Visita de Renovación del P. Maximino Álvarez, Vicario Provincial, realizada en Aguada el día 5 de febrero de 1963. Libro de Consulta de la Comunidad de Aguada No. 1, p. 4.

P. Gonzalo González Pereda[262]. En este mismo capítulo se decretó a conveniencia de las vacaciones de los religiosos.

El 28 de septiembre de este mismo año el P. Modesto Santamarta envió el documento Suplemento Seu Decreta del Capítulo Provincial de 1963. En él se recoge lo concerniente a las vacaciones de los hermanos en España. Pues hasta entonces, el que venía a misionar a Puerto Rico no podía volver a España a menos que fuese a un Capítulo Provincial. El Documento delega en el Vicario de las Antillas la gestión de pasajes y dinero de bolsillo de los religiosos[263].

En la Visita de Renovación de los PP. Modesto Santamarta, Prior Provincial, y José María Coto, Secretario de la Visita, el día 13 de enero de 1964[264] la Comunidad estaba constituida por los PP. Gonzalo González, Bernabé González, Lesmes Bernabé y Eliseo García Gutiérrez[265]. Producto de esta visita fueron los nombramientos de la comunidad firmados por el P. Provincial el día 6 de febrero del mismo año según la siguiente distribución: Gonzalo González (Superior, Párroco y Colector), Lesmes Bernabé (Depositario), Eliseo García (Procurador) y Emilio Ferro[266].

Para dar cumplimiento de los nombramientos del Prior Provincial, el 18 de julio de 1964 el P. Bernabé González es trasladado y en su lugar envían al P. Emilio Ferro a la comunidad de Aguada[267].

El 29 de marzo de 1965 la Comunidad recibió la Visita de Renovación de parte del Vicario General y el P. Santos Santamarta, Asistente General[268]. Para este tiempo seguían viviendo en la comunidad los mismos hermanos nombrados en febrero de 1964[269].

---

[262] Cfr. Lazcano, R. Op. Cit., p. 162.

[263] Cfr. Complemento del Acta del Capítulo Provincial de 1963. Fechada en Madrid el día 28 de septiembre de 1963. Cfr. Documento no. 28.

[264] Cfr. Libro de Consulta de la Comunidad de Aguada No. 1, p. 6. Cfr. Libro de Colecturía, p. 248.

[265] Cfr. Libro de Consulta de la Comunidad de Aguada No. 1, Consulta 15, p.7.

[266] Nombramientos realizados para la casa de Aguada el día 6 de febrero de 1964 por el P. Modesto Santamarta, Prior Provincial, desde Santurce. Carpeta Circulares Provinciales 1959–1969.

[267] Cfr. Libro de Consulta de la Comunidad de Aguada No. 1, Consulta 17, p.7.

[268] Libro de Colecturía 1964–1989, p. 10.

[269] Cfr. Visita de Renovación del P. Sanctos Santamarta, Vicario y Asistente General, en Aguada el día 29 de marzo de 1965. Libro de Consulta de la

Dicha estabilidad duró hasta el 2 de septiembre de 1965 cuando el P. Emilio Ferro fue trasladado, en su lugar fue designado el P. Jesús Fernández quien está presente en la reunión del el 19 de octubre de 1965[270]. En Consulta Comunitaria del día 29 de noviembre de 1965 se aprueba donar la suma de $100.00 para la construcción de la Capilla de Espinar[271].

Para el 12 de febrero de 1966 reciben la visita del P. Carlos Gutiérrez, Visitador Delegado, y del P. Lesmes Bernabé, Secretario de la Visita[272].

Capítulo Provincial 1966 hasta 1968

En el Capítulo Provincial de 1966 celebrado en Madrid desde el 7 hasta 18 de julio 1966 nombró al P. José María Coto como Vicario de las Antillas y delegó al P. Provincial y su Consejo el nombramiento de los párrocos[273].

Desde agosto de 1966 el P. Lesmes Bernabé pasó a ser el párroco y colector[274], su firma en la consulta del mes de septiembre así lo conforma[275]. El 16 de noviembre de 1966 los PP. Gonzalo González y Eliseo García Gutiérrez fueron trasladados de Comunidad, en su lugar se reintegrarán los PP. Bernabé González, el 4 de enero de 1967,[276] como procurador[277] y Pablo Gutiérrez, el 22 de junio de 1967[278].

Comunidad de Aguada No. 1, p. 8.

[270] Cfr. Libro de Consulta de la Comunidad de Aguada No. 1, Consulta 23-24, p.10.

[271] Cfr. Libro de Consulta de la Comunidad de Aguada No. 1, Consulta 24, p.10.

[272] Cfr. Libro de Consulta de la Comunidad de Aguada No. 1, Consulta 27, p. 11. Cfr. Libro de Colecturía 1974–1989, p. 16.

[273] Lazcano, R. Op. Cit., 175.

[274] Carta del P. José María Coto, Vicario Provincial, al P. Lesmes Bernabé, fechada en Santurce el día 29 de agosto de 1966.

[275] Libro de Colecturía 1964–1989, p. 19.

[276] Cfr. Libro de Consulta de la Comunidad de Aguada No. 1, Consulta 31-32, p. 13.

[277] Carta del P. José María Coto, Vicario Provincial, al P. Bernabéé González, fechada en Santurce el día 29 de agosto de 1966.

[278] Cfr. Libro de Consulta de la Comunidad de Aguada No. 1, Consulta 34, p.14.

El P. José María Coto, Vicario Provincial, anunció la visita de renovación del P. Modesto Santamarta para el día 14 de enero de 1967[279]. Para la realización de esta visita de parte del P. Modesto Santamarta, Prior Provincial, Asistido por el P. Francisco Rodríguez, Secretario de la Visita, el 26 de junio de 1967 la Comunidad estaba conformada por los PP. Lesmes Bernabé, Jesús Fernández, Pablo Gutiérrez y Bernabé González[280].

En la Consulta del 7 de marzo de 1967 se había aprobado adquirir un mimiógrafo para la Comunidad, y el 22 de junio de 1967 se aprueba la publicación de los Boletines Parroquiales: "Comenzaremos a publicar una hoja Parroquial a beneficio de los fieles"[281].

La Consulta Comunitaria del día 8 de agosto de 1967 estando presentes los PP. Bernabé González, Pablo Gutiérrez y Juan Quintana se terminó lo siguiente:

1. En esta casa de Aguada, se determina como hora fija para hacer la oración, las 6:00 a.m. de todos los días.
2. Todos los días, a las 10:45 p.m. se tendrá en común el rezo de serótina juntamente con las Completas.
3. Lo referente a Retiro y Ejercicios Espirituales, por ser asunto de Vicaría, se dejó a la determinación del P. Vicario con su consejo.
4. Igualmente se determinó dejar a consulta al P. Vicario y su consejo, lo que se refiere al distintivo especial sacerdotal, para actos parroquiales y el trabajo en la oficina.
5. A no darse impedimento razonable, que determinará el P. Superior, el capítulo conventual, se tendrá el segundo martes de cada mes a las 11:00 a.m[282].

---

[279] Circular al P. Lesmes Bernabé y Comunidad firmada por el P. José María Coto, Vicario Provincial, en Santurce el 4 de enero de 1967. Carpeta Circulares Vicariales 1959–1969.

[280] Visita del P. Modesto Santamarta a la Comunidad de Aguada el día 26 de junio de 1967. Cfr. Libro de Consulta de la Comunidad de Aguada No. 1, p. 14. Cfr. Libro de Colecturía 1964–1989, p. 24.

[281] Cfr. Libro de Consulta de la Comunidad de Aguada No. 1, Consulta 34, p.14.

[282] Libro de Consulta de la Comunidad de Aguada No. 1, Consulta 35, p. 14-15.

Este horario comunitario lo pidió el P. Provincial, a la vez que anunciaba que realizaría otra visita más para observar su cumplimiento[283].

El 12 de septiembre de 1967 forma parte de la Comunidad el P. Benigno Palomo[284]. En esta misma fecha se prueba dar $50.00 mensual para la campaña del Centro Parroquial. Se aprobaron las remodelaciones de la distribución de los espacios de la casa. En esta fecha se envía la invitación al Primer Retiro Vicarial de todas las Comunidades de Puerto Rico:

VICARIA PROVINCIAL
AGUSTINOS DE CASTILLA
SANTURCE, PUERTO RICO

12/ Sept./67

Por las presentes letras tengo a bien informar que el día 19 de Septiembre de 1967, se tendrá el Retiro Espiritual en la Casa de San Germán. Les recuerdo que deben asistir y participar todos los miembros de esa Comunidad. Presidirá dicho Retiro en representación del P. Vicario el R. P. Superior de San Germán, Fr. Francisco Larrán.

En todo se procederá de acuerdo con lo señalado en el #3 de las Constituciones y de la Visita Provincial.

P. José María Coto, O.S.A.
Vic. Prov.

A LA VENERABLE COMUNIDAD DE AGUADA[285].

---

[283] Carta del P. Modesto Santamarta al M.R.P. Superior de Aguada. Firmado por el P. Modesto Santamarta en Madrid el 9 de octubre de 1967.

[284] Cfr. Libro de Consulta de la Comunidad de Aguada No. 1, Consulta 36, p. 15.

[285] Carta del P. José María Coto, Vic. Prov., a la Venerable Comunidad de Aguda, fechada en Santurce el día 12 de septiembre de 1967.

Desde el Capítulo Provincial de 1968 hasta 1969

En el Capítulo Provincial celebrado en Madrid desde el 29 hasta el 31 de marzo de 1968 confirmó la elección del P. Lesmes Bernabé como párroco de Aguada[286]. En este mismo capítulo se conformó la aceptación para el Vicariato de las siguientes parroquias: Santa Mónica, Santo Domingo en República Dominicana; Santa Rita de Casia, Bayamón, y Santa Rosa de Lima, San Germán, ambas en Puerto Rico[287].

Al P. Lesmes Bernabé como Superior de Aguada se le asignó presidir el Retiro Vicarial del 15 de octubre de 1968. Por tal motivo los hermanos de las comunidades de San Germán, Cabo Rojo, Santurce debían personarse en Aguada, lugar donde el mismo se impartiría[288].

El 28 de diciembre de 1968 se aprueba la compra de un piano[289] y el 1 de enero de 1969 se bendijo la primera piedra del Centro Parroquial[290].

Para la Visita de Renovación del P. Modesto Santamarta, Prior Provincial, asistido por el P. Donato Liébana, Secretario de la Visita, de enero de 1969 formaban parte de la Comunidad los P. Lesmes Bernabé, Juan Quintana, Bernabé González, Pablo Gutiérrez y Benigno Palomo[291]. El 3 de febrero de 1969 el P. Juan Quintana fue trasladado de Comunidad[292].

Durante el Capítulo Provincial celebrado en León desde el 5 hasta el 19 de julio de 1969 se aprobaron los nuevos Estatutos Provinciales en conformidad con los Documentos del Concilio Vaticano II y las Nuevas Constituciones de la Orden[293].

---

[286] Cfr. Lazcano, R., Op. Cit. p. 180.

[287] Cfr. Ibid., p. 179.

[288] Carta del P. José María Coto al Rev. P. Superior y Comunidad de Aguada, fechada en Santurce el día 1 de octubre de 1968.

[289] Cfr. Libro de Consulta de la Comunidad de Aguada No. 1, Consulta 40, p. 17.

[290] Cfr. Revilla, I. Op. Cit., p. 19.

[291] Ibidem. Cfr. Libro de Colecturía 1964–1989, p. 36.

[292] Cfr. Libro de Consulta de la Comunidad de Aguada No. 1, Consulta 41, p. 17.

[293] Lazcano, R., Op. Cit., p. 183–195.

Visita Provincial de Renovación (1961)

La Visita Provincial de Renovación correspondiente al año 1961 la realizó el P. Honorio Gutiérrez, Prior Provincial. En ella se observó la necesidad de formar catequistas.

Acta de la Visita Provincial de Renovación en Aguada (1961)

Parroquia San Francisco de Asís
PP. Agustinos, Apartado 608
Aguada, Puerto Rico

Al Rvdo. P. Superior y Comunidad de Aguada.

Terminamos la santa Visita y con gusto declaramos la satisfacción de haber estado con vosotros y haber sentido la perfecta vida común que aquí se practica.

Después de haber hablado con los diversos religiosos creemos que el único asunto y que exige urgente estudio es el de la formación de catequistas seglares que nos ayuden en la misión fundamental de enseñar la doctrina. Espero que encuentren el mejor procedimiento para conseguirlo.

Les agradecemos la caridad con que nos han recibido.

Aguada 30 de noviembre de 1961.

Fr. Honorio Gutiérrez, prior provincial.
Fr. César A. García, secretario[294].

Visita General de Renovación 1965

El P. Santos Santamarta, Asistente y Visitador General, visitó el vicariato el 1 de abril de 1965. Desde la visita del P. Hikey no se había recibido visitas de la Curia General. En su visita pidió profundizar más la observancia regular y el uso del hábito.[295]

---

[294] Visita de Renovación a la Casa de Aguada, fechada en Aguada el 30 de noviembre de 1961.

[295] Visita de Renovación del P. Modesto Santamarta realizada en Aguada, fechada el día 1 de abril de 1965.

Visita Provincial de Renovación de 1967

El Acta de la Visita Provincial de Renovación de 1967 fue firmada por el P. Modesto Santamarta, Prior Provincial, el día 13 de julio. En ella se establece el rezo de las Completas, el retiro espiritual y los ejercicios espirituales anuales; así como, la presencia de la Comunidad en los Actos más solemnes del Obispo, establecimiento del Capítulo Conventual, planificación comunitaria del trabajo parroquial y el envío de fondos al Depósito Vicarial.[296]

2. Creación de la Nueva Diócesis

El 3 de abril de 1960 la Parroquia San Francisco de Asís de Aguada pasó a formar parte de los territorios correspondientes a la Diócesis de Arecibo. Esta nueva diócesis fue creada por el Papa Juan XXIII por la Bula "Cum Apostolicus" y el nombramiento de su primer Obispo, Mons. Alfredo Méndez.

3. Séptima Fase de Construcción del Templo Parroquial y Segunda Reforma: el Reloj de la Torre (1962–1964)

Descripción del Templo Parroquial (1962)

El templo parroquial según la maqueta construida por el P. Celso Martínez, OSA, se conserva en el Museo de Aguada. Ésta fue diseñada por el P. Pedro de Arancibia.

Con techo de madera de ausugo, bitarán, tablilla y zinc distribuido entre sus tres naves. En la nave central formaba una ojiva. Mientras que las naves laterales tendidas en aguas de arcos de inclinados.

Las tres naves se separaban entre sí por dos hileras de cinco columnas. De forma, capiteles y base cuadradas. Un conjunto de arcos separa una de otras, sobre los que descansaba el sistema de ventilación e iluminación consistente en unos ventanales laterales que imitaban la forma de la construcción de la nave central. En conjunto tenía doce ventanas.

---

[296] Cfr. Actas de la Visita Provincial, Provincia de Castilla, Vicaría de Antillas: Conclusiones. 13 de julio de 1967, p. 14–15. Carpeta Visita de Renovación Provincial 1959–1969, ACAA.

Cada nave lateral ostentaba adosado a la pared tres altares, ventanas entre uno y otro y una puerta más allá de la mitad según se entra.

En la nave derecha estaban los altares de: San José, Santa Mónica y San Agustín respectivamente y concluía en un altar que tenía la Inmaculada en el Centro, Nuestra Señora del Carmen en el lado derecho y Santa Rita de Casia del lado izquierdo. En la nave izquierda: el calvario compuesto por la Dolorosa, el Cristo Crucificado o de la Agonía, San Juan, María Magdalena y San Juan Bautista; el siguiente altar lo componían el Sagrado Corazón de Jesús, la Virgen de Monserrate, San Lázaro. En el último estuvo el Sepulcro y la Dolorosa de vestir; luego, se puso un confesionario movible en su lugar. La nave izquierda no tenía altar al final, sino que concluía con la cruz de las misiones o cristo descendible.

La nave central distribuía los bancos en forma de cruz cuyos travesaños daban salidas a las puertas laterales. Entrando por la puerta principal se encontraba en sus primeras columnas dos pilas de agua bendita en forma de hoya y otras dos en forma de concha en las columnas en las que descansaban los laterales de los travesaños que daban a las puertas laterales. En la última columna a mano izquierda estaba el púlpito del cual sabemos que lo utilizó Juan Alejo de Arismendi y Pedro Concepción Urtiaga de la Paja y Salazar. Los bancos miraban hacia el presbiterio.

Encabezado de un arco con dos columnas adosadas a la pared se encontraba el presbiterio. Bajo la concha que descasaba en cuatro columnas dóricas se encontraba la imagen de San Francisco de Asís, el de vestir. Más abajo el sagrario de plata foliada y de inmediatamente el altar.

El piso del presbiterio, en madre perla, tenía forma ovalada en la que se congregaban tres sistemas de escalinatas de dos escalones cada una. Las tres naves estaban cubiertas de piso de losa criolla. Además de los bancos de madera de roble, estaban distribuidos en hileras[297].

Nueve Columnas y Un Nuevo Techo (1962–1964)

Al tomar posesión de la Parroquia el P. Gonzalo González se dio cuenta de la necesidad de construir un nuevo techo. Para ello se dispuso a construir un nuevo sistema de nueve columnas en forma de ojiva sobre la cual se apoya la torta que cubre el techo de la nave central. Sobre este

---

[297] Entrevista realizada al Sr. Pedro Belez Adrober en el Museo de Aguada el día 27 de enero de 2011.

sistema y las paredes construidas por el P. Pedro de Arancibia se apoyan las tortas de las naves laterales.

Dice el P. Carlos Gutiérrez al respecto:

> Con tal motivo convocó a todas las personas representativas de la Comunidad a una reunión de emergencia. Les expuso con claridad el problema diciéndoles que su solución era urgente e inaplazable. Todos los representantes lo reconocieron así; y, sin discusión, endosaron con entusiasmo la proposición ofreciendo su ayuda personal, amplia y efectiva.

> Se hicieron unas cuantas campañas de orientación de orientación a la Comunidad, interesándola en el asunto; y ésta dio la respuesta más responsable y generosa que se proyectaba: Restaurar en un todo la Iglesia Parroquial.[298]

El 29 de mayo de 1962 el Ing. José A. Vientos, encargado de permisos, informaba al P. Gonzalo que la solicitud de permiso de reconstrucción en la Iglesia de Aguada se había enviado a Santurce con el Número de Caso: 62-8-0553.[299]El sábado 15 de septiembre de 1962 el P. Gonzalo González sostuvo un diálogo con Carlos Lázaro, los términos del mismo fueron los siguientes:

1. "Se facturó la redacción del Proyecto a base del mínimo de tarifa establecida por el Colegio de Ingenieros, tomando en consideración nuestro presupuesto. Este mínimo asciende a $3,354.00 más $300.00 de la prueba de terreno, $42.00 de sellos de Rentas Internas y $66.00 de gastos de transportación de San Juan a Aguada para poder estudiar el Proyecto. El total de estos

---

[298] Gutiérrez, C. *Mini–historia del catolicismo en Aguada para Homenajear a los Padres Agustinos de la Provincia de Castilla, España, al celebrar sus Bodas de Oro, como Líderes Espirituales de esta Feligresía. 1919–1969.* [S.E.], Aguada p.32. El Original se conserva en la Biblioteca de los Padres Agustinos de Aguada.

p. 36.

[299] Negociado de Permisos al P. Gonzalo González. **Asunto:** Caso de Reconstrucción de la Iglesia Católica de Aguada, número 62-8-0553.

gastos, incluyendo el mínimo a cobrar asciende a $3,762.00. A este total se le rebajó $400.00, facturándoles a ustedes $3,362.00.

2. Los desembolsos para redactar el Proyecto son como sigue:

a.	Delineante, Ingeniero, etc.	$1,654.00
b.	Prueba de Terreno	300.00
c.	Sellos de Rentas Internas	42.00
d.	Viajes, etc.	66.00
	TOTAL --------	$2,062.00

Por lo tanto sería imposible cobrarles $2,000.00 por los Honorarios del Proyecto, ya que esto implicaría una pérdida para nosotros de $62.00. Un proyecto como este requiere mucho tiempo de estudio y personal preparado para poder llevar a cabo un diseño de esa naturaleza. Ustedes ofrecen $2,000.00 por el Proyecto y se pretende cobrar de nuestra parte $3,362.00, una diferencia de $1362.00. Esta diferencia se puede dividir y nosotros hacer un donativo de $681.00, más $400.00 rebajados en el origen, sería una rebaja de $1,081.00. El total por los planos, especificaciones, etc., sería de $2,681.00. Quiero que tome en consideración que los gastos, como le expresé antes, son $2,064.00 sin incluir mi trabajo personal. Solamente estoy obteniendo un beneficio bruto de $617.00 sin incluir los gastos de oficina, etc. Le agradeceré discuta este asunto con el Comité y me informe de su decisión".[300]

El 9 de octubre de 1962 desde las oficinas de Carlos Lázaro García se informa a los Padres Agustinos de una deuda contraída con ellos "por conceptos de planos para la reforma de la Iglesia de Aguada, incluyendo Pliego de Condiciones, Presupuesto, Prueba de Terreno y diligencias para obtener el Permiso de Construcción, según rebaja hecha en carta de septiembre 19, 1962, dirigida al Padre Gonzalo _ _ _ _ _ _ _ _ _ _ $ 2,681.00".[301]

---

[300] Carta de Carlos Lázaro al P. Gonzalo González firmada en San Juan, el 19 de septiembre de 1962. Carpeta Reformas Templo Parroquial.

[301] Carlos Lazaro García a los Padres Agustinos fechada el 9 de octubre de 1962. Carpeta Reforma Templo Parroquial.

En las notas hechas a mano por Simón Amador Amador se informa al P. Gonzalo que la construcción y colocación de unas lámparas con las siguientes características:[302]

Cantidad		Costo	Total
5	Visa Lighting 7 ixt 2606	120.00	600.00
16	NoveltyLighting NLCH 281	110.00	1,760.00
12	NoveltyLighting NLCH 284	34.00	408.00
2	Artolier 825 Black	8.50	17.00
6	Vierden V - 5002	9.00	54.00
1	NoveltyLighting NLCH - 311	45.00	45.00
			2884.00

A juzgar por las cartas a través de las cuales José Gabriel Amador informa al P. Gonzalo sobre los gastos realizados por las reformas, las obras se llevan a cabo desde el mes de enero de 1963 hasta agosto del mismo año.[303]

La obra fue liquidada el 17 de marzo de 1964 por el monto de $4,868.61.[304]

El Reloj de la Torre (1963)

El día 8 de julio de 1963 el P. Gonzalo González entró en comunicación con Alfonso Rodríguez[305], contacto de De KLOK–AARLE–RIXTEL compañía de la fábrica de relojes en Holanda. Este fue el primer paso comunicativo que llevará consigo el envío y recibo de diversas misivas hasta concluir con la instalación del Reloj y las Campanas de las Torres de la Iglesia de Aguada.

---

[302] Nota de Simón Amador Amador la Iglesia Católica de Aguada firmada el 3 de diciembre de 1962.

[303] Cartas de José Gabriel Amador al P. Gonzalo González. Fechadas en San Juan el 1 de febrero y el 10 se septiembre de 1963. Carpeta Reformas Templo Parroquial.

[304] Factura Liquidación final Reforma Iglesia Católica de Aguada, fechada en Aguadilla el 17 de marzo 1964. Carpeta Reforma Templo Parroquial.

[305] Carta del Alfonso Rodríguez al P. Gonzalo fechada en San Juan el 17 de junio de 1963. Carpeta Reloj de la Torre 1944–1963, APSAFA.

La compañía diseñó las sillas de las campanas en base a tres dibujos de las torres del templo parroquial enviados el 14 de mayo de 1963[306]. Noticias sobre la construcción de los cuadrantes llegaron a la parroquia el 6 de junio, sus diámetros eran de 3' 9" iguales a 140 cm cada uno. A través de una carta enviada el 11 de junio se pidió que dichos diámetros fueran de 38 $^3/_4$"–Ø (98 ½ cm)[307]. En estas mismas se especificaba la necesidad de electricidad de 220 voltios para poner a funcionar el equipo de campanas.

El 2 de agosto el equipo estaba listo y dispuesto a ser enviado por barco. El paquete fue enviado el 23 de este mismo mes traía: un campanil, cinco campanas, con movimiento[308]. El último pago por el reloj y las campanas fue equivalente a $452.23[309].

El 8 de julio de 1969 el P. Gonzalo González integró al fondo de la colecta el total de $385.41 procedentes de las colectas para la compra del Reloj de la Torre realizadas por el P. Cándido Herrero[310] desde 1944 hasta 1945.

Bendición de las Reformas (1964)

El día 15 de marzo 1964 a las cuatro de la tarde se realizó la bendición de las reformas en la eucaristía concelebrada por Mons. Alfredo F. Méndez, Obispo de Arecibo, y P. Carlos Gutiérrez, Vicario de las Antillas, el P. Gonzalo González, Párroco y otros padres agustinos y del clero secular. La gente esperó fuera y cuando iban a entrar los sacerdotes concelebrantes abrieron las puertas y todos cuantos pudieron entraron. La mayoría de la gente quedó fuera en esta emocionante eucaristía.[311]

---

[306]   Carta Jos Van De Kerkhof al P. Gonzalo fechada fechada el 14 de mayo de 1963. L.C.

[307]   Carta Jos Van De Kerkhof al P. Gonzalo fechada el 17 de junio de 1963. L.C.

[308]   Carta de Jos Van De Kerkhof al P. Gonzalo fechada el 22 de mayo de 1964. L.C.

[309]   Carta de Jos Van De Kerkhof al P. Gonzalo fechada el 2 de octubre de 1963. L.C.

[310]   Nota escrita a mano por el P. Gonzalo González sobre el Resumen sobre los Donativos para el Reloj de la Iglesia fechados el 7 de octubre de 1945.

[311]   Cfr. Gutiérrez, C. Op. Cit., p. 36–37.

4. **Impacto del Concilio Vaticano II: De la Diócesis a la Parroquia (1963–1967)**

El día 25 de enero de 1959 el Papa Juan XXIII convocó el Concilio Vaticano II. En el otoño del año 1962 inició los trabajos. Debido a su muerte el 3 junio de 1963 no pudo publicar el primer fruto del este concilio.

Fue el Papa Pablo VI quien publicó el 4 de diciembre de 1963 la "Sacrosanctum Concilio", Constitución sobre la Sagrada Liturgia. El objetivo principal de este documento conciliar consistía en lograr una mayor participación de los laicos en la liturgia de la Iglesia Católica.

Estos acontecimientos coinciden con las reformas al techo de la Iglesia que estaba haciendo el P. Gonzalo González Pereda, párroco. Él aprovechó las circunstancias para adaptar el templo a lo que en su momento pedía el Concilio, así tras las reparaciones en la estructura se procedió a la reconstrucción del Retablo, Sagrario y Altar Mayor.

El Altar Mayor se hizo de nueva planta separado del Retablo del Altar Mayor. Todo él es una pieza en mármol color gris verdoso en cuyo frente está gravado en bajo relieve trece panes y trece copas, alusión a la Santa Cena. Llama a la atención que la última copa del lado derecho está caída, según su vista frontal.

El Retablo consistió en una pared cubierta de mármol color rosa intenso. Lo preside la nueva talla de San Francisco, patrono de la Parroquia, colocado en una peana de madera. Al lado de la imagen encontramos detalles en bajo relieve gravados sobre el mármol de aves volando, un ovejo y un lobo y delfines, todos ellos aludiendo a su patrón. Adosado al retablo se colocó un nuevo sagrario.

Los altares laterales fueron trasladados a otras capillas. El altar de la Inmaculada fue llevado a la Capilla Santa Rita del Barrio Lagunas. El de Santa Mónica a la Capilla San José de Mal Paso, junto al antiguo Sagrario.

Las antiguas imágenes y retablo no se pudieron conservar ya que estaban carcomidos por las trazas.

Los siguientes cambios fueron los litúrgicos, guiados por el Obispo de Arecibo y aplicados por el P. Lesmes Bernabé. En sus acciones el párroco procedió de acuerdo con las dos circulares del obispo sobre la primera instrucción de 1964 y la segunda instrucción de 1967. Un gran impulso en este proceso fue la celebración del Año de la Fe en 1967.

El 21 de noviembre de 1964 el Papa Pablo VI promulgó la Lumen Gentium, Constitución Dogmática sobre la Iglesia. En enero de 1967 se realiza la Segunda Reunión del Consejo Pastoral Parroquial para integrar los laicos en la vida de la Iglesia y hacerles partícipes de los trabajos parroquiales.

Primera Instrucción sobre la Liturgia (1964)

A partir del 25 de julio de 1964 se aprobó el uso del Misal de San José para la Misa. La adaptación a los cambios litúrgicos en la Parroquia se hizo en conformidad con lo establecido por Mons. Alfredo F. Méndez, Obispo de Arecibo. Por ese motivo se refiere directamente a su carta circular del 28 de septiembre del mismo año.

1. Según Decreto de Roma de fecha 25 de julio, se usará el "Misal San José" para la Misa, así como el "Misal Ofrezco la Misa", que es una selección de las Misas de los domingos tomada del "Misal San José".

2. La misa en el vernáculo será de obligación los domingos, comenzando con el Primer Domingo de Adviento.

3. Los cambios en la Liturgia de la Misa se irán introduciendo poco a poco en la Diócesis de Arecibo, según este programa:

   a. Empezaremos el 11 de octubre con las siguientes partes en español: Kyries, Epístola, Evangelio, Sanctus, Comunión de los fieles. La Epístola y el Evangelio se leerán mirando hacia el público. Si el altar tiene micrófonos, es preferible que se lean ante el micrófono, aún de espaldas al público.

   b. El primero de noviembre se añadirá el Gloria, Orate Fratres, y Agnus Dei.

   c. El 15 de noviembre se añadirán el Credo y todas las partes dialogadas.

   d. El Primer Domingo de Adviento la Misa será completada con el rezo común de los fieles.

4. Reglas Adicionales para la Misa:

a. Todo esto es de obligación para el domingo solamente. Durante el resto de la semana el Párroco tiene la libertad de usar o no el vernáculo, hasta nuevo aviso.

b. El sermón no debe extenderse más de quince minutos. Preparar la Misa antes.

c. Todos los anuncios o avisos deben hacer antes de la Misa, cuando el celebrante está revistiéndose, y durante los rezos al pie del altar. Un seglar puede encargarse de estos anuncios.

d. Al final de la Misa de los domingos no habrá último Evangelio no las oraciones al pie del altar. Después de la bendición, el celebrante tomará el cáliz, y una vez hecha la debida genuflexión, saldrá hacia la sacristía.

e. Todo lo arriba indicado con relación al vernáculo se refiere a Misas rezadas. En cuanto a Misas Cantadas, habrá que esperar las decisiones de los Señores Obispos.

f. Todo Párroco debe ensayar poco a poco con un grupo pequeño para ayudarle los domingos. Este grupo debe colocarse durante la Misa en los últimos bancos, para que pueda ser escuchado por el resto de la congregación.

5. Sacramentos:

a. Confesión: La fórmula de la absolución en el vernáculo será obligatoria desde el 5 de octubre.

Mientras el penitente reza el Acto de Contrición, el sacerdote dirá las dos primeras partes de la Absolución en voz baja. Al terminar el penitente el Acto de Contrición, el sacerdote dirá despacio, de modo que pueda ser escuchado por el penitente, la parte de la Absolución que dice: "Nuestro Señor Jesucristo te absuelva …" y "La Pasión de Nuestro Señor …"

(N.B. Cuando hay muchas confesiones, se puede omitir las dos primeras partes de la Absolución, así como también la parte que dice: "La Pasión de Nuestro Señor ..." Nunca se puede omitir la parte: "Nuestro Señor Jesucristo te absuelva ...").

b. Confirmación: La primera Confirmación en español tuvo lugar en Toa Baja, el 27 de septiembre. De ahora en adelante se conformará en español.

6. Breviario: Se permite en la diócesis el rezo del Breviario en el vernáculo, comenzando el día 5 de octubre, a quien lo solicite por escrito.[312]

Año de la Fe (1967)

El Papa Pablo VI declaró abierto el Año de la Fe   el 22 de febrero de 1967. En éste el papa veía la necesidad de robustecer los fundamentos de nuestra fe y con motivo del XIX Centenario de la muerte de los Santos Apóstoles San Pedro y San Pablo, columnas de nuestra fe, proclamó que este año iniciaría el 29 de junio de 1967 y terminaría en la misma fecha del año siguiente.

Este año fue declarado también como el año del Credo. En la Diócesis el día 29 de junio se haría dentro de la misa la renovación de las promesas bautismales y se pedía rezar el credo en las casas.[313]

Segunda Instrucción sobre la Liturgia (1967)

Mons. Alfredo F. Méndez, Obispo, a través de su Carta Circular del día 10 de junio de 1967 comunicó las reformas litúrgicas destinada a los Párrocos, Vicarios, Sacerdotes, Religiosos y Religiosas de la Diócesis de Arecibo para la aplicación de la Constitución sobre la Sagrada Liturgia.

---

[312] Carta Pastoral de Mons. Alfredo F. Méndez, Obispo de Arecibo, firmado en Arecibo el 28 de septiembre de 1964. Carpeta Cartas Obispado Arecibo 19 59–1969, APASFA.

[313] Cfr. Carta de Mons. Alfredo F. Méndez, Obispo de Arecibo, a la Diócesis de Arecibo con motivo de "1967, año de la fe", firmada en Arecibo el año 1967. L.C.

Estas disposiciones les había publicado la Sagrada Congregación de Ritos Públicos el 4 de mayo de dicho año y en su mayoría estaban orientadas a las modificaciones de la liturgia eucarística. [314]

En el ámbito de la Diócesis de Arecibo estas adaptaciones entraron en vigor el 29 de junio de 1967. Dichos cambios se enumeran a continuación:

1. **Selección del formulario de la misa:**

2. En los días de tercera clase fuera de la Cuaresma, se puede decir la misa del oficio del día, o la misa de la conmemoración que se hace en laudes. En esta misa se puede usar el color del oficio del día según la norma del artículo 323 del Código de las rúbricas.

3. - - - - - (CEP).

4. En las ferias per annum, cuando se celebra la misa de la dominica anterior, en lugar de las oraciones de la dominica se pueden decir: una de las oraciones ad diversas existentes en el misal, o las oraciones de una de las misas votivas ad diversas, igualmente consignadas en el misal.

2. Las oraciones de la misa:

5. En la misa, dígase una sola oración. Sin embargo, bajo una sola conclusión añádase a la oración de la misa, según rúbricas:

a. La oración ritual (Cr.–Cod. De Rúbricas, num. 447);

-   La oración de la misa votiva impedida en la profesión de religiosos o religiosas (rub. Espec. Del misal).

-   La oración de la misa votiva de los esposos (cr. Num. 589).

---

[314] Cfr. Carta Circular de Mons. Alfredo F. Méndez a los reverendos párrocos, vicarios, sacerdotes, religiosos y religiosas de la Diócesis de Arecibo, [fechada en Arecibo, 1967]. L.C.

b. La oración de la misa votiva de acción de gracias (Cr. num. 342 yrub. espec. del misal);

-   La oración en el aniversario del Sumo Pontífice y el obispo, (Cr. nums. 449-450);

-   La oración en el aniversario de la propia ordenación sacerdotal (Cr. nums. 451-452);

6. Cuando sean mas de una las oraciones a decir bajo una sola conclusión, tómese solamente la mas apropiada a la celebración que se realiza.

7. En lugar de la oración imperada, el obispo puede añadir una o varias intenciones en la oración de los fieles, por intercesiones especiales.

III. Variantes en el ORDO MISSAE:

8. El celebrante hace genuflexión solamente:

a. Cuando llega al altar o cuando parte de él, si existe sagrario con el Santísimo Sacramento;

b. Después de la elevación de la hostia y después de la elevación del cáliz;

c. Al final del canon después de la doxología;

d. Para la comunión, antes de decir Panem caelestem accipiam;

e. Terminada la comunión de los fieles, después de haber colocado de nuevo el sagrario las partículas sobrantes.

Todas las demás genuflexiones se omiten.

9. El celebrante besa el altar solamente al comienzo de la misa, mientras dice la oración Oramus Te Domine, o cuando

sube al altar, si se han omitido las oraciones iniciales, y al final de la misa, antes de dar la bendición y después al pueblo.

Todos los demás besos del altar se omiten.

10. En el ofertorio, después de la oblación del pan y del vino, el celebrante deposita la patena con la hostia, y el cáliz sobre el corporal, omitiendo las señales de la cruz con la patena y con el cáliz. La patena, y con ella la hostia encima se deja sobre el corporal antes y después de la consagración.

11. En las misas en que participa el pueblo, aunque no sean concelebradas, el sacerdote puede, cuando resulte oportuno, recitar el cánon en alta voz. En las misas cantadas se pueden cantar aquellas partes del canon que el rito de la concelebración permite cantar.

12. Durante la recitación del canon el celebrante:

a. Comienza el Te Igitur, permaneciendo derecho y con las manos extendidas.

b. Realiza un solo signo de la cruz sobre las oblatas:

En las palabras benedicas + heac dona, heac munera, heac sancta sacrificia illibata, en la oración Te igitur. Los demás signos de la cruz sobre la oblata se omiten.

13. Después de la consagración, el celebrante puede no juntas el dedo pulgar y el índice; pero si algún fragmento queda pegado a sus dedos, déjelo caer sobre la patena.

14. El rito de la comunión del sacerdote y de los fieles realícese del modo siguiente: después de haber dicho Panem caelestema ccipam, el celebrante toma la hostia y, dirigiéndose al pueblo, la levanta y dice: Ecce Agnus Dei y repite tres veces, junto con los fieles, Domine, non sum dignus, comulga a continuación con la hostia y el cáliz

omitiendo los signos de la cruz, e inmediatamente después distribuye, como de costumbre, la comunión a los fieles.

15. Los fieles que el Jueves Santo han comulgado en la misa del Crisma, pueden recibir de nuevo la comunión en la misa vespertina del mismo día.

16. En la misa con asistencia del pueblo, antes de la post communio, según convenga, o bien se puede guardar silencio durante un breve espacio de tiempo, o también cantar o recitar un salmo o un canto de alabanza, por ejemplo, el salmo 33: Benedicam Domino, el salmo 150: Laudate Domino in Sanctuarioejus, los cántidos Benedicite, Benedictus es.

17. Al final de la misa, la bendición del pueblo debe darse inmediatamente antes de la despedida. El Placeat podrá ser recitado laudablemente por el sacerdote, en secreto, mientras abandona el altar. Inpártase también la bendición en las misas de difuntos y despídase al pueblo con la fórmula acostumbrada Ite Missa est, a menos que no se siga la absolución sobre el túmulo; en cuyo caso dígase Benedicamus Domino; omítase la bendición y a continuación procédase a la absolución.

IV. Algunos casos particulares:

18. En la misa por los esposos, el celebrante dice las oraciones Propitiare y Deus qui potestate, no entre el Padrenuestro y su embolismo sino después de la fracción o inmixtión, antes del Agnus Dei. Si la misa se celebra en un altar de cara al pueblo, el celebrante, después de la inmixtión, hecha la genuflección, se acerca oportunamente a los esposos y recita las mencionadas oraciones al final de las cuales vuelve al altar, hace genuflección y continúa la misa de ordinario.

19. En las misas celebradas por un sacerdote privado de la vista o enfermo, que goza del indulto de misa votiva, se puede regular de esta suerte:

a. El sacerdote dice las oraciones y el prefacio de la misa votiva;

b. Otro sacerdote, o un diácono, o un lector o el acólito lee las lecciones de la misa del día o del leccionario ferial (cuando este haya sido aprobado). Si solo están el lector o el acólito, estos pueden leer también el evangelio, omitiendo sin embargo, las fórmulas Munda por meum, Jube Domine benedicere y Dominus sit in corde meo.

c. El celebrante, antes de la lectura del Evangelio, dice el Dominus vobiscum, y al final, besa el libro.

La schola, el pueblo o el lector mismo leen las antífonas del introito, el ofertorio y comunión, y los cantos interleccionales.

V. Variantes en la celebración del oficio divino:

20. Mientras se realiza la reforma general del oficio divino, en los días de primera y segunda clase, que tienen los maitines de tres nocturnos, se puede recitar un solo nocturno. El Te Deum se recita al final de la tercera lectura, según las rúbricas. Durante el Triduo Sacro, obsérvense las rúbricas propias del breviario romano.

21. En la recitación individual, omítanse las absoluciones y la bendición antes de las lecturas, y la conclusión Tu autem, al final de las mismas.

22. En laudes y vísperas, cuando se celebra con la participación del pueblo, en lugar del capítulo se puede hacer una lectura más amplia de la Sagrada Escritura, tomándola, por ejemplo, de maitines o de la misa del día, o del leccionario ferial. Añadiendo en su caso una breve homilía. Antes de la oración, se puede hacer también la oración de los fieles, a menos que siga inmediatamente la misa.

Cuando se inserten estos elementos, se pueden decir tres salmos, de este modo: en laudes se escoge uno de los tres salmos; en vísperas se puede elegir libremente tres de los cinco salmos.

23. Cuando se celebren las completas con asistencia del pueblo, se pueden decir siempre los salmos del domingo.

VI. Modificación en los oficios de difuntos:

24. En los oficios o misas de difuntos se puede usar el color morado.

25. En la absolución al féretro, el responsorio Libera me Domine puede ser sustituido por otros sacados de maitines de difuntos. Credo quod Redemptor meus vivit, Qui Lazarum resucitasti, tomei Deus, Libera me Domine, de viis inferni.

VII. Las vestidurassagradas:

26. Se puede dejar de llevar el manípulo.

27. La aspersión con agua bendita antes de la misa dominical (Asperges) y la imposición de la ceniza al comienzo de la Cuaresma, la absolución al féretro se pueden realizar con la casulla.

28. Todos los concelebrantes deben llevar las vestiduras sagradas prescritas para la celebración individual (Ritus servandus in concelebratione misale, num. 12). Sin embargo, por causa grave, por ejemplo, en el caso de un número destacado de concelebrantes y de falta de ornamentos sagrados, los concelebrantes, a excepción siempre del celebrante principal, pueden dejar de vestir la casulla pero nunca pueden omitir el alba y la estola.

VIII. Uso de la lengua vulgar:

29. - - - - - - - -

Nota: Todo este número 28 exige acción de la Conferencia Episcopal Puertorriqueña de acuerdo con el artículo 3 y 4 de la Constitución sobre la Sagrada Liturgia.

Su Santidad el Papa Paulo VI, en audiencia concedida el 13 de abril de 1967 al … Cardenal Arcadio Larraoma, Prefeco de la Sagrada Congregación de Ritos, ha aprobado la presente Instrucción en todas y cada una de sus partes y con su autoridad la ha confirmado, ordenando que fuese publicada y observada por todos aquellos a quienes corresponde, a partir del día 29 de junio de 1967.

Un ejemplar de esta Instrucción ha de exponerse en los tablones de avisos de todas las casas parroquiales, casas de religiosos y religiosas y residencias sacerdotales para ser consultado fácilmente por todos a quienes incumbe ponerla en práctica. Después de un tiempo razonable, dicho ejemplar se ha de guardar en archivo parroquial para mostrarse, al tiempo de exámenes de los libros parroquiales, el Prelado Diocesano o a sus Vicarios y delegados.[315]

Anuncio de la Reforma del Breviario (1969)

El Breviario es el libro que contiene los salmos, lecturas y oraciones propios de cada hora, día y tiempo litúrgico. Su reforma fue anunciada en la Diócesis de Arecibo en el contexto de la Convivencia Sacerdotal del día 28 de enero de 1969. Éste se convocó para las 10 de la mañana en el Centro Diocesano de la Diócesis de Arecibo. Estuvo a cargo de la presentación del P. José Dimas Soberal, Canciller de la Diócesis[316].

5. **Pastoral Parroquial**

El último informe que se conserva de la vida pastoral de la parroquia data del 31 de diciembre de 1964. A partir de enero de 1967 su vida se

---

[315] Ibidem.

[316] Circular para los Sacerdotes de la Diócesis de Arecibo firmada por el P. Benito Avilés, Presidente de las Convivencias Sacerdotales, fechada en Arecibo el día 16 de enero de 1969. L.C.

recogerá en el libro de Actas del Consejo Pastoral Parroquial creado por el P. Lesmes Bernabé, párroco.

Relación Parroquial hasta 1964

En el último informe que se encuentra en el Archivo Parroquial destinado a la Diócesis de Arecibo recoge los datos hasta el 31 de diciembre de 1964. Durante este año recibieron el bautismo un total de 344 niños y la confirmación un total de 4,337 personas en la visita Pastoral que se realizó en 1957.

Durante la semana los sacerdotes confesaban en horarios de 6:30 a.m. hasta 8:00 a.m.

Diariamente comulgaban unas 64 personas. Se celebraron 150 matrimonios católicos. Todos los días se ofrecían confesiones. Hubo un total de 119 defunciones en el año.

Las misas de los domingos se celebraban a las 6:30, 7:30, 8:30, 10:00 a.m. y 5:00 p.m. Los días de Fiestas a las 6:30 a.m., 7:30 a.m., 8:30 a.m., 5:00 p.m. y 7:30 p.m.

Las catequesis en el pueblo se realizaban los lunes, martes y jueves en horarios de 4:30 a 5:30 p.m. en la Iglesia. Funcionaban tres turnos con un total de catorce catequistas para el pueblo. En los campos se establecieron 65 lugares distintos dirigida por los mismos catequistas, en cada uno se tenía dos turnos de reuniones semanales y un total de ciento tres catequistas diseminados por los barrios. El total de niños que recibían catequesis ascendía a 1676.

Asociaciones piadosas: Hermanos del Santísimo con 350 miembros, Archicofradía del Sagrado Corazón y Apostolado de la Oración con 400 miembros; Santo Nombre con 150 miembros; Hijas de María con 550 miembros y Jueves Eucarísticos con 90 miembros, Doctrina Cristiana con 130, Esposas y Madres Cristianas con 165, Legión de María con 480.

Mejoras a la Iglesia Parroquial requería arreglos en su techo.

Se mantenía un total de once capillas, a la vez que se requería la construcción de una en Río Grande. Era párroco entonces el P. Gonzalo González Pereda[317]

---

[317]   Relación Anual de la Parroquia de San Francisco de Asís de Aguada año 1965. Carpeta Relación de la Parroquial 1919–1955.

Consejo Pastoral Parroquial 1967

El P. Lesmes Bernabé, párroco, fue el creador del Consejo Pastoral Parroquial. Su primera reunión se realizó en el mes de enero de 1967. De ella formaron parte los cuatro padres de la parroquia y los líderes de las cofradías. Esta reunión tuvo lugar antes del día 23 del mismo mes y año, fecha de la segunda reunión, de la que participaron los cuatro padres y laicos del pueblo y los barrios.[318]

El diseño de esta segunda reunión dejó puestas las bases sobre las que se iba a regir el futuro pastoral parroquial. Los temas tratados fueron:

- Edad mínima para recibir el Sacramento de la Confirmación: 10 años.
- Conferencias Pre–Matrimoniales.
- Preparación de un programa para misiones durante el año.
- Preparación de un Catecismo para mejorar las catequesis.
- Organización de los Jóvenes para darles orientación por las capillas y barrios.
- Repartir libros de formación para los laicos.
- Creación de un Fondo de Caridad. Para ello se organizó un Comité formado por: Santos Valle, Eusebio Avilés, Celia González, Juan Ramírez y el P. Lesmes Bernabé. Este trabajaría en base a un censo de lo que ganaba cada familia.

Entre otras cosas se trataban en estas reuniones asuntos concernientes a las Capillas, sus construcciones, reparaciones y estado espiritual de sus miembros; actividades parroquiales e informaciones diocesanas concernientes a la vida de la parroquia.

---

[318] Libro de Actas del Consejo Pastoral Parroquial enero de 1967, p. 5–7.

DOCUMENTOS

1. Acta de la Visita Provincial realizada por Fr. Antonio Echevarría, Visitador Delegado, y Fr. Ángel Cámara, Secretario de la Visita, fechada en San Germán el 10 de junio de 1912. Carpeta Visitas Provinciales, AVANT.

Nota: El documento consta de 11 páginas no foliadas, escritas a ambas caras. Posee forma de libro de doce páginas. Se conserva en la Carpeta Visitas Provinciales, AVANT.

Fr. Antonio de Echevarría, lector de la Orden de los Ermitaños de San Agustín. Definidor de la Provincia de Castilla y Visitador de esta Isla de Puerto Rico, comisionado para guiar la 1E Visita por el M. R. Provincial P. José de y su venerable definitorio.

En conformidad con la Comisión recibida hice la E. Visita según está establecido por nuestras Santas Leyes y confirmándome en todo con las Sagradas Constituciones y Ritual de la Orden. A este fin convoqué primero a todos los R. P. residentes actualmente en esta Isla y que pertenecen a nuestra amada Orden y Provincia, los que diseminados en su pueblo y otro desempeñan el efímero cargo parroquial.

Abierta la SE. Visita con la invocación del espíritu Divino mediante el Veni Creator y oraciones correspondientes se dio primero comienzo a escrutinio personal de cada Religioso, según está ordenado y habiendo investigado el proceso de cada uno de ellos sobre la observancia, modo de proceder de cada individuo, en conducta, trabajo y laboriosidad en su sagrado ministerio no pudieron menos de observar, con agrado, que todos ellos, según el espíritu que les anima, temperamento, fuerzas y convicciones emplearse en el cargo a ellos encomendado por su supervivencia en esta porción de la viña del Señor.

Tributando gracias sin número al altísimo, de quien todo bien procede, por el buen espíritu que derrame sobre estos religiosos que atentamente integran estas se penitencias y implicándoles muy de veras, que continúe favoreciéndoles en las necesidades con sus dones y carismas a fin de que vayan aumentando en fervor religioso de cada día para que así puedan comunicar el fuego de la caridad a las almas encomendadas a sus desvelos y fatigas apostólicas de modo que puedan hacer florecer en hermosas virtudes cristianas las sentimientos y deseos de las almas mas tibias e indiferentes de su rebaño.

Para eso precisa que ellos sean santos como el divino Maestro quien se presenta y quiere conseguir la perfección religiosa, fuente de la santidad para las almas consagradas al Señor, interesa recordar algún punto de los deberes contraídos, cuyas memorias podrían enfriarse en el transcurso del tiempo y diversas ocupaciones infringiendo así que aquella perfección se consiga, al menos, con la presentes posibles enfriamientos menores causas a veces, para que se vengan introduciendo ciertos abusillos que conviene reformar para el mejor aprovechamiento espiritual.

Para conseguir lo arriba indicado sirven principalmente las Santas Visitas, como todos los saben, y ante intento vea enderezados los decretos y disposiciones que observados fielmente como debe ser de todo una Religión, un dejarse como casos de poca importancia se reforman lo que sean reformables y servirán como piedras miliares que indican el verdadero camino que han de seguir los Religiosos para la voluntad divina demostrada por medio de los Superiores que a este fin establecen sus leyes y toman las resolvería conveninte a la Santa Visita.

Para dar cima a este deber sagrado y habiendo girado también la visita a la Parroquia todos que regentan nuestros Religiosos vengo a decretar y ordenar lo que viene a continuación

1º. Queda en todo vigor lo estatuido por Ntro. P. Provincial Fr. José V. de Alústiza en la Visita que hizo en esta Isla el año 1905 y para su mejor observancia ordenamos y mandamos con las frases que nos confiere nuestro cargo que cada mes se lean en un acto público de Comunidad allí donde residieren dos o más PP., que se saquen copias que hagan falta para las residencias hasta aunque sean de un P. y todos los Religiosos de nuestra obediencia en esta Isla provean un ejemplar a fin de que no ignoren lo que imposible para un mejor cumplimiento y ordenamos también lo lean en particular cada tres meses lo que no lo hubieren hecho en Comunidad.

Esto mismo decretamos en lo que se refiere a las ordenaciones del Visitador General, como también a las disposiciones todas por nos en esta Sta. Visita. El incumplimiento de esto ello sería motivo de advertencia para lo que deben hacer ampliar y imbalitar y infesirras quedan agravados en un conciencia: los primeros vino comunicar al Provincial y los segundos si un vigilan con selo y hacen cumplir lo que está ordenado a los presentes desertores.

2º. Entendemos que las determinaciones descritas con tanta humanidad, sabiduría y bondad en la Visita de Ntro. Padre Provincial justamente con la del P. Visitador General y las que ivan apareciendo en los diferentes que se siguen pueden servir como unos estatutos aplicables a cada residencia.

3º. Recomendamos a todos los Religiosos nuestros de esta Isla que tengan muy presente lo que este mandado en el segundo decreto de la repetida Visita en lo que hace referencia a la oración mental. El Superior de la casa allá donde habitan dos o más Religiosos, determinarán la hora más conveniente a la que ha de tener lugar práctica tan santo y lo mismo decimos de la serótina. Los Religiosos que se encuentran solos en sus parroquias verán de tenerla en la hora más oportuna, según el método de vida que se hayan trazado y procurando tenerla siempre a la misma hora para ser constantes les aconsejamos no la abandonen jamás por ningún motivo teniendo siempre los ojos la sentencia de aquel Santo Padre que el religión in oración es como soldado desarmado ante sus enemigos. Recto agregamos y aconsejamos primero al mismo tiempo la devoción al Smo. Sacramento y que todos los días dediquen una serótina en hacerle compañía y pedirle gracias y aciertos para mejor servirle.

4º. En cuanto a la confesión sacramental servirán lo que mande el decreto 8º de la Visita y Ntras. Sagradas Constituciones a la parte 1ª. Cap. V y párrafo 1: como la disposición del último capítulo general y Estatutos del Provincial, este es que ser Comunes cuando menos para los Religiosos sacerdotes que se sigan dos: mis en una casa. Lo que hacen solos y muy distantes de otro compañero trabajando con la frecuencia posible, aunque para ello tenga que molestarse y sacrificarse, que este género de sacrificio y trabajo avalaren todavía más la virtud del Sacramento y en su residencia a lo dispuesto encontrarán la satisfacción que produce el deber cumplido sobre este particular agravemos de un modo especial la conciencia de los superiores locales y estos son negligentes es en cumplimiento la del Superior principal que resida en la Isla y que la representación de Ntro. P. Provincial.

5º. Cada religioso sacerdote tendrá un librito con la preparatio del misam y gratianum actio y in del prasio para preparase a celebrar el Santo Sacrificio y lagene al albar con las disposiciones mas famosas para tan sublime momento. Terminada la misa darán gracias un momento con el responso, atención y gratitud que se merece tan señalado favor que acaba de manera merecer del Señor. si de momento no puede cumplirse con la acción de gracias, por alguna ocupación precisa, no se olviden de hacerlo cuanto antes puedan como lo aconseja P. Isacio de Sales y atraerán sobre si mismos y muy abundantes gracias del Señor. Aconsejamos, que a ser posible la preparación de misa preceda la recitación de Meritoris y Sandes de la misa para que va a cleebrar y ello con atención, distinción y devoción conveniente.

6º. Tanto en orden a la predicación como a la administración de los sacramentos aténganse a lo ordenado en el Decreto 1º. De la Sta. Visita de 1905 aconsejándole sean asiduos en el confesionario y que procedan ocupados muy de mañana; para que los fieles vean que de parte de los sacerdotes es les facilitan todos los muchos de su santificación y esto los atraiga y sirva de estímulo y acicate para el momento de la piedad. Entendemos además que para los confesiones son buenos las horas de la mañana y tarde y con las primeros de la noche según necesidad y costumbres de los diere de la noche y si algún me necesita tanto menos necesitare tanto menos a un apresto en conformidad con lo que está provisto y determinado en la disposición 11ª. De aquella Sta. Visita Provincial.

1º. Es de una necesidad para el acercamiento de la piedad en mostrar feligrecia y fomentar cada vez más, levantar del acta deportación a quienes hallan unidos a alguna asociación a ella establecida y esparcimiento de la de las Hija de Ma., Sagrado Corazón de Jesús y Ministro Hoy, Hermandad del Santísimo, etc. Para el éxito de esta empresa a cada religiosos encargado de las parroquias, el selo de la gracia de Dios y el amor a los demás redimidos por Jesucristo les inspirará el eshitarse los medios más adecuados y oportunos de que se han de valer para llevar a práctica con resultados satisfactorios. No será malo, que llevando a la ejecución lo que ordena el decreto 7º. De la Visita provincial se tuviera anualmente un día de retiro espiritual a la cada motivo de esta Isla, que se reunieran todos los que fundasen y dedicaran algún soto a tratar asuntos parroquiales, buscar ante mas y otros medios de levantar el espíritu indiferente y decaído de los pueblos, la recta administración de los sacramentos, la marcha que comienzan y sigan las asociaciones un estado actual de esta. Esta cofradía sería una ayuda provechosa para las almas a ellos encomendadas, cada uno aporte su granito de arena, se podrían discutir los asuntos propios para la mejor manera de los parroquias y resolver los casos prácticos, hoy que tanto se necesita para alejarse del influjo de los malos, la patria de los feligreses y el influjo poco cristiano de la sociedad. Ordenamos y mandamos que en esto hagan hecho lo que puedan nuestros PP. Sacerdotes.

8º. Secundando los s. Santidad respecto a la primera comunión de los niños a fin de que en sus tenues inteligencias queden gravada para toda la vida la idea de acto tan importante y a la vez sirva como pública manifestación de la fe en el sacramento del altar y confesión de acto misterio ante este sociedad tan descuidad y materializada. Debe pues a este acto la solemnidad que se pueda, prepárese a los niños y en día determinado los del campo y pueblo medios todos en la parroquia hagan una primera comunión con cultos adecuados, cánticos y fervorines y procesión entonadas el mismo voces infantiles que clamen al Señor como Rey de sus tiernos corazones. Encomienden a este intento, simpuesa más y más la catequesis y para que los niños acudan con gusto cúmplase algunos medios oportunos según el buen criterio de cada encargado de la parroquia.

9º. Ningún religioso está autorizado para hacer malgasto del dinero de la comparación que lo señalado en la nota 3ª de la Santa Visita a la que tantas veces citamos donde encontrarán las normas que les conduce a según encontrarán partiendo obren de otro modo, entiendan todos, que es indirectamente contrario a la pobreza religiosa.

10ª. En la casa donde existen tres o más sacerdotes superiores habrá un depósito con su correspondientes llaves como está ordenado en las Sagradas Constituciones parte 4ª y capítulo 28 como también en el decreto 14º de la Visita. En la que hace referencia el movimiento de fondos en inversión, etc. acuérdese del 13º, 14º y 15º. Y óbrese según allí se ordena.

11º. Cualquier de nuestros sacerdotes que se halla solo en parroquia tendrá su libro donde lleva anotado sus ingresos y gastos. Cada tres meses entregarán un extracto de los mismos al Vicario Provincial, juntamente con el dinero que tuviere disponible para seminario de Ntro. P. Provincial. El P. Vicario Provincial, en conformidad con la disposición 1ª de la Visita del Visitador general entregará cada vez un recibo al interesado, donde cuenta la cantidad que ha recibido y recibida las cantidades de las casas todas cuidará mandar religiosamente a un destino indicado, declarando quienes y con cuanta cantidad han contribuido para levar las cosas de la Provincia y que se vea y sepa lo que cada uno haya sido vital a la misma.

12º. En cuanto a la visitas recordamos lo que le disposición 5ª del visitador general determinó.

13º. Los religiosos tanto dentro como fuera de la casa andarán de hábito y tan solo vestirán otro modo en los casos provistos en el decreto 12º de la Sma. Visita de 1905. Prohibimos en absoluto el despojarse del santo hábito a comidas con seglares y días de asueto con los mismos en casa y fuera de ella.

14º. En las horas devengadas de sus ocupaciones ministeriales, desde el desayuno hasta las once en los prontos donde convivieren dos o más PP. queremos se retiren a sus aposentos particulares para dedicarse al estudio y tan solo se reunirán en el salón común desde las once hasta la hora del almuerzo. Otro tanto se ha de extender durante la hora de la tarde que pueden dedicarse al estudio o a lectura de provecho encomendándoles muy encarecidamente el aprovechamiento del tiempo con frutos.

15º. La educación cristiana de los criados y servidumbre de cada correrá a cargo del P. Procurador quien cuidará de que todos sus subordinados cumplan con los deberes de verdaderos cristianos en lo que hace relación a misa, recuperación de sacramento etc. instruyéndoles sobre todo en la doctrina cristiana donde no haya procurador el P. se encargará acerca de todo lo dicho, como también de la dependencia de la iglesia haciendo a cumplir con los deberes cristianos y mirando de que ayuden a misa y otras ceremonias que precisan en sus respectivos oficios. En la casa donde haya padre sacristán deber de este será mirar el cumplimiento de todo lo que se ordena para los dependientes de la iglesia, como se el P. Procurador con los criados de casa disfrutando todos de los derechos que las leyes conceden y los particulares en el Acta de la Visita en el decreto 6º y 12º de la Visita del antes indicado.

16º. Todos los Religiosos procurarán retirarse a su casa a las Aves–Marías, a no ser que por funciones de Iglesia o administración de sacramentos no les sea posible. Deben procurar no viajar de noche y a caballo de un pueblo a otro o de lugar en lugar, no siendo en caso de necesidad absoluta. Lo mismo se ha de atender de otros medios de locomoción también cuidarán de hallarse en casa a las horas de comida para asistir en comunidad a aquellos actos.

17º. Las determinaciones que preceden ni en parte, ni en menores detalles podrán ser reformadas o inferidas a no ser por el P. Provincial si otro Visitador nombra por él y en decretos de visita.

En conclusión. Recomendamos a todos nuestros Religiosos residentes en esta Isla ma más fiel observancia de todo lo dispuesto desde la primera visita de 1905 hasta la presente y que no sea letra muerta sino un código vigente de preceptos obligatorios que agrave la conciencia de todos ellos en general y de los Superiores en particular les estimule a un cumplimiento y en la estricta y rigurosa observancia de ellos sin que figure ni paliativos que aumente gran la fuerza de lo preceptuado encontrando el placer espiritual que nace del deber cumplido y la satisfacción que resulta para el buen religiosos de según a pie firmamos y sobre seguro el común de la obediencia que es el de la perfección.

Santa Visita
San Germán 10 de junio de 1912
Fr. Antonio de Echevarría
Visitador

Fr. Ángel Cámara
Secretario de Visita.

2. Nombramiento del P. Juan de Gorostiza como Primer Vicario de las Antillas y de los miembros del Primer Definitorio Vicarial compuesto por los PP. Felipe Villahoz, Pedro de Arancibia y Juan Torner, firmado por Fr. Cipriano Asensio, Provincial, y su Definitorio Provincial, fechado en León el día 3 de noviembre de 1907.

Nota: El documento procede del libro Juan de Gorostiza: Misionero en Puerto Rico, escrito por el P. Paulino Sahelices García. El documento original se conserva en APAC.

Reunidos los PP. Definidores bajo la presidencia del M.R.P. Provincial para tratar los asuntos de las Misiones de Puerto-Rico y en vista de las necesidades de las mismas, hemos determinado después de un maduro examen, lo siguiente:

1º) Nombrar en aquellas islas representante de N. P. Provincial al M. R. P. Exdefinidor y Lec. Fr. Juan de Gorostiza.

2º) Nombrar igualmente al referido P. Superior de la Residencia de San Germán, con autoridad sobre todos los religiosos de N. Provincia establecidos en aquella isla, y

3º) Se le faculta a dicho Padre para que en nombre del M. R. P. Provincial, haga la Santa Visita en nuestras Casas allí establecidas siempre que lo crea conveniente determinando lo que sea más necesario para la gloria de Dios y prosperidad de la Orden; pero aconsejándose siempre en los asuntos graves y no urgentes de los RR. PP. Felipe Villahoz, Pedro de Arancibia y Juan Torner. Dadas en nuestro Colegio de N. Sra. Del Buen Consejo de León a 3 de noviembre de mil novecientos siete. Fr. Cipriano Asensio, Fr. Gilberto Blanco, 2º Definidor; Fr. José Durán, 3er. Definidor; Fr. Clemente Aguirre, 4º Definidor. Hay un sello. Certifico Fr. Claudio Santos Sec.

3. Acta de la Reunión del Definitorio Vicarial en la que se Acepta el Trabajo Pastoral en la Parroquia San Francisco de Asís de Aguada. Acta No. 2 del Libro de Actas del Consejo Vicarial. Fechada 21 julio 1919, AVANT.

Acta No. 2

En el día veintiuno de julio de mil novecientos diecinueve, reunidos los Padres Consejeros que al margen se expresan bajo la presidencia del M. R. P. Vic. Provl. Fr. Juan Torner, para tratar de si convendría a la Provincia aceptar la Parroquia–Vicaría de Aguada que el Ilmo. Sr. Obispo nos ofrecía, después de examinado el asunto se acordó la aceptación por tres votos contra uno.

San Germán, Julio 21 de 1919.

Fr. Juan Torner
Fr. Pedro de Arancibia
Fr. Juan de Gorostiza
Fr. Ángel Cámara.

4. Nombramiento del P. Cipriano Asensio, Prior Provincial, al P. Juan Torner, Vicario de las Antillas, como Visitador Vicarial fechado en Calahorra el 11 de octubre de 1920. Carpeta Visitas Provinciales, AVANT.

"Provincia de Castilla del Orden
Del
 E. de S. Agustín
–Oficial–

Por el presente oficio, y por la autoridad y poder que nos confieren nuestras Leyes, damos facultad a V.R. para que, en nuestro nombre, pueda girar la Sta. Visita en todas las casas de nuestra jurisdicción en esa Isla de Puerto Rico, dando a V.R. todas las facultades que como a tal Visitador le corresponden según nuestras S. Constituciones y nuevo Derecho Canónico.

A todos nuestros religiosos de esa Isla, rogamos y mandamos que le reconozcan como tal Visitador.

Calahorra 11 de octubre de 1920.

Fr. Cipriano Asensio
Prior Provincial

5. Nombramiento del P. Fr. Ambrosio de Arancibia, Prior Provincial, al P. Fernando Salterain, Comisario Provincial en Puerto Rico, como Visitador Provincial; fechado en León el 21 de marzo de 1927. Carpeta Visitas Provinciales, AVANT.

No siéndonos posible, como seria nuestro deseo efectuar personalmente en las Misiones de Puerto–Rico la segunda Santa Visita correspondiente al cuatrienio encomendamos que la verifique en nuestro nombre al M.R.P. Comisario Provincial Fr. Fernando Salterain, confiriéndole para el caso toda la autoridad de nuestro cargo.

Y para que esta Santa Visita sea de mayor mérito ante Dios para el M.R.P. Visitador y para los Padres visitados, mandamos al primero, que la verifique y a los segundos, que le reciben y acaten con la sumisión y amor habitual en ellos y esto en el nombre del Padre, del Hijo y del Espíritu Santo. Amén.

Aprovechamos esta ocasión para manifestar a los Rvdos. Padres Misioneros de Puerto–Rico el intenso amor que hacia ellos sentimos, fundado en la mucha gloria que con sus trabajos Apostólicos dan a Dios, honor al Santo Hábito y eficaz ayuda a nuestra pobre pero gloriosísima Provincia de Castilla.

Dios guarde a Vuestra Rva. muchos años.

León 21 de marzo de 1927.

Fr. Ambrosio de Arancibia Sorriortuzar
Prior Provincial

Reg. Lib 5º. 165.

M.R.P. Comisario Provincial y Rvdos. Padres Misioneros de
Puerto–Rico.

6. Dispensa General para delegar la Visita de Renovación en Puerto Rico firmada por el P. Fr. Eustasio Esteban, fechado en Roma el 10 de noviembre de 1928. Nombramiento del P. Fernando Salterain como Visitador Delegado firmado por el P. Ambrosio de Arancibia, Prior Provincial, fechado en León el 21 de noviembre de 1928. Carpeta Visitas Provinciales, AVANT.

"Nos P. FR. EUSTASIUS ESTEBAN S. Theologiae Magister,
totius Ordinis Erem. S. Augustini Prior Generalis.

Adm. Rev. Provinciali Prov. Castellae salutem in Domino
pluriman.

Congretionem intermediam indicta Provincia celebrandi
tempore properante exposuisti

Nobis motiva quae sacram Visitationem per insulam
Portoricensem, ad norman numeri 991. NN. CC. Peragendam,
haud utilem in praesentiarum suadent; hinc ut super praefacto
Constitutionum praescripto tecum dispensamus supplicasti.
Nos rationum pondere permoti; inspecta quoque sacra
Visitatione nuper a Nobis ibidem perfecta, de pecuniae
oeconomia, qua par est diligentia, solliciti; damna etiam
recogitantes quae no vis sine eadem insula a turbinis violentia
est passa, tuis votis concedere statuimus. Idcirco praesentium
tenore, Nostrique numeris auctoritate, optatam dispensationem
concedimus, hac vice tantum. In nomine Patris, etc.

Datum Romae ad S. Monicae die 10 Novembris 1928.

Fr. Eustatius Esteban
Prior Generalis O.E.S.A.
Reg. No. 277.

Fr. Gabriel Monti, Secret.

Concuerda con el original, de que doy fe.

Fr. Evaristo Fernández

Serio.

En virtud de la precedente dispensa, nombramos Visitador de nuestra Vice–Provincia de Puerto Rico, para la primera Visita Provincial del presente trienio al M.R.P. Vicario Provincial de la misma, Fr. Fernando de Salterain, confiándole para el caso las más amplias facultades que podemos concederle.

León 21 noviembre de 1928.

Fr. Ambrosio de Arancibia Sarriortúzar,
Prior Provincial.
Reg. Lib. 5º. Fol 180.

7. Reglamento de las Misiones de la Provincia de Castilla del Orden de Ermitaños de N.P.S. Agustín en Puerto Rico. Texto de 8 páginas enumeradas según se presentan a continuación. El texto se conserva en AVANT y en APAC.

REGLAMENTO
DE LAS MISIONES DE LA PROVINCIA DE CASTILLA DEL ORDEN DE ERMITAÑOS DE N.P.S. AGUSTÍN EN PUERTO RICO

Preámbulo

El presente Reglamento es una recopilación de las disposiciones de visita, de carácter permanente, dadas por el Rvmo. P. General P. Eustasio Esteban, y por los M. Rvdos. Padres Fr. José Valentín Alústiza, Fr. Antonio de Echevarría y Fr. Ambrosio de Arancibia Sorriortuzar, que visitaron estas nuestras misiones de Puerto Rico hasta el año 1924, y se hallan contenidas en el Acta de Visita firmada por el ultimo de dichos Padres Visitadores en San Juan de Puerto Rico el día 13 de Agosto de 1924, después de oído el parecer unánimemente favorable de los Padres Misioneros, reunidos al efecto en la Residencia de San Germán.

La Congregación Intermedia celebrada en Calahorra el día 2 de Enero de 1929 acordó que dichas disposiciones, convenientemente adaptadas a las nuevas. Constituciones y al proyecto de Estatutos casi ultimado en esta fecha, constituyan el reglamento de la Comisaría Provincial de Puerto Rico.

Es de notar que las disposiciones referentes a los Padres que se hallen solos en las Parroquias, no suponen conformidad con la situación de los mismos, impuesta a la sazón por las circunstancias, pero contraria al espíritu de N. S. Constituciones y a los deseos repetidamente manifestados por los mismos Padres Misioneros.

-DISPOSICIONES

1ª.- Cada Religioso formará su plan de vida desde el ofrecimiento hasta el examen, de modo que en todo momento sepa lo que debe hacer.

2ª.- Siendo necesario obedecer al precepto del Señor."induite vos armaturam Dei ut possitis stare adversus insidias diaboli" (Ephe.6-Il.) para que vivamos "sine reprehensione in medio nationis pravae et perversae, inter quos lucetis sicut luminaria in mundo" (Phil. 2-15) ordenamos que todos los días tengan media hora de oración mental como al presente la tienen, y así mismo, que recen por la tarde la Oración Serótina y asistan por la noche al Santo Rosario en la Iglesia. (P. Alústiza).

1

Los Religiosos que se encuentren solos en las Parroquias, verán de tener la oración la más oportuna, según el plan de vida que se hayan trazado, y procuren tenerla siempre a la misma hora para ser constantes en ejercicio tan provechoso a la vida religiosa; y les aconsejamos que no la abandonen jamás por ningún motivo, teniendo siempre ante los ojos de su consideración la sentencia de que el Religioso sin oración es como el soldado sin armas ante sus enemigos. A esto agregamos y aconsejamos al mismo tiempo la devoción al Smo. Sacramento y que todos los días dediquen un rato a hacerle compañía *y* pedirle gracias y acierto para mejor servirle. (P. Echevarría).

-2

3ª.- "En atención a sus ocupaciones les autorizamos para que recen el Oficio Divino en particular, pero les exhortamos encarecidamente, a fin de que cumplan del mejor modo posible con esta sagrada obligación, rezando, ATENTE, DISTINCTE AC DEVOTE, como está mandado, que tengan una hora fija y lo recen en compañía siempre que puedan; la hora mejor puede, y la consideramos más a propósito, para las horas menores antes o después de la Misa por la mañana, y para Vísperas y Completas, Maitines y Laudes, después de la Serótina por la tarde" (P. Alústiza).

4ª.- Mandamos que se observe con todo rigor lo que está dispuesto en nuestras leyes respecto a la confesión, o sea, que todos los Padres Sacerdotes se confiesen semanalmente, sin que esto impida que lo puedan hacer con más frecuencia, a fin de acercarse con la mayor pureza posible al santo Sacrificio de la Misa. Si alguno fuese negligente en el cumplimiento de esta obligación, el Presidente le avisará, le corregirá y si fuere necesario le castigará según su prudencia, poniéndolo en conocimiento del Vicario Provincial, si no hay enmienda. Esta confesión semanal no se entiende materialmente, sino moralmente, o sea que no hay necesidad (aunque debe procurarse) de que la confesión sea siempre el mismo día". (P. Alústiza).

Los que están solos en sus Parroquias, procurarán sujetarse en lo posible a esta disposición, "aunque para ello tengan que molestarse y sacrificarse, que este género de sacrificios y trabajos valoran todavía más la virtud del Sacramento, y en su obediencia a lo dispuesto hallarán la satisfacción que produce el deber cumplido. Sobre este particular gravamos de un modo especial la conciencia de los Superiores locales, y si estos son negligentes en su cumplimiento (y en el caso de que los Padres vivan solos) la del P. Superior principal que resida en la Isla y lleva la representación del Rvdo. P. Provincial". (P. Echevarría).

5ª.- Harán todos los años los Ejercicios espirituales durante una semana en la forma acostumbrada y tendrán todos los meses un día de retiro espiritual. Mientras no se pueda evitar que haya Parroquias con un solo Padre, se reunirá éste con los de la residencia más próxima, que actualmente para Cabo Rojo y Lajas es San Germán, y para Aguada y Moca, Aguadilla. Se puede, como ejemplo, fijar por fecha el segundo martes de cada mes sin más aviso, y en los casos en que no se pueda, el Superior pasara aviso a los Padres, fijando otra fecha en la que los que se reúnan cumplan con la obligación del retiro. Cada uno de estos días de retiro mensual, dediquen algún rato para reunirse y tratar asuntos parroquiales, buscar entre unos y otros medios de levantar el espíritu indiferente y decaído de los pueblos, de la recta administración de los Sacramentos, la marcha que convenga sigan las asociaciones, su estado actual etc." (P. Echevarría).

6ª.- Es muy conveniente que tenga cada religioso Sacerdote "un librito que contenga la Preparatio ad Misam y Gratiarum actio, y si no, lo hagan por el Breviario, a fin de que puedan prepararse a celebrar tan Santo Sacrificio y llegar al altar con las disposiciones más fervorosas para tan sublime misterio. Terminada la Misa, darán las gracias sin apresuramiento, con el reposo, atención y rectitud que merece tan señalado favor. Si de momento no pueden emplearse en la acción de gracias, por alguna ocupación precisa, no se olviden de hacerlo cuanto antes puedan, como lo aconseja San Francisco de Sales, y atraerán sobre sí abundantes gracias del Señor". (P. Echevarría).

-3

7ª.- Se conceden a cada Sacerdote tres Misas libres al mes a su intención, pero sin que pueda recibir estipendio alguna por ellas.

8ª.- Respecto a los Sufragios por los Difuntos, aténganse a lo que ordenan nuestras S. Constituciones y los Estatutos de Provincia.

9ª.Puesto que todos los domingos tienen Misa Parroquial cantada, dispensamos todas las Misas cantadas de la Orden, a excepción del día de San José, de N. P. S. Agustín y Santo Tomás de Villanueva, Patrono de la Provincia. Si las circunstancias exigiesen que haya Misa cantada algún otro día, la tendrán con el parecer de la consulta". (P. Alústiza)

l0ª.- Cada Padre procurará conseguir el *mayor* número posible de intenciones de Misas, para ayudar con ellas a los Padres que no las tengan; y en caso de que a ninguno falten, remitirlas al M. R. P. Provincial. Si algún Padre no se procurase, aun así las necesarias intenciones, celebrará a intención del P. Provincial, dando cuenta cada semestre, al M. R. P. Comisario Provincial, cuando le remite el cuadro semestral, del número de misas celebradas a esa intención.

11ª.-Los Padres y Hermanos de las Residencias "harán el Inventario o Desapropio en la forma que prescriben nuestras S. Constituciones, todos los años, sin que ninguno pueda dispensarse bajo ningún pretexto" (P. Alústiza).- Suele hacerse por Pascua de Resurrección con preferencia a otra época. Aconsejamos que lo hagan también, aunque sea en forma brevísima, los Padres que viven solos y se lo entreguen al M. R. P. Comisario Provincial en la primera ocasión que tengan de verle durante cada año. Estas santas prácticas se nos hacen molestas mientras tenemos salud, pero es seguro que a la hora de la muerte nos servirá de alegría su cumplimiento.

Mandamos que si en las Residencias no se puede tener una vez cada mes el Capítulo de Culpis, como está mandado en nuestras S. Constituciones, se celebre al menos dos veces al año, una en tiempo de Adviento y otra en Pasión en la forma descrita en el Ritual de la Orden.

12ª.- "Se les permite usar el hábito blanco de tela, de hilo o de algodón, por razón del clima; pero tan sólo en casa y en la Iglesia en los días ordinarios; mas para la predicación y para las solemnidades, como también para las visitas, usarán el hábito negro. Respecto a la ropa interior y aun exterior como para montar a caballo, y respecto al calzado, pueden usar lo que crean mejor y más conveniente, siempre que sea decente y modesto y no llame la atención de las gentes. El reloj, anteojos y otros objetos de uso ordinario, permitimos que en estos países puedan ser de oro y plata por la facilidad con que se oxida cualquier otro metal. (P. Alústiza).

Prohibimos en absoluto estar despojados del santo hábito ante ninguna persona seglar.

13ª.- La comida ordinaria consistirá en café con leche o chocolate por la mañana; sopa, cocido, un principio y postre al mediodía, y una o dos ensaladas cocidas o crudas y un plato fuerte y postre por la noche." Queda a la discreción del P. Presidente el conceder algún extraordinario ciertos días de fiesta" (P. Alustiza).

14ª.- Todos los días se leerá un poco al principio de cada comida; los lunes, martes y miércoles, Sagrada Escritura; jueves y domingos N. S. Constituciones; viernes y sábados la Santa Regla y los Estatutos de Provincia. Exceptuanse los días de retiro mensual en los que se leerá un libro de mística, y dos de las disposiciones presentes en cada comida.

Si algún día de retiro fuese viernes o sábados, se leerá primero la Santa Regla.

-4-

Quedan excluidos de leer el Superior, el Vice-Rector, Colector, Procurador y los Padres con título de Lector o Misionero; a falta de Padres sin título ni cargo, sólo el Superior queda excluido de la obligación de leer.

15ª.- En atención a que la Iglesia ha dispensado la mayor parte de los ayunos a sus fieles en esta Diócesis y teniendo en cuenta los trabajos de los Padres, les dispensamos también los ayunos de la Orden, menos el de la Víspera de N.P.S. Agustín, que se guardará con abstinencia, y el de la Víspera de Santo Tomás de Villanueva, Patrono de nuestra Provincia, sin abstinencia. (P. Alústiza).

16ª.-"En las horas libres de sus ocupaciones ministeriales desde el desayuno hasta las once, queremos se retiren a sus aposentos particulares para dedicarse al estudio"(P. Echevarría).-Otro tanto se ha de entender de las horas de la tarde, que puedan dedicarse al estudio o lectura de provecho, teniendo especial cuidado en las Residencias de no estorbarse unos a otros a estas horas.

17ª.-Se retirarán a las habitaciones a las 10 de la noche, a más tardar, procurando en las Residencias guardar silencio desde esa hora hasta después de la celebración de las misas.

18ª.-Sería bien que en el transcurso del año el Párroco visitase a todos sus feligreses, con la sola excepción de aquellos cuya visita hubiese de ser motivo de murmuración o de escándalo, debiendo ser los primeros en recibir dichas visitas los pobres, enfermos y atribulados; pero dado el gran número de habitantes de estas parroquias, bastará en la mayoría de los casos, saludarles con cariño y cambiar con ellos algunas palabras al pasar por sus barrios. No se repitan las visitas a una misma casa ni las reciban frecuentes de una misma persona, y tengan por norma que el Sacerdote, y aún más el Religioso, no solamente debe ser bueno, sino también parecerlo, aun a las personas habituadas a pensar mal.

Aconsejamos que en las Parroquias donde haya dos Padres, salgan juntos a las visitas, y mandamos que en aquellas en que haya tres o más, ninguno salga solo, a no ser a cumplir los deberes del sagrado ministerio; y aún en estos casos, sea por sí o por otros, debe ponerlo en conocimiento del Superior para que este sepa dónde están los Religiosos" (P. Eustasio).

19ª.- Obsérvese la clausura religiosa del modo que sea posible, cuidando de que ninguna señora pase a local distinto del destinado a recibir visitas. Declaramos de clausura las habitaciones de los Religiosos para las personas   que   no sean del servicio ordinario de la casa. "Todos los Religiosos procurarán retirarse a casa a las "Ave Marías", a no ser que por funciones de Iglesia o administración de sacramentos no les sea posible. Deben procurar no viajar de noche a caballo de unos pueblos a otros, o de un lugar a otro, no siendo en caso de necesidad muy perentoria. Lo mismo se ha de entender de otros medios de locomoción."(P. Echevarría).

20ª.-Ordenamos que en las casas formadas "haya un libro de Consultas donde se harán constar todas las resoluciones que se tomen, con la firma de todos los Padres que componen dicha consulta y hayan estado presentes. (P. Echevarría).

Debe reunirse la Consulta para todo asunto de relativo interés para la Casa y particularmente para gastos y ventas que excedan de l00 pesos. Para los comprendidos entre 500 y 1000 pesos, se requiere además el consentimiento del Comisario Provincial; el del Comisario Provincial con su Consejo para poner dinero en hipotecas y para ventas y gastos comprendidos entre mil y dos mil; y si pasan de esta cantidad, se precisa también la aprobación in scriptis de P. Provincial; los Párrocos que viven solos, no harán gastos o ventas superiores a 300 pesos, sin contar

-5-

con el Comisario Provincial; y para los que excedan de mil se atendrán a lo dicho para las Residencias.

2lª.- Inscríbanse todos los bienes a nombre de la Sociedad de Padres Agustinos de Puerto Rico.

22ª.-El Depósito contendrá los fondos y objetos de valor y funcionará bajo tres llaves distintas en la forma que nuestras leyes lo ordenan. El superior con otros dos Padres (nombrados por el P. Comisario Provincial con su Consejo, hasta que el Provincial, a quien se dará cuenta de este nombramiento, provea) serán los Depositarios.

En el libro de Depósito se notarán todos los ingresos, sea cualquiera su origen, y las entregas al Procurador y a Provincia, debiendo estar autorizada cada una de las partidas con las tres firmas y el Recibí del Procurador con su firma o el recibo del Comisario Provincial en las salidas de fondos. Las cantidades que no deban ingresar por Colecturía (como por ejemplo el importe de un caballo) pasarán directamente al Depósito.

Nota. Entendemos que en las Residencias con Parroquia, el párroco es a la vez Padre Sacristán. Si la importancia de la Parroquia y la consiguiente necesidad de división de trabajo requiriese el nombramiento de un Padre Colector de Misas, su oficio se limitará a formar intenciones y reunir fondos procedentes de las misas y del sagrado ministerio en general y a llevar el libro de estos ingresos en la forma acostumbrada, pero sin que intervenga en los gastos y en otros asuntos del templo, ni en la dirección de los actos del sagrado ministerio, a no ser por encargo del Párroco.

En las casas donde residan sólo dos Padres y sea uno Procurador, y el otro Superior y Párroco, rendirá cuentas aquel mensualmente a éste y le entregará, como a Depositario, el excedente de cada mes.

23ª.- Contra las órdenes del Superior no dan los cargos ninguna atribución.

24ª.- Todos los Padres celebrarán el Santo Sacrificio de la Misa a la hora señalada por el Superior y a intención del Colector de Misas, y si reciben alguna Misa manual, entregarán la limosna lo antes posible al mismo Colector, como también las demás cantidades recibidas con ocasión del sagrado ministerio. El P. Colector sobre cuya conciencia pesa la obligación de cumplir todas las cargas de misas, presentará en la primera quincena de cada mes al Superior su libro para ser aprobado por éste con los Depositarios en la forma prescrita y entregará a dichos Depositarios reunidos, todos los ingresos del mes.

25ª. El Párroco llevará el libro de censos y los de Cofradías y efectuará los cobros que entregará al P. Colector.

26ª.- Es deber del Superior vigilar, dirigir si es preciso, y en caso necesario ayudar con caridad, o disponer quien les ayude para que cumplan con sus respectivos cargos los Padres que los tengan.

27ª.- El Procurador deberá recibir exclusivamente del Depósito los fondos necesarios para los gastos de la Casa. Es necesario para la buena marcha de la administración que todos los gastos, aún los de Iglesia, se hagan por conducto del P. Procurador y figuren en su libro; pero, si ya el Superior, ya el Párroco autorizado por él, encargasen algo sin previo conocimiento del P. Procurador, deben avisar a éste (que debe hacer todos los pagos) con la anticipación debida para que no le sorprenda la correspondiente factura. El Procurador debe proceder de acuerdo con el P. Superior en todo gasto comprendido entre cuarenta y cien pesos. Medite lo que de nuestra santa Regla es aplicable a su cargo, y considérese a servir a todos con caridad. En la primera quincena de cada mes entregará su libro al P. Superior para su aprobación por los Depositarios.

-6-

La educación cristiana de los criados y servidumbre de la casa correrá a cargo del P. Procurador, quien cuidará de que todos sus subordinados cumplan con deberes de verdaderos cristianos en lo que hace relación a misa, recepción de sacramentos etc. instruyéndolos sobre todo en la doctrina cristina" (P. Echevarría).

28ª.-Cada semestre mandara el P. Superior al P. Vicario Provincial un resumen de ingresos y gastos del mismo, haber anterior y existencia en caja. Este resumen ira firmado por el P. Superior, P. Procurador, P. Colector y los depositarios que sean distintos de los Padres citados; el P. Comisario Provincial mandará a cada parroquia con la anticipación conveniente cada semestre los blancos de los cuadros semestrales.

29ª.- Cada Párroco de las Casas no formadas enviará también al P. Comisario Provincial dicho cuadro semestral en la forma indicada para las Residencias. El primer semestre termina en Junio y el segundo en Diciembre.

30ª.-Al mismo tiempo que el cuadro semestral enviará cada Superior de las Residencias y cada Párroco el importe de la existencia en caja, al P. Comisario Provincial, o al Provincial previo aviso al Comisario, pudiéndose reservar hasta cuatrocientos pesos por cada religioso de la Casa, en previsión de alguna contingencia.

El P. Comisario Provincial "entregara cada vez un recibo al interesado, donde conste la cantidad que ha recibido; y reunidas las recibidas de las Casas todas, cuidará de mandarlas religiosamente a su destino, declarando quienes y con cuanta cantidad han contribuido a llevar las cargas de la Provincia" (P. Echevarría)

31ª.- Debiendo los Párrocos rendir cuantas al Diocesano "en las Parroquias que no sean de nuestra propiedad los bienes de la fábrica, ordenamos que los citados Párrocos formalicen cuanto antes las cuentas de la fábrica y las sigan llevando después religiosamente, para poder en todo tiempo responder de esa administración ante los Superiores y especialmente ante el Diocesano. Los que de los fondos de la Corporación hubiesen hecho algún anticipo considerable a las fábricas de las Parroquias, procuraran recuperar cuanto antes el dinero anticipado, y en lo sucesivo ninguno hará a las fábricas parroquiales anticipos de importancia sin la autorización correspondiente, procurando cubrir   gastos con los bienes que tengan las mismas fábricas y con las limosnas de los fieles y según la voluntad del Prelado Diocesano, que quiere que los fieles se vayan acostumbrando a socorrer las necesidades de la iglesia. (P. Eustasio).

32ª.-"Si la administración de los bienes de alguna o algunas Cofradías estuviese unida a la Parroquia, como sucede en San Germán, se llevara administración separada de cada una de ellas, para poder dar oportunamente al Diocesano cuenta. En cuanto a las obligaciones y fiestas de las Cofradías, no se harán gastos que superen los ingresos, y si algunas tuviesen sobrante, no se dispondrá de él sino según la voluntad del Prelado, a quien deberá consultarse; pero no olviden nuestros religiosos la justa remuneración de los servicios religiosos que prestan a dichas Cofradías y lo que pudiera corresponderles a título de administradores, según las disposiciones o legítimas costumbres diocesanas" (P. Eustasio)

33ª.-"Cuiden nuestros religiosos de averiguar y vindicar los Censos y Capellanías correspondientes a las Parroquias que administran y de cumplir exactamente las cargas espirituales inherentes a las Capellanías de que están en posesión, procurando cobrar a tiempo los réditos y llevar en libro especial las cuentas separadas del cumplimiento de dichas cargas". (P. Eustasio).

34ª.-En la que se refiere a las ropas del altar, ornamentos, dorado

-7-

de vasos sagrados, decorado exterior e interior del Sagrario y cortinillas del mismo, los Párrocos deben suplir con sus economías lo que no alcancen los ingresos de la fábrica, siempre que no encuentren personas piadosas que hagan donativos suficientes para estas atenciones que tan gravemente obligan en conciencia. Lo mismo debe entenderse de las bolsas para la conducción de los Santos Oleos y estuches de los mismos.

35ª.- Fuera de las horas del culto, la llave del Sagrario se guardará cuidadosamente en lugar, a ser posible, conocido sólo de los Padres. Lo mismo decimos de los Santos Oleos.

36ª.-"Respecto a la administración del Sacramento de la Penitencia y la predicación de la divina palabra, encargamos encarecidamente, que tengan siempre ante sus ojos la grandeza y sublimidad del ministerio que ejercen, que se armen de mucha paciencia y prudencia para oír confesiones, y de mucha unción evangélica para predicar la divina palabra; que procuren ser hombres de mucha oración, que de ella sacaran cuanto necesiten cara el cumplimiento exacto del elevado ministerio que ejercen. Con la oración se santifica el varón apostólico y en la oración se prepara para santificar a los demás, haciéndose todo para todos para ganarlos a todos" (P. Alustiza).

37ª.-Y sean asiduos en el confesionario y procuren ocuparlo muy de mañana para que los fieles vean que de parte de los sacerdotes se les facilitan los medios de santificación, y esto les atraiga y sirva de estímulo y acicate para el incremento de la piedad (P. Echevarría). De la gravísima obligación de asistir con presteza a los moribundos y de prevenir los medios necesarios para conseguirlo, nada os tenemos que decir.

La mayor parte de los que en este país se salvan, se lo deben a la diligencia del sacerdote que en aquella hora, de la que pende su porvenir en la eternidad. ¡Quiera el Señor que jamás se pueda decir que se condenó alguno por negligencia de algún Padre Misionero!

38ª.- Estudiar la manera de organizar la catequesis del modo más conveniente para obtener los mayores frutos, y el modo de contrarrestar la frialdad e indiferencia de los niños y de sus padres; dar constantemente impulso a las asociaciones religiosas; misionar los campos con la mayor frecuencia posible, con otros medios que les sugiera su celo por la salvación de las almas, son los asuntos que deben llenar las horas libres del Párroco. La ejecución de todo esto lleva consigo el laborar penoso en la viña del Señor, con los consiguientes frutos de salvación de las almas, y su intensidad será la medida del premio con que Dios ha de recompensar al Párroco misionero.

39ª.- Para que nuestra amada Provincia conserve el recuerdo y ostente la gloria que le corresponde por los trabajos de nuestros misioneros en Puerto Rico, ordenamos al M. R. P. Comisario Provincial que reúna en un libro los datos referentes a la actuación de los mismos en esta Isla hasta el presente, y consigne lo que vaya ocurriendo en lo sucesivo en esta Misión. Estos datos deben redactarse en forma breve, pero sin omitir nada interesante, evitando más la negligencia que la nimiedad, para que nuestros sucesores, en vez de acusarnos de incuria por la omisión de noticias, hallen en ellas la norma de su conducta. Procure también reunir y conservar lo publicado, y en lo sucesivo, recoja un ejemplar de cada una de las hojas de propaganda o de artículos publicados en la prensa.

40ª.-Super omnia autem haec charitatem habete quod est vinculum perfectionis; et pax Christi exultet in cordibus vestris in quo et vocati estis in uno corpore. (Collos.3.14-15). Stote autem invicem benigni, misericordes, donantes invicem sicut et Deus in Christo donavit nobis. (Ephes.4.32).

-8-

41ª.-Por último os encargamos que Superiores y súbditos tengáis el mayor celo en el cumplimiento de las anteriores disposiciones (de las que leeréis durante los Santos Ejercicios las que durante los días de Retiro mensual no hubierais podido leer), para que, en vez de ser letra muerta de cuyo incumplimiento os pida cuenta el Señor, sea Ley viva que os conduzca por las seguras sendas de la obediencia a la posesión del mismo Dios.

8. Documento de Compra de los Terrenos y la Casa del Padre Gorostiza, firmado por Don Eugenio González, fechado en Aguada el 2 de junio de 1922. Carpeta Documentos Casa Parroquial, ACAA.

ESCRITURAS

Número cuarenta y tres. --

--------------------------Compraventa--------------------------------
----

En Aguada a quince de octubre de mil novecientos veinte y uno:--
ANTE MI:---
--------------------------------Alberto García Ducós, Notario de Puerto Rico con residencia en Aguadilla: ------------------------
----------------------COMPARECEN:----------------------------
---De una parte, por su propio derecho, doña Ulpiana Rosario Torres, mayor de edad, de oficios domésticos, viuda y vecina de Aguada; y ---------
---De otra parte, por su propio derecho, don Eugenio González y González, mayor de edad, farmacéutico, casado con doña Mercedes Paz y vecino de Aguada.--
-Doy fe del conocimiento y, por su dicho, de las condiciones personales de los comparecientes, quienes me aseguran tener y, a mi juicio y al de los testigos, tienen la capacidad legal necesaria para este acto.---
--------------------------------En tal virtud los comparecientes libremente:--
----------------------EXPONEN----------------------------------

PRIMERO: - Que doña Ulpiana es dueña de la siguiente finca: Urbana: casa de un solo piso; de madera y techo de zin, radicada en Aguada, midiendo cinco metros ochenta y cinco centímetros de frente por siete metros diez centímetros de fondo; lindando al frente la calle Paz; derecha Emiliano Ruíz, hoy la Casa Parroquial; espalda calle San José e izquierda Egidos del Pueblo.–Asegura su dueña que esta finca se encuentra libre de gravamen y la adquirió según escritura veinte y una otorgada en mil novecientos veinte y uno ante el Notario que suscribe.---
----

SEGUNDO: - Y, habiéndolo convenido doña Ulpiana vende a don Eugenio la descrita casa con sus usos, servidumbres y anexidades, por la suma de trescientos cincuenta dólares, importe que la vendedora confiesa haber recibido del comprador antes de este acto y a su satisfacción, y por el cual otorga carta de pago; obligándose a la vicción y saneamiento y sometiéndose a la competencia de los tribunales insulares de

Aguadilla para dirimir cualquier cuestión que origine este contr
ato.------------------------

TERCERO: - Don Eugenio acepta esta escritura.---------
---------------------------------------Yo el Notario hice a los
comparecientes las advertencias legales correspondientes.--
-------------Así lo dicen y otorgan en presencia de testigos
instrumentales, sin excepción, mayores de edad y vecinos de
Aguada don Pedro Ruiz Santoni y don Pedro Feliciano Acevedo
.---

Y enterado que les hube del derecho que tienen de leer por
sí mismos esta escritura, al cual renunciaron, procedí por
su acuerdo a la lectura íntegra y en voz alta de la misma, en
cuyo contenido se ratificaron los comparecientes, firmando
el comprador y, asegurando la vendedora no saber hacerlo, lo
verifica a su ruego el primero de dicho testigo, quienes además
lo hacen por sí conmigo el Notario.--------------

De todo lo contenido en esta escritura, del conocimiento
personal de comparecientes y testigos y de haberse adherido y
cancelado el sello de rentas interna de un dólar que previene
la Ley: yo el Notario doy (Firma) Arruego de Ulpiana Rosario
Torres y como testigo: Pedro Ruiz Santoni, Eugenio González,
Pedro F. Acevedo.---------

(Firmado y signado) Alberto García Ducós–Notario.------------
----

(Existe cancelado un sello de Rentas Internas de un dólar y
además impreso).

Es primera copia de su original a que me remito obrante
en el protocolo del corriente año a mi cargo, la cual ha sido
debidamente cotejada y anotada su saca. En fe de lo cual y
de haberse adherido las presente para don Eugenio González
y González en Aguadilla hoy a diez y siete de octubre de mil
novecientos veinte y uno.

Firma de Alberto García Duós, Notario–Público.

Para traspasar estos terrenos adquiridos por Don Eugenio González y González al P. Juan de Gorostiza se hizo un anejo al acta notarial anteriormente presentada que reza así:

> Por la presente traspaso todos los derechos que constan en esta escritura a favor del P. Juan de Gorostiza, Vicario de Aguadilla, por la suma de Trescientos Pesos ($300.00) cantidad recibida en el día de la fecha, dos de junio de mil novecientos veinte y dos A.D.

Aguada, P. r. Junio 2 /1922.

Eugenio González (Conforme).
Mercedes P. de González
Guillermina Vicente (Testigo).
Juan Lorenzo Rios (Testigo)

9. Aurotización de Venta de la Casa del Cura Párroco de Aguada firmada por Mons. George Joseph Caruana, Obispo de Puerto Rico, fechado en San Juan el 14 de abril de 1924. Carpeta Documentos de la Casa Parroquia, ACAA.

Nota: sellado con el Sello Seco del Obispo de Puerto Rico.

OBISPADO DE PUERTO RICO

Por la presente autorizamos al Sr. Cura de Aguada, Fray Pedro Arancibia, O.S.A., para vender una casa conocida con el nombre de "Casa Parroquial" propiedad de esta Diócesis de Puerto Rico y cuya descripción es como sigue:

> Urbana–Casa terrera de madera techada de zinc y sus cetos forrados del mismo material; mide por el frente 35 pies de largo por 12 pies de alto y 18 pies de fondo, enclava en un solar propiedad del municipio de Aguada, cedido a uso sin propiedad, colinda por el Norte con la Calle de la Paz, por el Sur con la Calle de S. José, por el Este con casa del Padre

Gorostiza y por el Oeste con la casa de Don Emiliano Ruiz. El valor de la casa es de $1100.00 moneda corriente.

Dado en nuestro palacio episcopal en San Juan, P.R., a 14 de abril de 1924

+ Georgius Jospeh Caruana
Obispo de Puerto Rico

10. Acta de la Visita Pastoral de 1924. Libro de Visitas Pastorales, fol. 23.

Nos. Do. Jorge J. Caruara, por la gracia de Dios y de la S. Sede Obispo de Puerto Rico habiendo visitado la parroquia de S. Francisco de Asís en cumplimiento de nuestro cargo pastoral, confirmamos lo siguiente

Auto General

Felicitados al Sr. Cura el Rev. Fr. Pedro Arancibia, O.S.A. por la obra que desde hace años realiza en este pueblo edificando de nuevo el hermoso templo parroquial y le animamos a continuar esta tarea hasta terminar con éxito y acierto por la gracia de Dios y de nuestra S. Religión.

Estamos muy satisfechos con la piedad que hemos visto en esta feligresía y la fe practica de la cual continuamente nos dan pruebas los católicos leales y fieles de este pueblo.

Jorge Caruana
Obispo de Puerto Rico

En Santa Pastoral Visita, 4 de mayo de 1924.

Nota: firmado y sellado con el sello tintado del Obispado de Puerto Rico.

11. Documento de la Permuta sobre los Terrenos de la Ermita del Rosario. Permuta realizada sobre los Terrenos de la Ermita del Rosario y la Zona Ajardinada del ala derecha según se entra a la Iglesia Parroquial. Esta permuta se encuentra asentada en el Folio 169, del tomo 21, finca 786 de la 1ª Inscripción de Aguadilla. Fechada en Aguada 22 de mayo de 1924. Carpeta Documentos Casa Parroquial, ACAA.

NÚMERO CIEN.
PERMUTA.

En Aguada, á dos de mayo de mil novecientos veinte y cuatro,

ANTE MI,

ARTURO REICHARD DEL VALLE, Notario de Puerto Rico, con residencia y estudio en Aguadilla, accidentalmente aquí,

COMPARECEN

El Ilustrísimo Doctor don GEO. J. CARUANA, mayor, soltero, Obispo Católico de la Diócesis de Puerto Rico, vecino de San Juan, a nombre de la IGLESIA CATÓLICA, APOSTÓLICA Y ROMANA DE PUERTO RICO; y

El Honorable don MANUEL RUIZ GONZALES, mayor, casado, de esta vecindad, Comisionado de Servicio Público de este MUNICIPIO DE AGUADA y en representación del mismo.

Se hallan, a mi juicio, legalmente capacitados para formalizar esta escritura de PERMUTA y exponen:

PRIMERO.–El Doctor Caruana, que la Iglesia Católica, Apostólica y Romana de Puerto Rico es dueña de un solar en esta población, de diez y ocho metros sesenta centímetros al norte con la calle de la Marina, lo mismo al sud con la del Comercio, diez y seis y medio metros al este con casa de Narciso

Ruiz y otro tanto al oeste con un callejón, siendo su superficie de trescientos seis metros noventa decímetros cuadrados.

SEGUNDO: - El Señor González, digo, Ruiz González, que el Municipio de Aguada es dueño de un solar de esta población, de cincuenta y siete metros noventa centímetros al norte con el que ocupa la Iglesia Católica, lo mismo, al sud con la calle de la Paz, ocho metros cuarenta centímetros al este con un callejón, cuatro y medio metros al oeste con otro y trescientos setenta y tres metros cuarenta y cinco decímetros cuadrados de cabida.

TERCERO: - Este solar es segregación de una finca urbana de cincuenta y seis cuerdas veinte y siete centímetros en que radica esta población, en lindes al norte con Pedro José Crespo y una quebrada, al este con Ramón Sánchez y Sucrerie Centrale Coloso de Puerto Rico, al sud con esta misma y al oeste con Eulogio Jiménez, Miguel Torres y Pedro José Crespo; inscrita al folio ciento ochenta y uno del tomo séptimo.

CUARTO: - Y teniendo convenida su enagenación, digo permuta, la Iglesia Cat'olica, Apost'olica y Romana de Puerto Rico trasmite el dominio del solar descrito en la cláusula primera al Municipio de Aguada, y éste a aquélla el solar que se reseña en la segunda, sin que tengan que devolverse cantidad alguna, pues cada uno de dichos solares se valora en doscientos dólares.

QUINTO: - Los señores comparecientes, bien impuestos de las condiciones de esta escritura, la aceptan en las representaciones que ostentan conforme a lo pactado.

Así lo dicen y otorgan en presencia de los testigos instrumentales sin excepión mayores y de esta vecindad, señores Pedro Tirado y Alvaron Sanchez Ruiz.

Leida esta escritura por comparecientes y tetigos, la ratifican los primeros y todos la firman.

Y yo, el Notario: del conocimiento personal de otorgantes y testigos, por su dicho, de su ya expresadas circunstancias; de haber hecho a los primeros las advertencias de ley; y de todo lo contenido en este instrumento público: doy fe.

Firmado: Geo J. Caruana, Obispo de Puerto Rico M. Ruiz González.–Pedro Tirado.–Alvaron Sánchez Ruiz.–Signado, firmado y rubricado: Arturo Reichard del Valle.–Hay estampado el sello de la Notaría y cancelado el de Rentas Internas Correspondientes.

Nota escrita a mano firmada por el Registrador W. J. Santos: Inscrito este documento, con vista de otro y sólo en cuanto al solar que se transmite a favor de la Iglesia Católica Apostólica y Romana, único, de que se solicitó inscripción, al folio 169, del Tomo 21º. de Aguada, finca 786, inscripción 1ª Aguadilla, 17 de junio de 1924.

12. Acta de la Primera Visita Pastoral de Mons. Edwin V. Byrne. Libro de Visitas Pastorales, fol. 41–42.

Nos Dr. D. Edwin V. Byrne por la gracia de Dios y de Santa Sede Apostólica Obispo de Ponce. P. R.; habiendo visitado esta Parroquia de San Francisco de Asís de Aguada, P.R., los días 10, 11, 12, 13 y 14 de febrero de 1927, consignamos lo siguiente:

1º. Felicitados al Fr. Párroco por la fe religiosa que hemos notado en los feligreses, notado en la asistencia a la iglesia, como en la frecuencia de los Sacramentos.

2º. Hemos visto complacidos la "Asociación Catequística, organizada por el Fr. Párroco.

3º. Hemos advertido que la iglesia parroquial necesita se construya una fachada de material; y animamos al Fr. Párroco, para que sin desmayo, emprenda obra tan necesaria.

4º. No descuide el Fr. Párroco proveerse de lo necesario para el servicio del culto, tales como ornamentos, candeleros, etc.;

como también la construcción de un Altar Mayor y de los laterales, en cuanto fuere posible.

5º. Aunque los utensilios provea el servicio religioso sean pobres, deben conservarse en buen estado de aseo.

6º. Nos ha producido muy buena impresión ver la buena harmonía en que vive el Fr. Párroco con las autoridades y feligreses todos; y felicitamos al Fr. Párroco por este digno proceder, que tanto influye en la buena marcha de una parroquia; y le animamos para que mantenga siempre estas buenas relaciones.

Dado en Santa Visita Pastoral en Aguada, P.R., a 11 de febrero de 1927.

Edwino V. Byrne
Obispo de Ponce

Por orden de S.S.I. el Obispo mi Señor,
Juan de Gorostiza
Scrio. De la Visita

13. Oficio de la muerte del P. Gorostiza firmado por Fr. Arsenio Fernández, Vicario Provincial, en Aguadilla el 20 de diciembre de 1937. Carpeta Defunciones Vicariales 1929–1939, ACAA.

OFICIAL

Tengo el sentimiento de comunicar a V.R. que el R.P. ex Vicario Provincial Fr. Juan de Gorostiza falleció en esta nuestra casa Residencia de Aguadilla, el día 17 de diciembre de 1937, repentinamente, habiendo recibido los auxilios espirituales.

Aplíquense los sufragios que ordenan N.S. Constituciones en su número 153, con la variante de que sean tres las misas que en sufragio de su alma aplique cada sacerdote. (Circular del 22 de febrero de 1928).

Dios guarde a V.R. muchos años Aguadilla 20 de diciembre de 1937.

Fr. Arsenio Fernández, Vicario
M.R.P. Superior de Aguada P.R.

Nota: firmado y sellado.

14. Martirio del Convento de Calella. Circular del P. Ambrosio de Arancibia a los Amados Padres Misioneros de Puerto–Rico, EE. Unidos y Brasil, fechada en León, Natividad de Juan el Bautista, 1937. Carpeta Circulares Provinciales, 1929–1939, ACAA.

J.H.S.

León, día de la Natividad de San Juan Bautista, año 1937

Amados Padres Misioneros de Puerto Rico, EE. Unidos y Brasil.

Acercándose rápidamente el final de la gloriosa campaña que el Ejército y Milicias de la España inmoral sostiene contra los enemigos de Dios y de la Patria, y habiendo aumentado, al parecer, las probabilidades de reanudar con éxito nuestras relaciones postales, me dirijo a todos vosotros para enviaros con un fraternal abrazo la relación de los sucesos más importantes ocurrido en estas casas durante los últimos meses.

En las Casas de León y Calahorra, misericordies Domini quia non sumus cumsuit. Todo ha sido normal después de iniciado el Movimiento Nacional por el Ejército, que Dios bendiga; pero antes de él, sufrimos angustias mortales ante la constante amenaza del asesinato y del incendio.

Las noticias de Calella son muy tristes. Cuando se inició el Movimiento Nacional residían en aquel Convento los PP. José Durán, Jesús Mendizabal, Eulogio Ramos y Fernando Salterain. En el adjunto Oficio se relatan las circunstancias del fallecimiento del P. Fernando; la Religiosa que hace dos días me las ha referido, pertenece a la Comunidad que rige el Hospital de Calella, de donde pude salir a la zona liberad y actualmente se halla en el Colegio de las Religiosas Carmelitas de esta Ciudad de León. Refiere además, que los Padres de Calella fueron violentamente expulsados de su Convento y se recogieron en casas de amigos particulares, excepto el P. Fernando que, por su gravedad, fue llevado al Hospital; intentaron salir de Calella, pero desistieron de ello ante la insistencia con que les decían que en ninguna parte corria menos peligro; al parecer, ni el mismo P. Durán creyó conveniente trasladarse a su vecino pueblo natal, Sabadell. Realmente, nada tenían que temer de la mayoría del pueblo.

Pero llegó un día en que los que mandaban en el pueblo (seguramente criminales), les dijeron que se marchasen porque no podían responder de la mayoría de los actos de "elementos incontrolables" que se acercaban. Creyéndose más seguros saliendo dispersos, cada uno escogió su hora, tren y destino, y gestionó el necesario "pase" para viajar; pero les fue negado el "pase en absoluto, diciéndoles que ellos no le necesitaban. Después, esa Religiosa no sabe más que le sucedió al P. Eulogio A. todos los Padres acompañó una persona de la respectiva familia en que se hospedaba, como acto de amistad y para ser testigos de lo que ocurriese. El P. Eulogio, acompañado de la señora de nuestro viejo amigo D. Francisco Martí (que no pudo hacerlo personalmente), tomó billete para Gerona. A poco de montar en el tren le pidieron el pase, que no pudo exhibir; repetida poco después esta escena, se sentaron junto a él dos sujetos armados, luego otros dos, hasta seis.

Al llegar a Malgrat, le invitaron estos hombres a que bajase del tren, y por más que alegó tener billete hasta Gerona, le obligaron a bajar en Malgrat. Intentó hacerlo también la señora de Martí, pero se lo impidieron violentamente, y arrancó el tren. No se sabe mas…

Según otra Religiosa carmelita (aquella del Hospital, esta de la Enseñanza) de Calella, el P. Jesús Mendizabal fue asesinado en Tordera, con detalles análogos a los del P. Eulogio, y el P. Durán, dejado como muerto por sus verdugos pero hallado aun vivo entre Calella y Barcelona, murió pocas horas después de ser recogido en una casa.

¡Pobres hermanos nuestros! ¿A quién hicieron daño jamás? El recuerdo de su martirio hace crispar los nervios y cerrar los puños. Pero su sangre no pide venganza, sino, perdón. Son Mártires. ¡Señor! si hemos de perdonar también a sus verdugos, danos virtud para ello.

Había también en el Convento de Calella cuatro Hermanos profesos: Fr. Jesús Castro, Fr. Modesto R., Fr. Victoriano Gutiérrez, Fr. Inocencio del Rio, los cuales, después del martirio casi seguro de los citados Padres, continuaban en las casas en que se habían refugiado, sin ser molestados.

Nuestra Iglesia y Convento de Calella fueron quemados después de saqueados. Fue tal en Calella la persecución religiosa, que el lugar donde se levantaba el monumental templo parroquial, es hoy plaza. Las vestiduras y vasos sagrados, relicarios, joyas, archivos etc. fueron guardadas cuidadosamente por los fieles, que formaban la mayoría del pueblo, pero ante la amenaza de exterminio de la familia a la que se encontrase alguno de dichos objetos, el Párroco mismo les aconsejó que lo descubriesen y entregasen todo, hasta la gran custodia de la Parroquia, joya monumental en su género. Incluso las estampas medallas etc. hubieron de ser entregadas ante el terror marxista para ser quemadas en la plaza pública…

En Rentería, sustituyendo al Capellán de nuestras Hermanas P. Claudio Santos que vino a León a reponerse y hacer los S. Ejercicios, estaba el P. Luis Redondo cuando surgió el Movimiento Nacional; la Comunidad se dispersó y el P. Párroco, Tradicionalista, le atendió admirablemente; oyó toda la tempestad de la toma de Irún etc. sin que le ocurriese nada. El Convento sufrió algunos desperfectos, pero ya está en él todas las Religiosas.

En Eibar, la Comunidad de nuestras Hermanas se trasladó al gran Colegio de Mercedarias de Berriz, y el P. Maximino Carreras, su Capellán, se refugió en un caserio entre Berriz y Abadiano, y celebró todos los días en una Ermita próxima, con gran satisfacción de aquellos vecinos, que viven lejos del templo parroquial. El Convento e Iglesia de nuestras hermanas de Eibar con sus preciosos ornamentos, vasos sagrados, cuadros de valor etc. fue totalmente destruido. Actualmente se halla reunida la Comunidad en el Palacio de Jáuregui cerca de Eibar, con su Capellán, sin mas novedad que el fallecimiento de una Religiosa anciana de Berriz.

De los PP. Angel Cámara y Aurelio Álvarez, nada sabemos. Al primero le sorprendieron los sucesos en Madrid a cuyo Consulado Norteamericano hubo de acudir para poder volver en su día a Puerto - Rico, por no haberse provisto a la salida de la Isla del correspondiente documento de ausencia temporal. El segundo fue sorprendido en su pueblo visitando a unos parientes, pues sus padres residen en León. Quiera Dios que les abracemos pronto sanos y salvos.

Tenemos en el Ejército 13 Coristas y 3 Hermanos no profesos, animados todos del mejor espíritu religioso y patriótico, según se desprende de las cartas que frecuentemente me escriben. Procuramos aliviarles en lo posible las penalidades de la campaña enviándoles "suplementos al plús. Hasta hoy ninguno de ellos ha recibido, gracias a Dios, ni la más leve herida.

Deseando ser correspondido cuanto antes con buenas noticias de todos, les abraza su Provincial mientras Dios lo mande, y siempre afectísimo hermano en N.P.S. Agustín y s.s.

Fr. Ambrosio de Arancibia, OSA

Notas: No les envío nota Oficial mas que la muerte del P. Fernando, po no haber de los otros suficiente seguridad para ello; mientras no tengamos mas noticias debemos rogar por ellos particularmente, aunque creemos que no lo necesitan los que fueron martirizados en odio a la Fe, pues hubieran sido respetados y alabados si hubiesen renegado de ellas. Ellos nos protegerán desde el Cielo para que seamos fieles hasta la muerte a nuestra vocación y compañeros suyos en la Gloria.

Excepto de España y de Roma, solo he recibido cartas del P. Arsenio y del P. Abril.

15. Permiso de Cesión de Uso de los Terrenos del Municipio de Aguada utilizados en la Casa Parroquial. Carpeta Casa Parroquial, ACAA.

Tomo veintisiete, folio ciento treinta y nueve, finca número mil treinta y cinco, inscripción primera.

Urbana, solar situado en la calle de la Paz, barrio Rosario de Aguada, de diez y seis metros setenta y cinco centímetros de frente por cuarenta y siete metros ochenta centímetros de fondo, en líndes al Norte, con la Calle de la Paz, al Sur, con la Calle San José; al Este con un Callejón público que conduce a Ambas calles mencionadas y al Oeste, con egidos donde radica la casa parroquial. Contiene un edificio de hormigón reforzado, de dos pisos, que se destina al Servicio del Culto Católico, construida sociedad cesionaria que se dirá. El solar de este número es segregación de la finca número trescientos ochenta y cinco, cuyo dominio tiene inscrito a el Municipio de Aguada, al folio ochenta y uno del tomo siete de Aguada, por su inscripción primera y como tal se halla libre de cargas y con titulo de dominio. La Asamblea Municipal de Aguada en su sesión extraordinaria celebrada el diez y ocho de julio de mil novecientos veintidós, aprobó una ordenanza concediendo el derecho de uso de superficie del solar de este número a favor de Fray Juan de Gorostiza e Inchaurbe, mayor de edad, soltero, sacerdote católico, vicario de Aguadilla donde reside por tiempo indefinido y mientras se conserve en bunas condiciones lo que se edifique. En escrito que con fecha siete del corriente firma Augusto Reichard como abogadodel cesionario, solicita que a los efectos del Registro se valore esta finca en veinticinco dólares en cuanto al derecho de uso de superficie del solar. Por escritura número ocho otorgada en Aguadilla a siete de febrero en curso ante el

Notario Augusto Reichard del Valle, el Rev. Juan de Gorostiza e Inchaurbe, de las condiciones de las condiciones personales expresadas manifiesta que hace como diez y ocho años cedió el derecho de uso de este solar, a la Sociedad de Padres Agustinos de Puerto Rico, por veinticinco dólares que de la cesionaria recibió, sin que entonces otorgara título alguno inscribibles y con el fin de que la renombrada sociedad pueda inscribirse en el Registro. El Reverendo Juan García y Alvarez, mayor de edad, soltero, sacerdote de la orden de San Agustín, vecino de Aguadilla, acepta la cesión a nombre de la cesionaria y manifiesta que en el solar de este número la sociedad cesionaria ha construido el edificio descrito al ingreso de este asiento y solicita que se inscriba a nombre de dicha sociedad valorando en tres dólares. En su virtud inscribo el solar de este número a favor de "El Municipio de Aguada"a título de (cesión) digo segregación y a favor de el padre Fray Juan de Gorostiza e Inchaurbe, el derecho de uso de superficie del solar a título de cesión y definitivamente inscribo a favor de la Sociedad de Padres Agustinos de Puerto Rico el derecho de uso de superficie del solar y la casa en el enclavada a título de cesión y edificación respectivamente. Consta así del Registro; del escrito citado; de una certificación expedida por Enrique E. Irizarry, Secretario Auditor de Aguada, comprensiva de la ordenanza citada y de fecha primero de febrero en curso y de copia de la copia de la escritura relacionada, todos cuyos documentos fueron presentados a las tres y media del siete del corriente, asientos veinticinco y veinte y nueve del Diario noventa y tres, quedando la certificación y el escrito archivado en el legajo de documentos públicos con el número tres. Aguadilla, febrero quince de mil novecientos treinta y tres. Derechos $1 Segs; $1 cesión, $1 cesión y $6.50 Edificación No. 5 del arancel. (F José Vera, H. Registrador Sust.

16. Documento de Reconocimiento de la Propiedad de los Padres Agustinos de Manos de Mons. Aloysius Willinger (1933). Carpeta Casa Parroquial, ACAA.

Examinados los precedentes documentos y que se refieren a la propiedad de las llamadas Casas Parroquiales de los pueblos de Aguada y Lajas

HACEMOS CONSTAR

a) Que la Casa Parroquial de Lajas es propiedad de los Padres Agustinos de Puerto Rico.

b) Que el Padre Pedro de Arancibia, O.S.A. vendió con permiso de Monseñor Caruana, la antigua Casa Parroquial de Aguada en MIL CIEN DOLLARS, habiéndoles invertido en la actual Casa Parroquial de Aguada.

c) Que los Padres Agustinos de Puerto Rico ceden al Señor Obispo de Ponce, la propiedad de la Casa Parroquial de Lajas.

d) Que el Señor Obispo de Ponce cede a favor de los Padres Agustinos de Puerto Rico MIL CIEN DOLLARS importe de la venta de la antigua Casa Parroquial de Aguada.

e) El Señor Obispo de Ponce, por este documento, es dueño de la Casa Parroquial de Lajas y los Padres Agustinos de Puerto Rico son dueños de la llamada Casa Parroquial de Aguada, construida por el Padre Pedro de Aranciba, O.S.A.

+ A. Willinger
Obispo de Ponce

Fr. Juan García, osa
Comisario Provincial

16 de febrero de 1933

17. Acta de la Primera Visita Pastoral de Mons. Alonso J. Willinger. Libro de Visitas Pastorales, fol. 52–54.

Nos Dr. D. Aloysiys I. Willinger, C.SS.R., por la gracia de Dios y de la Santa Sede Apostólica, Obispo de Ponce, P. R.; habiendo principiado la Santa Visita Parroquial en esta Parroquia de San Francisco de Asís de Aguada, el seis de mayo de 1932, e interrumpida por causa de las lluvias torrenciales, la hemos reanudado los días 17 y 18 del mes de Junio de

1934, administrando el sacramento de la Confirmación en cumplimiento de nuestro ministerio Pastoral.

Después de haber examinado el estado de la Parroquia en las dos Visitas parciales, decretamos lo siguiente:

Primero: Quedamos sumamente complacidos de la piedad y docilidad cristianas de la feligresía de Aguada = a la vez felicitamos a los Padres Agustinos, encargados de la Parroquia, por su labor y propaganda eficiente que están llevando a cabo, exhortándoles a proporcionar todos los medios, tanto de instrucción como de servicio a esta buena y sencilla gente, para que la semilla siga fructificando y la fe y las buenas prácticas se conserven entre ellos.

Segundo: En cuanto a la "Acción Católica", recomendada por la última edición de el "Boletín de la Diócesis" consideramos como "conditio sine qua non" de esta propaganda, la instrucción y la enseñanza de la Doctrina Cristiana. La ignorancia en materia de fe y moral, es el gran obstáculo al cumplimiento y práctica de la fe. Solo en vencer este impedimento podemos echar los cimientos de una fe ilustrada y convencida, que ha de servir de base de toda acción católica y efectiva.–Por lo tanto urgimos que cuanto antes se formen grupos instruidos de señoras y señoritas, para que con constancia puedan llevar a cabo esta enseñanza tan imperativa y necesaria para la edificación de los fieles progreso de nuestra sacrosanta Religión.

Tercero: Exhortamos al Rdo. Párroco que siga adelante con la terminación de la obra de la iglesia, tanto la fachada como las torres.

Recomendamos que ponga la obra en manos de un Maestro competente y a la vez concienzudo; y siga el plan menos costoso y sencillo que sea posible.

Cuarto: Hay, entre los feligreses dos irregularidades que el Rdo. Párroco debe desarraigar, antes que llegue a ser un abuso incorregible, a saber: "el hablar en la iglesia, sin necesidad" y "que las mujeres están, en los actos de religión, sin velo ni pañuelo que cubra sus cabezas". En las advertencias de los domingos y fiestas será bueno incluir estos dos puntos, con el fin de promover la verdadera cultura en los actos religiosos y el santo respeto a la casa de Dios.

Quinto: Terminamos esta Visita, que por los tiempos lluviales fue interrumpida hace dos años; y damos nuestras más expresivas gracias a los Padres Agustinos por sus finas atenciones y hospitalidad como también a todos los feligreses de la jurisdicción; y nos encomendamos a sus oraciones, para que Dios nos bendiga también en nuestros humildes servicios ministeriales.–

Dado en Santa Visita Pastoral en la Parroquia de San Francisco, de Asís de Aguada P.R., a los dieciocho del mes de Junio de mil novecientos treinta y cuatro.

+ Aloysius J. Willinger
Obispo de Ponce

De mandato de S.E. el Obispo, mi Señor P. Juan de Gorostiza, OSA. Secretario de la Visita.

Lo recaudado en esta Visita Pastoral por concepto de las boletas, lo cede el Sr. Obispo para continuar las obras de la iglesia parroquial.

Por orden del Excmo. Sr. Obispo.
Fha. ut supra.
P. Fr. Juan de Gorostiza.
Secretario de la Visita

18. Acta de la Segunda Visita Pastoral de Mons. Alonso J. Willinger. Libro de Visitas Pastorales, fol. 55–58.

Nos Dr. D. Aloysius J. Willinguer, C.S.S.R. por la gracia de Dios y de la Santa Sede Apostólica, Obispo de Ponce, P.R., habiendo hecho la Visita Pastoral en cumplimiento de nuestro sagrado Ministerio, durante los días 22.23.24.25 y 26 de abril de 1939, después de haber examinado el estado material y espiritual de esta Parroquia, queremos dejar consignado:

Primero: Que hemos quedado grandemente complacidos ante la profunda religiosidad de nuestros sencillos y buenos feligreses de nuestra Parroquia de Aguada, manifestada en la frecuente recepción de los Santos Sacramentos, buenas costumbres y numerosa asistencia a los actos religiosos que hacemos constar nuestra satisfacción por el número de más de 1.350 comuniones repartidas en las Comunión General del domingo día 23 de abril.

Segundo: Que sentimos grande alegría al ser terminada la obra de construcción de las torres, fachada y presbiterio de nuestra Iglesia, encontrando todo en buen estado de conservación y esperando de nuestro querido párroco y de la cooperación de nuestros amados feligreses, que se decore el interior poniendo la parte del plafón que falta en los nuevos laterales y se pinte convenientemente. Así mismo esperamos pronto ver rodeada la Iglesia con una verja que defienda su propiedad y le dé elegancia.

Tercero: Aprobamos y alabamos el buen estado en que se encuentran los libros parroquiales de nuestro Archivo. Suplicamos al Sr. Párroco que para mayor seguridad de conservación de los libros más antiguos, se encuadernen en dos o más tramos que se ponga gran interés en completar todas las partidas con fechas, nombres y apellidos firmas, según está mandado canónicamente, para que en este particular se salve la responsabilidad del Sr. Párroco.

Cuarto: Nos complacemos en reconocer el celo y espíritu de sacrificio desplegado por nuestros muy amados Padres Agustinos en el cumplimiento de sus sagrados ministerios sacerdotales, en beneficio de nuestros feligreses de Aguada. Damos nuestra bendición Apostólica a los miembros de las Sociedades Católicas del Santo Nombres de los Hermanos del Santísimo, de las Hijas de María y a las 35 catequesis organizadas en los campos y Pueblo de esta Parroquia. A todos exhortamos a intensificar la instrucción religiosa, al cumplimiento ejemplar de los mandamientos de Dios y de la Iglesia y a la frecuente y reflexiva recepción de los Santos Sacramentos de la confesión y de la Sagrada Congregación.

Quinto: Hemos recibido con sentida emoción la ofrenda espiritual de las primeras comuniones (85) de vuestros niños y niñas, de vuestra comunión general del domingo y de vuestras oraciones. Os agradecemos este gesto profundamente cristiano de vuestros nobles corazones.

Scxto: Damos finalmente a nuestro Párroco y coadjutor, a las autoridades civiles, a todos los miembros de las diversas amados hijos de Aguada, nuestra expresión de gratitud, por las muestras de consideración, cariño y confianza con que nos han distinguido en los días de nuestra Santa visita. Para todos tengo mi Bendición Apostólica en el nombre del Padre, del Hijo y del Espíritu Santo.

Dado en Santa Visita Pastoral en la Parroquia de San Francisco de Asís de Aguada, P.R., a los veinticinco del mes de abril del año del Señor de mil novecientos treinta y nueve.

A.   J. Willinguer, C.S.S.R.
                                     Obispo de Ponce

Por mandato de S. E. el Obispo, mi Señor,

P.M. Hermosilla cm

19. Permuta entre el Obispado de Ponce y los Padres Agustinos por las casas de Lajas y Aguada respectivamente. Firmada por Mons. James E. McManus, Obispo de Ponce, y el P. José Rodríguez, Vicario de las Antillas, fechada el 12 de enero de 1949. Carpeta Documentos Casa Parroquial, ACAA.

NUMERO CINCO
RATIFICACION DE PERMUTA

En Ponce, Puerto Rico, a doce de enero de mil novecientos cuarenta y nueve.

ANTE MI

B. Quiñones Elías, Notario Público de esta Isla con estudio y vecindad en Aguadilla, Puerto Rico, accidentalmente aquí:

Su Ilustrísimo señor James E. McManus, mayor, soltero, Obispo de Ponce, y vecino de esta Ciudad, en representación de la Iglesia Católica Apostólica Romana de Puerto Rico, cuyo carácter me consta y promete acreditarme y cuando fuere necesario para ello. Y; el Presbítero José Rodríguez, mayor, soltero, y vecino de San Germán, accidentalmente aquí, y quien comparece a nombre y en representación de los Padres Agustinos de Puerto Rico, cuyo carácter y facultad promete acreditar donde y cuando fuere requerido para ello.

Legalmente capacitados, a mi juicio, para formalizar la presente escritura de RATIFICACIÓN DE PERMUTA expone:

PRIMERO: Que la Iglesia Católica Apostólica y Romana de Puerto Rico, es dueña y está en posesión y en pleno dominio de la siguiente finca:

URBANA, casa terrera de maderas, techada de zinc y su seto forrado del mismo material, que mide treinta y cinco pies de largo por doce pies de alto y dieciocho pies de fondo, enclavada en un solar propiedad del Municipio de Aguada, cuyo derecho de uso le corresponde y que colinda por el Norte, Calle La Paz; Sur, Calle San José; Este casa de Padre Gorostiza; y Oeste, casa de don Emiliano Ruíz, hoy la casa parroquial.

SEGUNDO: Que la Sociedad de Padres Agustinos, que es una entidad religiosa domiciliada en Puerto Rico, es dueña de la siguiente propiedad:

URBANA, solar radicado en la calle San Blas, del término municipal de Lajas, linda al Norte, Sur, y Oeste, con terrenos de la Iglesia Católica Apostólica y Romana y al Este, y al Este, con la Calle San Blas en que radica; hoy por el Norte, Genaro Pagán; Sra. Petra Figueroa; Oeste con terrenos de la Iglesia que están arrendados a diversas personas. Contenía una casa de maderas, terrera, techada de zinc, sin número, que medía trece metros de largo por cinco y medio metros de ancho y con un martillo de catorce y medio metros de largo por cinco de ancho; dicha casa desapareció en mil novecientos cuarenta y tres. En el mismo lugar fue edificado un edificio de concreto armado destinado a Colegio Católico. Adquirió la descrita finca la Parroquia de Nuestra Señora de la Candelaria de Lajas, por compra a doña Sofía Amelia Calder y Ramírez de Arellano, mediante escritura número ciento diecisiete, otorgada en Lajas, el veintidós de julio de mil novecientos once, ante el Notario Benito Ferés Morazo, aclarándose en certificación firmada por el Secretario del Obispado Mariano Vasallo, Secretario Canciller del Obispado de San Juan, y con el visto bueno de Monseñor W. A. Jones, Obispo de Puerto Rico, con fecha nueve de agosto de mil novecientos diez y siete. Que la casa antes descrita fue adquirida para la Orden Padres Agustinos de Puerto Rico, y no para la Parroquia Nuestra Señora de la Candelaria de Lajas.

TERCERO: Que con fecha diez y seis de febrero, de mil novecientos treinta y tres, Monseñor A. J. Willinger, Obispo de Ponce, en representación de la Iglesia Católica Apostólica Romana, y los Padres Agustinos de Puerto Rico, representado por el Presbítero Juan García, convinieron la permuta de las propiedades antes descritas, que fueron valoradas entonces a razón de MIL CIEN DOLARES, cada una al llevar a efecto lo convenido, entonces la Iglesia Católica Apostólica y Romana, cedió a los Padres Agustinos de Puerto Rico, la casa y derecho de uso del solar letra "A", y a su vez los Padres Agustinos trasmitieron a la Iglesia Católica Apostólica y Romana de Puerto Rico, la casa y solar radicados en Ljas, y descritos con la letra "B", no teniendo que devolverles las partes cantidad alguna por ser el valor de la propiedad el mismo, permuta que se llevó a efecto mediante documento privado antes indicado que tengo a la vista y devuelvo a las partes; y desenado los comparecentes tener un título inscribible, han convenido ratificar la permuta antes mencionada y al efecto el Obispo de Ponce, Ilustrísimo James E. McManus y el Presbítero, José Rodríguez, ratifican la permuta antes indicada, y en su consecuencia la Iglesia

Católica Apostólica y Romana de Puerto Rico, por conducto del Señor McManus trasmite la propiedad, radicada en Aguada, y descritas en la letra "A", a los Padres Agustinos de Puerto Rico, transmiten a título de permuta la casa y terrenos ubicados en Lajas, y descritos con la letra "B", a la Iglesia Católica Apostólica y Romana de Puerto Rico, aceptándose como precio de las mismas el de MIL CIEN DOLARES, que se les dieron en el documento privado de mil novecientos treinta y tres.

QUINTO: El Ilustrísimo Señor McManus, hace constar que la casa descrita en la finca letra "B", y radicada en Lajas, fue destruida en mil novecientos cuarenta y tres, como se dijo anteriormente, y en su lugar se ha edificado el edificio de concreto, dedicado a Colegio Católico, anteriormente descrito y que el mismo tiene un valor a los efectos de inscripción de MILCIEN DOLARES, y es su deseo que con ese valor sea inscrito dicho edificio en el Registro de Propiedad de San Germán.

SEXTO: Las partes aceptan esta escritura por ajustarse a todo lo convenido.

Así lo dicen y otorgan en presencia de los testigos instrumentales, de esta vecindad, mayores de edad, y sin tacha legal para serlos, señores don Nelson Escalona y Francisco Santori.

Leí la presente escritura a otorgantes y testigos, les advertí del derecho que tienen de hacerlo por sí, manifiestan quedar bien enterados de su contenido, en el mismo se ratifican los primeros y firman todos, y estampan sus iniciales en los márgenes correspondientes los obligados a hacerlo.

De todo lo cual, así como del conocimiento personal de otorgantes y testigos y por sus dichos de sus circunstancias personales, de haber hecho las partes las advertencias de ley, y de lo de más que aseguro en este instrumento público, Yo, el Notario, DOY FE:

Firmados: James E. McManus, M. R., Obispo de Ponce, P. José Rodríguez, O.S.A.; Nelson Escalona, Francisco Santoni.

Se encuentran las iniciales: J.E. McM; P.J.R.

Firmado, signado, sellado y rubricado: B. Quiñones Elías.

Cancelados en su original los correspondientes sellos de Rentas Internas y el del Colegio de Abogados requerida por ley.

Es segunda copia fiel y exacta de su original obrante en mi Protocolo de instrumentos públicos y para parte interesada expido la presente, el mismo día de su otorgamiento; dejando anotada su saca. DOY FE.

B. QuiñonesElías
NotarioPúblico

20. Acta de la Tercera Visita de Mons. Alonso J. Willinger, Obispo de Ponce, libro de Visitas Pastorales, fol. 59–61.

Nos. Dr. D. Aloysius J. Willinger, por la gracia de Dios y de la Santa Sede Apostólica, Obispo de Ponce, P.R., habiendo hecho la Visita Pastoral en cumplimiento de nuestro sagrado ministerio, durante los días 10, 11, 12, 13 y 14 de Abril del año 1943, después de haber examinado el estado espiritual y material de esta parroquia de Aguada, queremos consignar:

1º. Que la recepción que se nos hiciera resultó un acto imponente por el número de personas asistentes y edificante por la religiosidad que se refleja en los rostros de todos. Cooperaron el esplendor de una manera sobresaliente los BoysScouts y Girls Scouts de Aguadilla dirigidos los primeros por los PP. Redentoristas y las segundas por las Hermanas de la Santísima Trinidad. Nota simpática de ese acto fue también la concurrencia de los Hermanos del Santísimo y la gran asociación uniformada de Hijas de María y de todo el pueblo en general. Mereciendo mención especial la recitación por una

Hija de María, de una poesía de bienvenida, muy bien sentida y compuesta por el Rev. P. Fr. Luis González, OSA.

2º. La concurrencia a las misas de los Domingos es algo muy consolador y sobre todo la inmensa multitud que se congrega alrededor de la mesa eucarística mereciendo por todo esto una felicitación muy cordial de nuestra parte los celosos PP. Agustinos Rev. P. Cándido Herrero y P. Luis González. Bien merece un sacrifico de parte de los Padres resultado tan halagador.

3º. La Iglesia en su aspecto exterior e interior está muy bien y todo lo destinado al culto en buenas condiciones, siendo de desear se haga un esfuerzo para dotar a la propiedad de la iglesia de una verja que la proteja. Sabemos que el Párroco está trabajando en ello y le instamos a que prosiga, pues es conveniente para el decoro del templo y para tener asegurada la propiedad de la Iglesia.

4º. Sabemos de los esfuerzos de los Padres por la atensión de la doctrina católica y les señalamos con preferencia el medio de los muchos catequistas para el pueblo y para los distintos barrios del campo. Hemos nombrado a Da. Luisita C. Vda. De Santiago de Coamo, como Directora General de la Catequesis en la Diócesis y sería conveniente se comunicaran con ella para cambiar impresiones y ver de fomentar la enseñanza del catecismo.

5º. Hay una asociación muy fervorosa, la de los Hermanos de Cristo, que siempre ha significado una honra para la parroquia de Aguada. En la Diócesis existe la federación de capítulos de la Sociedad del Santo Nombre. Sin suprimir la asociación de Hermanos de Cristo, antes al contrario, cultivándola, aconsejamos al párroco que trabaje para que sus miembros pertenezcan también al Santo Nombre por el bien y provecho que ello significaría para la propia parroquia. En la unión está la fuerza. Por medio de la Sociedad del Santo Nombre va consiguiéndose un progreso espiritual muy grande en el elemento masculino de toda la diócesis por el buen ejemplo y ayuda que dan esos miembros a las obras parroquiales.

6º. Damos las gracias más rendidas a los celosos PP. Agustinos por su buen trato y cordial hospitalidad y a cuantas personas han cooperado al éxito de la Santa Visita y en prueba de agradecimiento les damos nuestra bendición pastoral.

Aguada 14 de Abril de 1943.

A.   J. Willinger, ssa
                                         Obispo de Ponce
Pormandato de Su Señoría
DeograciasMorondo C.M.
Secretario de Visita.

21. Propiedades de la Iglesia Parroquial (1945)

Yo, Joaquín López, Secretario–Reporter del Tribunal Supremo de Puerto Rico, Certifico:

Que en la demanda radicada ante este Tribunal Supremo por la Iglesia Católica, Apostólica, Romana contra el Pueblo de Puerto Rico sobre "El Reconocimiento de la Propiedad que a la Iglesia Católica corresponde en determinadas iglesias y templos que en esta isla están dedicados y consagrados al culto católico", Civil Núm. 2. aparece entre otras la siguiente iglesia:

"41.–Una Iglesia dedicada al culto católico, situada en el centro de la plaza principal del pueblo de Aguada, de 54 metros de longitud por 29 de latitud, incluso el atrio. Colinda por el norte con la Calle Principal; por el Sub, Este y Oeste con la Plaza principal.

"Una Hermita, en ruinas, llamada Rosario, que data desde el descubrimiento de la isla, colindante al Norte con Calle de la Hermita; al Sud la calle principal y plaza; ak Este con Ezequiel Delgado y al Oeste con el Callejón de la Hermita.

"Otra Hermita en el Barrio del Espinal de Aguada, llamada de la Concepción, de 18 metros de longitud, con tres cuerdas de terreno anexas a ella, lindando al Norte, Este, y Oeste con Nestor Cardona y por el sud con Julián Medrú"

Certifico además que en este mismo pleito se dictó por el Tribunal Supremo, con fecha junio 10, 1905, la siguiente:

"RESOLUCIÓN
"San Juan de Puerto Rico, junio 10 de 1905.
"Habiendo desistido la representación del pueblo de P.R. de las excepciones previas que había opuesto a la demanda de la Iglesia Católica, Apostólica, Romana en reclamación de determinadas Iglesias y Templos que en la misma se expresan, y habiendo manifestado la parte demandada su conformidad con la reclamación del demandante en cuanto concierne a pretensiones del mismo demandado sobre aquellas propiedades, se dad por desistido al pueblo de Puerto Rico de las excepciones propuestas y se declara que dicho Pueblo de Puerto Rico no tiene derecho alguno que reclamar y alegar con respecto de las propiedades que como suyas reclama en este pleito la Iglesia, Católica, Apostólica Romana de esta Isla.

Lo acordaron los Sres. del Tribunal y firman de que certifico. "(Fdo.) José S. Quiñones, José C. Hernández, José M. Figueras, J. H. McLeary, Adolph G. Wolf".

En testimonio de lo cual y a petición del Rev. P. Luis González, expido la presente certificación después de cancelar los correspondientes sellos de Rentas Internas, en San Juan, Puerto Rico, hoy 6 de mayo de 1943.

Joaquín López
Secretario–Reporter
Corte Suprema de Puerto Rico.[319]

22. Acta de la Primera Visita Pastoral de Mons. Jaime Eduardo McManus, libro de Visitas Pastorales, fol. 62–63.

Nos, Jaime Mc Manus, C.S.S.R. por la gracia de Dios y de la Santa Sede Apostólica. Obispo de Ponce Puerto Rico, habiendo procedido a la Santa Pastoral Visita de la Parroquia de San Francisco de Asís de Aguada en cumplimiento de nuestro sagrado ministerio los días 10, 11, 12, 13 y 14 de los corrientes mes y año, tenemos a bien dejar consignado lo siguiente:

---

[319]   Certificación de las Propiedades de la Iglesia Católica firmada por Joaquín López, Secretario–Reporter del Tribunal Supremo de Puerto Rico, en San Juan el 6 de mayo de 1943. Propiedades de la Iglesia Católica, ACAA.

1. Damos nuestras más expresivas gracias por el recibimiento a Nos tributado el día de nuestra entrada en esta Parroquia, así como por el orden y buena organización de la procesión, por el celo del Reverendo Cura Párroco y cooperación del Sr. Alcalde D. Juan Villaruvia, Fuerza Pública y Organizaciones Parroquiales.

2. Felicitamos a D. Pablo Gutiérrez, Cura Párroco por las buenas condiciones en que actual mente se encuentra el Templo Parroquial.

3. Recomendamos trate de establecer contacto con los H.H. Cheos para que por medio de ellos se extienda más por los campos apostolado que actualmente desarrollan los RR. Cura Párroco y Coadjutor en bien de las almas.

4. Recomendaciones:

   a. Que el interior del tabernáculo sea forrado de seda.

   b. La llave del mismo debe ser plata o metal con baño de oro.

   c. Caja para los Santos Óleos..

   d. Libro de fábrica de la Iglesia en el que se mostrarán colectas dimisional.

   Salidas como sueldos, limpieza, luz, reparaciones, etc. Balance.

5. Libro de anuncios y advertencias para los domingos.

6. Inventario de la Casa Parroquial.

7. Por último trasmitimos nuestras gracias más efusivas al Rvdo. Cura Párroco por su buen trato y atenciones recibidas, a esas almas cristianas, de esos piadosas jóvenes que tanto han trabajado por hacernos agradable la estancia en esta parroquia y hacemos extensivos estas gracias a todos los que han cooperado para eficacia de nuestra visita pastoral en beneficio de las almas y a mejor gloria de Dios.

   A todos nuestra Pastoral Bendición.

Aguada a quince de Abril de mil novecientos cuarenta y ocho.

+ Jaime Eduardo Mc. Manus
Obispo de Ponce

Por mandato de P.E.R. el Obispo mi Señor,
Angel Picolomo, Pbro.
Secretario de la Visita.

23. Acta de la Visita de Renovación realizada por el P. Pedro Moratiel, Prior Provincial, fechada Santurce el 26 de noviembre de 1949. Carpeta Visitas de Renovación 1949–1959, ACAA.

INDICACIONES

1ª. Que se haga la Visita al Santísimo antes o después del medio-día, terminando con el ángelus.

2ª. Que se tenga el retiro mensual, escogiendo el día mas apropiado a juicio del P/ Superior.

3ª. Nativitas. Coronilla de Ntra. Madre de la Consolación, examen y oración Serótina, se tendrá lo más tarde posible, como despedida del día.

4ª. Que todos los meses haya reunión en todas las casas para la aprobación de cuentas y demás asuntos que hubiere necesidad de tratar en la casa. Los libros todos, llevarán la firma de tres: P. Superior, Procurador y Depositario o por los revisores de cuentas si los hay nombrados.

5ª. Los superiores de las casa darán la Absolución General, así como la Bendición Papal, los días señalados.

6ª. Debe darse la mayor solemnidad a la Exposición del Santísimo, tanto Mayor como Menor.

7ª. Aconsejamos que nuestros PP. escriban con el competente permiso para ello, en revistas, diários, folletos, hojas parroquiales, etc.

8ª. No se olviden los Superiores del consejo de N. S. Padre en la Regla "Que deben más ser amados que temidos". Que resplandezca tanto en Superiores como en los súbditos la Caridad, reina de las virtudes y que tanto el Santo Padre nos recomienda siempre.

9ª. En todas las casas habrá un libro de Consulta en el que se levantará acta cada mes de la aprobación de cuentas, y se hará constar los asuntos que se traten en la reunión y sean aprobados.

10ª. Tener en la más alta veneración a nuestros Superiores, tanto en público como en privado. Honrando y ensalzando a nuestros Superiores, nos honramos a nosotros mismos. Son nuestra cabeza. Os recomiendo una veneración especial hacia el P. Comisario que es el Padre de todos y al que toca mirar por todos. Una cola indicación de él, debe ser un mandato para todos y que no hagamos cosa que se salga de lo ordinario, sin que le demos cuenta, como los buenos hijos hacen con sus padres.

11ª. Todas las casas harán entrega de sus fondos a Comisaría, por lo menos cada seis meses. Tened en cuenta, amados hermanos, los gastos ingentes que las tres casas de formación originan. Si queremos tener sucesores sanos y bien formados, necesitamos hacer un supremo esfuerzo para cambiar las condiciones de vida en dichas casas, que bien sabéis no están a la altura de nuestros deseos.

12ª. Siguiendo las directrices de la Iglesia Nuestra Madre, debemos trabajar por tener vocaciones en nuestras parroquias, tanto para nosotros como para el clero secular. Si para nosotros hay algún postulante de garantía; lo examinará el P. Comisario con su Consejo, a quien pertenece la aprobación y el enviarlo al Seminario, lo mismo los gastos que origine hasta que estuviera en condiciones de ir al noviciado, que ya sabeis ahora se hace después de estudiar la Filosofía.

13ª. Para los Santos Ejercicios Espirituales, sería bueno que los dirigiera un Padre, ya de los nuestros o de otra congregación. Si no pudiera ser los ocho días, por lo menos los tres días últimos.

14ª. Deben celebrarse los Aniversarios de la Orden, a poder ser, el mismo día señalado con las correspondientes estaciones, rezadas al menos. Nuestros Difuntos y nuestros Bienechores, deben ser los primeros en nuestras oraciones.

15ª. En todas nuestras casas debiera hacer lista de Bienechores puesta en sitios visibles. Por ejemplo en la Sacristía si son Bienechores de la Iglesia, o en la Sala de Visitas si son Bienechores de la casa. Así sabríamos por quien teníamos que pedir, aunque no los hubiéramos conocido. Claro que Dios les concede, pero no estaría mal que los conociéramos también nosotros. En más de una Comunidad he visto esta práctica.

16ª. Despedirse en el último acto de comunidad, con tres "Ave Marías" a Ntra. Sra. De Gracia, advocación tan venerada en otro tiempo en Nuestra Orden y bajo cuyo patrocinio especial, ponemos a esta Comisaría.

17ª. Fundar, extender y propagar la Archicofradía de Ntra. Madre de la Consolación. Será fuente de gracias y bendiciones innumerables para esta Comisaría. También aconsejamos la fundación de los Terciarios de Ntra. Orden, a fin de hacer los seglares participantes de nuestras gracias y privilegios y ensanchar la familia agustiniana.

Esto es, mis queridos hermanos lo que nos ha parecido bien aconsejar y disponer en esta Santa Visita Provincial y para que más mérito tengáis en ello, deseamos que todo lo que se lleve a la práctica de estas Indicaciones, tanga el mérito de la Santa Obediencia.

No quiero terminar, sin exhortaros encarecidamente a la unión y caridad fraternas que es el vínculo de nuestra perfección. La unión y caridad, os darán el éxito en todas vuestras empresas. Estamos en vísperas de emprender una Gran Obra en esta Comisaría, la construcción del Colegio de Santurce; tomadlo, como es en verdad, como Obra de todos y trabajar para él con los mayores entusiasmos.

Que el Santo Divino Espíritu, que rige y gobierna la Santa Iglesia que es el Autor de la Vida de Hijos de Dios en las almas y que os ha dispersado entre las gentes: "ut enarretismirabiliaejus", haga que cada día se abrase más y más vuestro corazón por la gloria de Dios y la perfecta y fecunda, siguiendo así las huellas de Nuestro Santo Padre, como hijos fieles y amantísimos.

Mi bendición paternal para todos: En el nombre del Padre del Hijo y del Espíritu Santo.

Dado en Santurce a 27 días del mes de noviembre de 1949. Primera Dominica de Adviento.

Fr. Pedro Moratiel
Prior Provincial.

Léase en todas las casas de la Comisaría de esta Isla de Puerto Rico una vez al año, hasta la nueva Visita Provincial.

24. Acta de la Segunda Visita Pastoral realizada por Mons. Jaime E. McManus.. Libro de Visitas Pastorales, fol. 62–66.

ACTA DE SANTA VISITA PASTORAL

Nos. Revd. P. Jaime Eduardo Mc. Manus, C.S.S.R. por la gracia de Dios y de la Santa Sede Apostólica, Obispod e Ponce P.R. en cumplimiento de nuestro Santo Ministerio, hemos fijado la Santa Visita Pastoral a esta Parroquia de San Francisco de Asís de Aguada P.R. los días 1º., 2, 3, 4, 5 y 6 de Marzo y hemos considerado lo siguiente:

Primero: fue grandísima la impresión que nos produjo la magna, entusiasta y devota recepción que se nos dispensó al iniciar la Santa Visita, en este para Nos tan querido pueblo de Aguada. Una selecta Comitiva, integrada por el Honorable Sr. Alcalde. Don Manuel Egipciaco, el representante de la Cámara D. Evangelista González, de nos escolta desde los límites del Pueblo–Y en el Santo Templo completamente lleno de fieles–todos esperaban con marcada atención las paternales advertencias y consejos de su Padre y Pastor diocesano.

Segundo: Hemos inspeccionado cuidadosamente todo lo referente a estado espiritual y material del Santo Templo–Sacristía–Casa Parroquial–Sagrario–Confesionario–Presbiterio–Ornamentos y Vasos Sagrados. Y toda gracias a Dios se hallaba en buen estado, todo bien custodiado y todo en orden.

Tercero: Se ha notado un gran incremento en la piedad y religiosidad de este pueblo de Aguada, sobre todo desde la Santa Misión dada aquí por el Redo. P. Saturnino Junquera S.J. En su concepto esta misión fue la mejor, entre todas las dadas por él en P.R.

El domingo pasado en todas las misas el Templo se veía completamente lleno, aumentando mucho los hombres–Las comuniones rebasaron bastante la cifra del millar–Un Coro, Hijas de María se acercaron a la Santa Mesa–Las demás asociaciones Religiosas dieron también su gran aportación–así los Hermanos del Santísimo–Los Socios del Santo Nombre–Jueves Eucarísticos–Apostolado de la Oración y Reunión del Sagrado Corazón de Jesús, Esposas y Madres cristianas y la Congregación de la Doctrina Cristiana, integrada en gran parte por fervorosos caballeros, quienes hacían referencia, enseñan el catecismo en no menos de 40 centros del Pueblo y de los Campos.

Todo esto supone un trabajo intenso en los RR. PP. Agustinos quienes con tanto acierto regentan esta Parroquia–Por tanto la dicha damos fervientes gracias a Dios y felicitamos de todo corazón al fervoroso e ilustrado Sr. Cura Párroco Rvdo. P. Antonio Zubillaga, y a los dos no menos ilustrados, jóvenes entusiastas coadjutores RR. PP. Carlos Gutérrez y César Antonio García.

Cuarto: También en su aspecto material, hemos observado notables mejoras desde nuestra anterior visita pastoral. Se ha pintado el presbiterio, se ha renovado y pintado el cinc–para evitar las goteras en la Iglesia–y en la casa parroquial se han invertido cerca de $10.000.00 y hemos sabido también que se intenta conseguir una Comunidad de Religiosas, para que se encarguen de la Escuela Parroquial.

Quinto: Por un presente aprobamos y respaldamos las Ordenanzas consignadas en las anteriores Visitas Pastorales, por nuestros venerables Predecesores y aconsejamos su frecuente lectura y fiel observancia.

Finalmente: Damos a todos V. Las más expresivas gracias mostradas y finas atenciones recibidas durante estos días de grata convivencia en este amado pueblo de Aguada.

Gracias simplemente al Sr. Cura Párroco Rvdo. P. Antonio Zubillaga y celosos y dinámicos coadjutores a la asamblea Municipal–Cuerpo de Policia–Directivas de Asociaciones Religiosas, a las gentiles damas, señoritas y caballeros que tantos e han esmerado en obsequiarnos y tanto y tan eficazmente han contribuido al éxito de esta Santa Visita Pastoral.

En justa reciprocidad por todos VV elevamos fervientes preces al Señor y a todos Vv. Muy de corazón impartimos nuestra Pastoral Bendición.–En el nombre del Padre y del Hijo y del Espíritu Santo.

Aguada 6 de marzo de 1952.

Jaime Eduardo Mc Manus,
Obispo de Ponce

Por mandato del Ilmo. y Rvdmo.

Sr. Obispo, mi señor,

Pbro. Lucas Aldana CM

Secretario Visita Pastoral

25. Acta de la Visita de Renovación Provincial 1953 realizada por el P. Pedro Moratiel, Prior Provincial, fechada en Santurce el 15 de abril de 1953. Carpeta Visitas de Renovación Provincial 1949–1959, ACAA.

Comisaría Provincial

De

Padres Agustinos

Puerto Rico

Carta Circular al M.R.P. Vicario Provincial de Puerto Rico y a todos los Priores y demás Padres de la Isla.

Amadísimos en el Señor: Habiendo efectuado la Santa Visita en todas las Casas de la Isla, me es muy grato hacer constar que en todas ellas he encontrado gran espíritu de observancia y gran celo por la gloria de Dios y la salvación de las almas, por lo que no nos cansaremos de dar gracias a Dios. Y como Dios no se deja vencer en generosidad, ha bendecido largamente el trabajo de nuestros religiosos en todos los órdenes, como se echa bien de ver en el progreso de todas nuestras parroquias, de tres años a esta parte sea Dios bendito por todo ello.

Terminada la Santa Visita, nada tenemos que disponer, pero si queremos recoger los anhelos y aspiraciones que he podido comprobar que son comunes a todas las casas: El establecimiento de los TERCIARIOS de Nuestra Orden y la creación de un Colegio Apostólico para la formación de los jóvenes que deseen vestir nuestro Santo Hábito. Estos dos anhelos todos los consideran urgentes. No tengo porqué decir que abundo en los mimos deseos y que por estas LETRAS queremos declarar de urgencia y desearíamos que cuanto antes se llevaran a la práctica.

Por lo que a los Terciarios se refiere, ya hemos pedido a Roma la correspondiente autorización y tan pronto como esta llegue, es nuestro deseo que se establezcan los Terciarios en <u>todas</u> nuestras Casas.

En cuanto al Colegio Apostólico desearíamos que en el próximo mes de octubre comencemos a funcionar ya para los alumnos de primero de Latín. Para ello conviene que todos a una pongamos nuestro esfuerzo en ello. Creo que ha llegado la hora, si es que no está ya pasada, (mas de uno hemos perdido por no tener Escuela Apostólica,) de que siguiendo las directrices que nos marca nuestra Santa Madre la Iglesia, tratemos de formar religiosos en esta Isla donde llevamos trabajando más de cincuenta años. El día que tengamos Padres portorriqueños, podríamos decir que nuestra obra misionera en la Isla, había llegado a su coronación.

Por mi parte sabed que tenéis todo mi apoyo y mi bendición. Y si todos ponemos nuestro granito de arena, nada dudemos, que pronto será una realidad.

Sugiero que antes de finalizar este mes, los PP. de cada Casa, tengan una reunión para tratar de este asunto, modo de resolverlo, lugar de emplazamiento… Etc. Y en la primera decena de mayo, que en la casa que el P. Comisario designe, se reúnan al menos un Padre de cada Comunidad, para tratar de lo mismo y que cada Padre lleve las iniciativas de que se haya hablado en su respectiva casa.

El P. Comisario queda encargado de todo lo que se haga a este respecto y de enviarme la información correspondiente. El podrá nombrar un Padre o más para que se encarguen de llevar a la práctica este anhelo común a todos, si lo crea conveniente.

Que Nuestro Padre San Agustín, bendiga vuestros trabajos y que pronto tenga hijos de esta bendita tierra de Puerto Rico, que lleven su celo y amor ardiente por doquier.

En su nombre yo os bendigo en el nombre del Padre y del hijo y del Espíritu Santo.

Santurce, P.R. a 15 días del mes de abril de 1953

Firmado y rubricado

> Fr. Pedro Moratiel
> Prior Provincial

Hay un sello que dice: Provincia Castellae Ordinis Eremitarum, S.P.N. Agustini.

Es copia del original, por mandato de Nuestro Muy Reverendo P. Provincial.

> Fr. Cándido Herrero OESA
> Vicario Provincial en Puerto Rico.

26. Acta de la Tercera Visita Pastoral realizada por Mons. Jaime E. McManus. Libro de Visitas Pastorales, fol. 62–66.

ACTA DE LA SANTA VISITA PASTORAL

Nos Dr. D. Jaime Eduardo McManus, C.Ss.R. por la gracia de Dios y de la Santa Sede y 7 de marzo de 1957, Obispo de Ponce, P.R., realizada en cumplimiento de nuestro sagrado ministerio, girada la Santa Visita Pastoral a la Parroquia de San Francisco de Asís Aguada, P.R., durante los días 2,3,4,5, 6 y 7 de marzo de 1957, venimos a consignar lo siguiente:

Primero: que no podemos menos que altamente encomiar la gran labor de los Padres Agustinos especialmente del actual Párroco, Rvdo. P. Carlos Gutiérrez, OSA en esta, Parroquia. El gran número de fieles que frecuenta los Sacramentos la piedad que en ellos hemos podido notar, y las nuevas capillas construidas son índice del progreso tanto espiritual como material de la Parroquia.

Segundo: que al examinar la Iglesia, el Sagrario, los Confesionarios, la Sacristía, el Archivo Parroquial y la casa Rectoral, no hemos encontrado irregularidad alguna.

Tercero: que agradecemos de todo corazón al Rvdo. Padre Párroco, Carlos Gutiérrez, OSA, y sus Coadjutores PP. César A. García y Celso Martínez, las muchas atenciones y finezas que nos dispensaron durante la Visita Pastoral.

Cuarto: finalmente como manifestación de verdadera gratitud y en justa reciprocidad impartimos tanto a los Sacerdotes de la Parroquia como a los fieles en general nuestra bendición Pastoral: En el nombre del Padre, y del Hijo y del Espíritu Santo.

Aguada, P.R. a 7 de marzo de 1957.

Jaime E McManus
Obispo de Ponce

Por Mandato de S.E.R.
S.G. Martínez
Sec. Vice–Canciller

27. Telegrama con Motivo de la Muerte de Pío XII, Papa (1958)

P 016- BKX3
MBKX DE (WR)
PZ022-PBKX DE PZ511 KR 1010 A 93 PAID NPLES 99 CTS
CIRC 41 TELS–PONCE 9 OCT 58

REVERENDO PARROCO
IGLESIA CATOLICA,
AGUADA, P.R.

MURIO EL PAPA SUSPENDANSE REPIQUES DE CAMPANA Y TOQUENSE DOBLES DIARIAMENTE MANANA MEDIODIA Y TARDE HASTA DIA ENTIERRO

MISA EXEQUIAS MANAN 10:00–AM CATEDRAL PONCE CON ASISTENCIA CLERO Y RELIGIOSOS EXEQUIAS DIA ENTIERRO IGLESIA SANTA MARIA REINA CELEBRASE MISA EXEQUIAL EN TODAS LAS PARROQUIAS Y CAPILLAS DE COMUNIDADES DIA MAS PROXIMO OPORTUNO CON MAYOR SOLEMNIDAD POSIBLE Y NOVENA ROSARIOS EMPEZANDO ESTA NOCHE PUEDEN CELEBRARSE MISAS VESPERTINAS POR SU ETERNO DESCANSO STOP ORACION IMPERADA PRO RE GRAVI SERA DE MISA PRO ELIGIENDO SUMMO PONTIFICE PRIMA INTER MISSAS VOTIVAS AD DIVERSA.

PADRE VICTOR M NAZARIO
CANCILLER
1108AM

28. Suplemento "seu Decreta" del Capítulo Provincial de 1963.

VICARIA PROVINCIAL
PP. AGUSTINOS
Apartado 9825–Tel. 722–3134
SANTURCE, P.R. 00908

OFICIAL

SUPLEMENTO DEL NUEMRO VIII DE "DEFINICIONES SEU DECRETA"DE LAS ACTAS DEL CAPITULO PROVINCIAL
1963

1º.– El M.R.P. VICARIO PROVINCIAL gestionará lo referente a trámites y pago del pasaporte, billete o pasaje de los religiosos que hayan de emprender viaje fuera del país de su residencia.

2º.– El M.R.P. VICARIO PROVINCIAL proporcionará a los religiosos, que regresen transitoriamente a la Patria, después de los cinco o diez años de ejercicio eficaz de su ministerio, la cantidad equivalente a 120 dólares. Los regalos, sea en objetos o en metálico, recibidos por los religiosos, serán entregados al Superior inmediato, quien dispondrá de ellos según el espíritu de nuestras leyes.

3º.– Cuando los religiosos lleguen al país destinado como lugar de su descanso, se presentarán, cuanto antes, al M.R.P. PROVINCIAL, o a su legítimo representante, quien les determinará un plan de vida al igual que el itinerario y la casa de residencia por el tiempo que permanezcan en dicho país. No podrán emprender viajes fuera del itinerario establecido, sin autorización expresa del Superior Mayor.

4º.– Los religiosos, a su regreso, darán cuenta detallada de los gastos realizados al M.R.P. VICARIO PROVINCIAL.

Madrid a 28 de septiembre de 1963.

P. Modesto Santamarta
Prior Provincial

Sellado con el Sello de la Provincia.

Firma y sello Vicarial: P. Carlos Gutiérrez, O.S.A.

Vic. Provincial

29. Acta de la Visita General de Renovación realizada por P. Santos Santamarta, Vicario y Asistente General, fechada en Santurce el 1 de abril de 1965. Carpeta Visitas Generales de Renovación 1959–1969, AVANT.

VICARÍA PROVINCIAL
AGUSTINOS DE CASTILLA
SANTURCE, PUERTO RICO

REV. P. SUPERIOR:
UNA VEZ TERMINADA LA VISITA REGULAR QUE GIRA, A TODAS Y CADA UNA DE LAS CASAS DE ESTA VICARIA, EL ASISTENTE DE NUESTRO REVERENDISIMO PADRE GENERAL, EN CALIDAD DE VISITADOR, ME ES GRATO COMUNICAR A V.R. Y COMUNIDAD, LAS DECISIONES, POR EL, TOMADAS.

Dice así:

"Muy Rev. Padre: Al finalizar la Visita Regular a las Casas de la Vicaría, no juzgamos necesario tomar determinación especial alguna; pero, sí nos ha parecido oportuno poner de relieve ante V.R., dos puntos principales:

1º.– OBSERVANCIA REGULAR. Se encuentra algo deficiente en general en lo que se refiere a los actos ordinarios de Comunidad.

2º.– USO DEL HÁBITO RELIGIOSO. Nos vemos en la precisión de recordar lo que preceptúan NN. SS. Constituciones (n. 510), y con ello encarecer a V. R., y a los Superiores de las Casas, la obligación que tienen de mirar por su cumplimiento y por que no se introduzcan novedades sin la correspondiente autorización por parte de la Orden.

Lo que comunico a V. R., para hacerlo llegar a conocimiento de todos y para conseguir uniformidad edificante en todos los Religiosos de su jurisdicción.

Santurce, P. R., 1º de Abril de 1965.

(Firmado) Fr. Santos Santamarta, As, y Vis. Gen.

M.R.P. VICARIO PROVINCIAL
DE PUERTO RICO

Poniendo en práctica el espíritu de la Ley, manifestado por el Visitador, retornamos, en cuento sea posible, a la antigua observancia.

Deus nobis sic adjuvet.

P. Carlos Gutiérrez, O.S.A.

REV. P. SUPERIOR DE AGUADA.

30. Autorización del Libro de Santas Visitas y Disposiciones de los Superiores. Aguada, P.R. a 10 de diciembre de 1955, ACAA.

ACTA 1

El día 11 de Enero del año 1964 a las 11:45 a.m., reunida la Comunidad de esta casa de Aguada bajo la presidencia del M.R.R. Provincial Fr. Modesto Santamarta procedió a la Apertura de la "Visita Canónica". Recitadas las preces ordenadas por el Ritual de la Orden. N. P. Provincial en alocución oportuna, presentó sus mejores saludos a la Comunidad; y expresó a la misma los fines y propósitos de la "Visita Canónica". A continuación, el P. José María Coto, Secretario de la Visita, leyó el "Precepto" que señala la ley, y los puntos sobre los cuales serían interrogados los religiosos. Hecho lo cual, comenzaremos éstos a ser llamados por separado y escuchados en secreto.

En la mañana del día 13 de Enero de 1964, después de celebrar N. P. Provincial la Santa Misa, en presencia de toda la Comunidad, se hizo la Visita del Santísimo Sacramento, y se examinaron las cosas relacionadas a la "Iglesia y Culto Divino". También fueron examinadas las dependencias de la casa; y vistos y aprobados los libros de Depósito, Colecturía, Procuración, Misas y de Actas de los Capítulos Conventuales.

Por último, a las 11:30 de la mañana del mismo día 13 de Enero, reunida de nuevo la Comunidad bajo la presidencia del M.R.P. Provincial Fr. Modesto Santamarta, se procedió a la Clausura de la Visita Canónica de esta Casa. Pero antes de hacerlo, consideró conveniente dar las siguientes normas o disposiciones:

1ª. Es obligatorio tener en la Casa un libro de "Oficios", y anotar en él todo lo correspondiente a las comunicaciones oficiales.

2ª. Para salir de los límites de la Parroquia debe pedirse permiso al Superior. Y dentro de la Parroquia se aconseja que lo hagan cuando se trata de visitas no ministeriales.

3ª. Todos los religiosos deben estar en Casa no más tardar de las diez de la noche. Y después de las once, es hora de silencio.

4ª. Todos deben tener discretamente unas dos horas de estudio; y tratar y resolver en común "Casos de Moral y de Liturgia".

5ª. Dne. Habrá exámenes quinquenales para los que están obligados a los mismos.

6ª. Cúmplase fielmente todo lo que se refiere al Retiro Espiritual y aprobación de cuentas mensuales. No se firmen éstas, sin antes haber sido debidamente examinadas.

7ª. Las actividades parroquiales deben organizarse con regularidad y en común.

8ª. Se ha de procurar salvaguardar con el mayor cuidado todos nuestros intereses.

9ª. Se considera obligatorio el recreo en común después de la comida.

Finalmente, expreso a toda la Comunidad los Proyectos de Nuestra Provincia. Y exhortó a todos a la mejor convivencia de hermanos, superando las diferencias temperamentales. La fuerza para superar estas contingencias, la encontramos, dijo: en la oración y vida interior, fuentes de energía.

A continuación N. P. Provincial, impartió a la Comunidad la "Absolución General", y se recitó por todos el Himno: "Te Deum" con las oraciones correspondientes. Y así quedó cerrada la Visita Canónica a esta Casa y Parroquia de Aguada.

Aguada–14 Enero 1964.
P. José María Coto, Secr. De Vis.
Vis: Modesto Santamarta, Prior Prov.

Vidimus in Sacra Ordinis Visitatione. Enmixe omnes exhortamus ut fideliter adimplautur determinationes ab Adm. R. P. Provincialis in praecedente Visitatione datae.

Aguada, 29 martii 1965.

Fr. Varicites Santamare.

Ac. Et Vip. Gen.

31. Acta de la Visita Provincial de Renovación realizada por el P. Modesto Santamarta. Carpeta de Visitas de Renovación Provincial 1959 - 1969, ACAA.

CONCLUSIONES DE LA VISITA DE RENOVACIÓN REALIZADA POR EL P. MODESTO SANTAMARTA

1) Se establece la oración mental como acto comunitario, dejando al criterio del Superior de la Casa, en consulta con la Comunidad, determinar la hora más conveniente.

2) Se establece como acto comunitario el rezo de las Completas, al cual se unirán el rezo de la Oración Serótina en fórmula abreviada, y el Examen de conciencia. Este acto comunitario debe considerarse como el último del día. El Superior de la Casa, en consulta con la Comunidad, determinará la hora más conveniente para llevarlo a cabo.

3) Se establece el Retiro Espiritual cada dos meses. Se realizará por Zonas y tendrá carácter comunitario. Será misión del P. Vicario señalar fecha y casa donde deba realizarse y siempre podrá presidirlo él mismo o hacerse representar por un Delegado, elegido por él. Será misión de la casa donde se celebre, organizar el plan general del Retiro, así como determinar el Moderador del mismo.

4) Se establecen los Ejercicios Espirituales anuales comunes para toda la Vicaría, incluida La Vega, R.D. Será misión del P. Vicario y su Consejo el señalar fecha y lugar. Los Ejercicios se llevarán a cabo en dos tandas y se buscará un director especializado.

5) En los actos más solemnes, convocados por el Sr. Obispo, deberá asistir siempre una representación de la Comunidad. En los actos solemnes litúrgicos todos deben usar el hábito negro con capilla. En los actos sociales se puede usar el traje sacerdotal o clreryman. En la oficina y reuniones ordinarias de la Parroquia se puede usar el hábito blanco o distintivo sacerdotal. Sobre lo dicho siempre deberán respetarse las normas diocesanas vigentes.

6) Se establece como acto comunitario el Capítulo Conventual, que sustituirá, en la práctica, al tradicional Capítulo de Culpis. Deberá realizarse mensualmente. Esta reunión deberá tener un carácter de "Revisión general de Vida", y será misión del Superior local convertir este acto comunitario en un elemento básico en la vida

de la Comunidad. Será también el momento para la aprobación de cuentas. Se abrirá en todas las casas un libro de Actas.

7) Será misión del Superior local, en consulta con la Comunidad, planificar el trabajo Parroquial.

8) Se determina que cada tres meses se envíen a Depósito Vicarial el fondo económico de cada Casa, dejando un remanente de mil dólares por Comunidad. Los envíos se harán el–1 al 15–de los mese enero, abril, julio y octubre. El P. Vicario enviará el fondo económico Vicarial a España cada seis meses.

9) Queda al estudio del Ven. Definitorio fijar la cantidad de dinero que cada Padre recibirá para las vacaciones.

10) Queda a cargo del P. Vicario y su Consejo el nombramiento del Corresponsal general del Boletín informativo, del Delegado Vicarial de Vocaciones y de la Comisión local nombrar un corresponsal de su Comunidad.

Velar por el fiel cumplimiento de estas conclusiones será primordial responsabilidad del P. Vicario, en general, y de los Superiores locales en particular. Y no menor obligación y responsabilidad corresponde a todos los miembros de la Vicaría en cuanto a su cumplimiento se refiere. Estas conclusiones no son otra cosa que una adaptación de nuestras leyes a nuestro estilo de vida. Son también fieles deducciones del común sentir y pensar de la mayoría. Por consiguiente, la necesidad de su cumplimiento está en la conciencia de todos. Solo se nos pide que seamos fieles a nosotros mismos.

32. Nombramiento del P. Gonzalo González, OSA, como Párroco de la Parroquia San Francisco de Asís de Aguada, P.R. Firmado por Mons. Jaime McManus, Obispo de Ponce, fechado el 29 de julio de 1960. Carpeta Nombramientos Parroquiales 1959–1969, APASFA.

Nos Dr. Jaime E. Mc Manus C. SS. R., J. C. D.
Por la gracia de Dios y de la S. Sede Apostólica
Obispo de Ponce, Puerto Rico

Por las presentes letras y en virtud de nuestra jurisdicción ordinaria y confiando en la virtud, ciencia y aptitud del Presbítero Don *Muy Revdo. P. Gonzalo González, O.S.A.,* venimos en nombrarle cura **Párroco** de la Parroquia de **San Francisco de Asís de Aguada, P. R.** con todas las facultades concedidas por el Derecho Canónico vigente; ordenándole así mismo, se sirva recibir la dicha parroquia bajo formal inventario, cuya copia remitirá a nuestra Secretaría de Gobierno. Deberá tomar posesión de esta parroquia el día **29** de **Julio** de **1960**. También dará lectura al pueblo de este nombramiento en las misas del primer domingo de su actuación en esa Parroquia.

Dado en nuestro Palacio Episcopal de Ponce, Puerto Rico a **29** de **Julio** de **1960.**

Jaime Mc Manus
Obispo de Ponce, P. R.

Secretario Canciller

Reg. Lib. De licen. No. 1 fol. No 7.

———————

NOTA IMPORTANTE: Hágase al mismo tiempo la profesión de fe a tenor con los Cánones 1443-1445 ante nuestro delegado **M. R. P. Vic. Provincial.** Envíe además la fecha del cumplimiento de estas disposiciones a la oficina de la Cancillería.

CRÓNICAS

Apuntes Cronológicos previos a la llegada de los PP. Agustinos, tomados del P. Isaías Revilla Casado. *Memoria de los Agustinos en Aguada (1919–1994). p. 4.*

1502–Fray Alonso de Espinar arriba a las costas de Aguada. Era el provincial de los franciscanos.

1510–Fundación de la Villa de Sotomayor en el Espinar.

5011–Quemada por los Indios caribes.

1516–El Obispo Manso envía ocho franciscanos que fundan el convento en el barrio del Espinar en la "Villa de S. Francisco de Asís de la Aguada".

1527–Se celebra la fiesta de S. Francisco.

1528–Se funda la primera capilla del Espinar de madera.

1529–Los caribes destruyen el convento franciscano y su capilla, y matan a los frailes.

1543–Cambiada de sitio la ciudad de Aguada.

1545–Fundación de la ermita del Rosario.

1585–Establecimiento del Pueblo de Aguada en el sitio actual. Fundación de la Parroquia S. Francisco   de Asís. La ermita del Espinar se construye a cal y canto.

1634–Regresan los franciscanos.

1639–El Obispo manda levantar la capilla de la Concepción en el mismo sitio donde fueron sacrificados   los franciscanos.

1646–Fundan un nuevo convento.

1692–Se constituye en Parroquia Colativa, independiente de S. Germán.

1765–Aguada tiene 4,272 habitantes.

1772–Se asignó al Párroco 600 pesos anuales y al Teniente cura 500.

1776–Fray Iñigo Abad describe al pueblo "con cuatro filas de casas; en el centro la iglesia en malas   condiciones por falta de suelo firme y al lado de la plaza una capilla decente que suple a la iglesia".

1778–Se le da el título de Villa y Vicaría.

1793–Se inicia la construcción de la nueva Iglesia. Se termina en 1828 y se repara en 1829.

1826–Se gasta 367 pesos en recomponer la Iglesia.

1827–Se concede 1,900 pesos para al reparación de la Iglesia.

1841–Se traslada la cabecera de Partido Judicial de Aguada a Aguadilla.

1857–El Obispo Gil y Esteve manda reparar la ermita del Espinar, siendo cura párroco D. José Ma. de la   Seda.

1871–Se cierra al culto la ermita del Espinar.

1912–Un incendio destruye la alcaldía y muchos documentos.

1918–Destruida la Iglesia por un terremoto (11 octubre).

1919 –Llegada de Padres Agustinos.

Apuntes Cronológicos Después de la Llegada de los Padres Agustinos

1919

9 febrero: Primera firma del P. Juan Torner como Cura Encargado de la Parroquia San Francisco de Asís de Aguada en el Libro de Bautismos no. XXXIX.

11 mayo: Firma del P. Pedro de Arancibia como Párroco de Aguada.

21 julio: El Consejo Vicarial asume el trabajo pastoral de la Parroquia de Aguada.

4–5 agosto: El Capítulo Provincial asume el trabajo pastoral en la Parroquia de Aguada y nombramiento del P. Pedro de Arancibia como primer Prior y Párroco de Aguada.

1920

11 octubre: Visita del P. Juan Torner, Visitador Delegado.

30 noviembre: Inician los donativos para construir la Iglesia Parroquial.

1922

22 junio: El P. Juan de Gosotiza compró a Don Eugenio González y González los terrenos y la casa que anteriormente pertenecían a Dña. Ulpiana Rosario Torres.

1924

14 abril: Mons. George José Caruana, Obispo de Puerto Rico, autorizó al P. Pedro de Arancibia a vender la Casa del Cura Párroco de Aguada.

2 mayo: Permuta por la Ermita del Rosario firmada entre Mons. George Caruana, Obispo de Puerto Rico, y Manuel Ruíz González, Comisionado de Servicios Públicos del Municipio de Aguada.

4 mayo: Visita Pastoral de Mons. George José Caruana, Obispo de Puerto Rico.

28 septiembre: Concluyen los donativos para construir la Iglesia Parroquial.

1927

11 febrero: Primera Visita Pastoral a la Parroquia de Mons. Edwino V. Byrne, Obispo de Ponce.

2–6 julio: Nombramiento del P. Fernándo Salterain como Vicario Provincial y al P. Pablo Gutiérrez párroco de Aguada.

1928

A principios: Visita de Renovación General del P. Eustasio Esteban, Prior General de la Orden.

21 noviembre: Visita del P. Fernando Salterain, Visitador Delegado.

31 diciembre: Inicia el Capítulo Provincial en el que se aprueba el Reglamento de Misioneros de Puerto   Rico.

1930

2–7 julio: Nombramiento del P. Juan García como Vicario Provincial y P. Arsenio Fernández, Párroco.

1931

19 diciembre: Carta del P. Clemente Fuhl, Prior General, a los Agustinos Españoles.

1932

26 enero: Visita Provincial de Renovación a la Comunidad de Aguada por parte del P. Ángel Monjas, Prior Provincial.

29 junio: Firma del Contrato para la Construcción del Altar Mayor de la Iglesia.

1933

16 febrero: Mons. Alonso J. Willinger, Obispo de Ponce, reconoce la propiedad de los PP. Agustinos.

24 abril: Visita del P. Juan de Gosortiza, Visitador Delegado.

1–5 julio : Nombramiento del P. Arsenio Fernández como Vicario Provincial y P. Pablo Gutiérrez, Párroco.

1934
18 junio: Visita de Mons. Alonso J. Willinger, Obispo de Ponce.

1936
21 marzo–12 mayo: Conclusión de las Torres.
12 mayo–11 julio: Conclusión del Atrio.
13 julio–26 septiembre: Empañete de la fachada y del pórtico.
2–7 julio: Nombramiento del P. Ángel Cámara como Párroco, se mantiene el P. Arsenio Fernández como Vicario Provincial.
17 - 18 julio: Inicia la Guerra Civil Española, pérdida de la Comunicación Postal con la Provincia en España.

1937
23 enero–16 marzo: Construcción de la Entrada y Verjas de la Iglesia.
Marzo 1937: Colocación de las Lozas del piso de la Iglesia.
27 junio: Restablecimiento de la Comunicación Postal con la Provincia en España.
20 diciembre: Muere el P. Juan de Gorostiza.
20 diciembre: Nombramiento del P. Cándido Herrero como Párroco de Aguada.
31 diciembre: Visita de Renovación del P. Arsenio Fernández, Vicario de las Antillas.

1938
10 septiembre: Visita Provincial de Renovación del P. Ambrosio de Arancibia, Prior Provincial.

1939
25 abril: Segunda Visita de Monse. Alonso J. Willinger, Obispo de Ponce.
2–8 julio: Nombramiento del P. Pedro Álvarez como Vicario Provincial; P. Cándido Herrero, Párroco, y P. José María Castellasnos, Procurador.

1941
7 abril: Visita del P. Pedro Álvarez, Visitador Delegado.

1942

7 febrero: Erección Canónica de la Confraternidad de la Doctrina Cristiana.

20–26 julio: Nombramiento de los PP. Pedro Álvarez como Vicario de Puerto Rico y Cándido Herrero,   Párroco de Aguada.

1943

14 abril: Tercera Visita Pastoral de Mons. Alonso J. Willinger, Obispo de Ponce.

1944

8 diciembre: Inician los donativos para comprar el Reloj de la Torre.

1945

20–26 julio: Nombramiento de los PP. Cándido Herrero como Vicario de Puerto Rico y Pablo Gutiérrez como Párroco de Aguada.

1947

15 agosto: Toma de posesión de la Diócesis de Ponce de Mons. Jaime Eduardo McManus.

1948

20–27 julio: Nombramiento del P. José Rodríguez Cristiano como Vicario de Puerto Rico y P. Antonio Zubillaga como Párroco de Aguada.

2 octubre: Visita General de Renovación del P. Joseph Hickey, Prior General.

1949

12 enero: Permuta entre Mons. Jaime Eduardo McManus y P. José Rodríguez, Vicario de Puerto Rico,   por motivo de la Casa Parroquial de Aguada y la Casa Parroquial de Lajas

Antes de noviembre: Fundación de la Archicofradía de las Esposas y Madres Cristianas; así como, los   Talleres de Santa Rita.

15 noviembre: Visita Provincial de Renovación del P. Pedro Moratiel, Prior Provincial.

1950

15 enero: Inicio de la Misión del P. Saturnino Junquera.

9 febrero: el Papa Pío XII reforma la Liturgia del Sábado Santo a través del documento Dominicae   Resurrectionis.

1951

20–27 julio: Nombramiento del P. Cándido Herrero como Vicario de las Antillas y del P. Antonio Zubillaga como Párroco de Aguada.

1952

6 marzo: Segunda Visita de Mons. Jaime Eduardo McManus, Obispo de Ponce.

20 abril: Inicia el Programa Radial de los Agustinos en W.A.B.A.

1953

6 abril: Visita de Renovación Provincial del P. Pedro Moratiel.

1954

Inicia la Juventud de Acción Católica en la Parroquia.

5–12 julio 1954: Nombramiento del P. Antonio Zubillaga Uranga como Vicario de las Antillas y del P. Carlos Gutiérrez Gutiérrez como Párroco.

8 diciembre: Inauguración del Altar a María Inmaculada.

Fin de año: Fundación del Primer Presidium de la Legión de María.

1955

6 noviembre: Reunión para Elaborar el Reglamento de Misioneros de Puerto Rico.

25 noviembre: Visita de Renovación Provincial del P. Juan García Álvarez, Prior Provincial.

1956

9 enero: Reunión en la Diócesis para las Reformas de la Liturgia de la Semana Santa.

1957

15 enero: Convocatoria del Sínodo Diocesano.

19 enero: Erección Canónica de la Comunidad de Aguada.

23 enero: Visita de Renovación del P. Antonio Zubillaga, visitador delegado.

6 febrero: Traslado de las Vidrieras del Templo Parroquial desde León, España.

7 marzo: Tercera Visita de Mons. Jaime Eduardo McManues, Obispo de Ponce, a Aguada.

4–17 julio: Nombramiento del P. Maximino Álvarez Álvarez como Vicario de las Antillas y del P. Carlos Gutiérrez Gutiérrez como párroco de Aguada.

1958

9 octubre: Telegrama de la Muerte del Papa Pío XII.

26 diciembre: Visita Provincial de Renovación del P. Honorio Gutiérrez, Prior Provincial.

1959

25 enero: El Papa Juan XXIII convoca el Concilio Vaticano II.

15 noviembre: Visita Provincial de Renovación del P. Pedro Moratiel, Prior Provincial.

1960

29 enero: Visita del P. Maximino Álvarez, Vicario de las Antillas, en calidad de Visitador Delegado.

3 abril: Creación de la Diócesis de Arecibo.

7–15 julio: Nombramiento del P. Maximino Álvarez como Vicario de las Antillas.

29 julio: Nombramiento del P. Gonzalo González Pereda como Párroco de Aguada.

1961

22 mayo: Primera Acta de Reuniones Comunitarias que se conserva en el Libro de Consulta.

28 noviembre: Visita de Renovación del P. Honorio Gutiérrez, Prior Provincial.

1962

Otoño: Inician los trabajos conciliares en el Vaticano.

1963

4–10 julio: Nombramiento del P. Carlos Gutiérrez Gutiérrez como Vicario de las Antillas.

23 agosto: envío desde Holanda del Reloj y las campanas de la torre.

23 septiembre: Aprobación de las Vacaciones de los Religiosos.

4 diciembre: Publicación de la Sacrosanctum Concilio, Constitución sobre la Sagrada Liturgia.

1964

15 marzo: Bendición de las Reformas del Templo Parroquial.

17 marzo: liquidación de las obras de Remodelación del Templo Parroquial

21 noviembre: El Papa Pablo VI hizo la promulgación de la Lumen Gentium, Constitución Dogmática sobre la Iglesia.

1965

29 marzo: Visita de Renovación Provincial del P. Santos Santamarta, Asistente y Visitador General.

1966

12 febrero: Visita de Renovación del P. Carlos Gutiérrez, Visitador Delegado.

7–18 julio: Nombramiento del P. José María Coto como Vicario Provincial.

29 agosto: Nombramiento del P. Lesmes Bernabé como Párroco.

1967

Enero: Segunda Reunión del Consejo Pastoral Parroquial.

22 febrero: Convocatoria del Año de la Fe de parte de Pablo VI, Papa.

26 junio: Visita Provincial de Renovación del P. Modesto Santamarta, Prior Provincial.

22 junio: Aprobación de la publicación de los Boletines Parroquiales.

29 junio: Entrada en vigor de las Segundas Instrucciones sobre los cambios en la Liturgia Eucarística.

19 septiembre: Primeros Ejercicios Espirituales del Vicariato presididos por el P. Francisco Larrán.

1968

28 septiembre: Envío de la Circular de la Diócesis de Arecibo con las primeras instrucciones para los cambios en la liturgia eucarística.

15 octubre: Segundo Retiro Vicarial realizado en Aguada e impartidos por el P. Lesmes Bernabé, prior y párroco.

28 diciembre: aprobación de la compra de un piano.

1969

Enero: Visita de Renovación del P. Modesto Santamarta, Prior Provincial.

1 enero: Bendición de la Primera Piedra del Centro Parroquial.

16 enero: Anuncio de las Reformas en el Breviario.

5–19 julio: Aprobación de los Nuevos Estatutos Provinciales en conformidad con los lineamientos del Concilio Vaticano II y las Nuevas Constituciones de la Orden.

FOTOS DE LA IGLESIA Y
LA CASA PARROQUIAL

La Iglesia de Aguada en 1918

Vista Panorámica de la Iglesia después del Terremoto del 11 de octubre de 1918.

Demolición de la Iglesia después del Terremoto del 11 de octubre de 1918

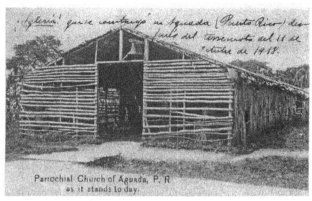

Ranchón de Yaguas construido en 1918

Primera Fase de Construcción de la Iglesia en 1923

Primera Fase de Construcción de la Iglesia en 1924

Vista Interior de la Iglesia en 1924

Segunda Fase de Construcción de la Iglesia en 1930

Tercera Fase de Construcción de la Iglesia Parroquial 1932 - 1934

Casa Parroquial

Misa en la Cruz de Colón en 1959

EPÍLOGO

Hoy como ayer los Agustinos siguen trabajando en la vida sacramental, las misiones, catequesis y armonizando la comunidad según los movimientos apostólicos. En su seno han surgido diversas vocaciones a la Vida Religiosa masculina y femenina, entre ellas agustinianas; así como, a la Vida Sacerdotal.

Los terrenos propiedad del Municipio de Aguada sobre los que se enclavaba la Casa Parroquial serán adquiridos en propiedad el 17 de febrero de 1972 por las firmas del Sr. Julio César Román, Alcalde de Aguada, y P. Eliseo García Gutiérrez, Párroco. Además de las remodelaciones y construcciones de las Capillas de los diferentes Barrios, destaca como obra emblemática el Centro de Espiritualidad Nuestra Señora de la Consolación (2000).

El gran número de niños que realizan sus cinco niveles de catequesis en la Parroquia manifiesta el trabajo que continúa realizando la parroquia en 2013, para lo que se refiere a la foto de portada.

TABLAS

DISTRIBUCIÓN DEL GOBIERNO
1919–1969

GENERALES	PROVINCIALES	VICARIOS
1898–1920 P. Tomás Rodríguez	**1915–1923** P. Cipriano Asensio	**1919–1923** P. Juan Torner
1920–1924 P. Tomás Giacchetti	**1923–1930** P. Ambrosio de Arancibia	**1923–1930** P. Fernando Salterain
1925–1931 P. Eustasio Esteban	**1930–1936** P. Ángel Monjas	**1930–1933** P. Juan García
1931–1935 P. Clemente Fuhl		**1933–1936** P. Juan de Gorostiza
1935–1947 P. Carlos Pasquini	**1936–1942** P. Ambrosio de Arancibia	**1936–1938** P. Arsenio Fernández
		1938–1939 P. Pablo Gutiérrez
	1942–1948 P. Cipriano Asencio	**1939–1945** P. Pedro Álvarez
1946–1953 P. José A. Hickey		**1945–1948** P. Cándido Herrero
	1948–1954 P. Pedro Moratiel	**1948–1951** P. José Rodríguez
1953–1958 P. Engelberto Gustavo Eberhard		**1951–1954** P. Cándido Herrero
1958 -1959 P. Ignacio Aramburo Vicario General	**1954–1957** P. Juan García Álvarez	**1954–1957** P. Antonio Zubillaga

1959–1965
P. Luciano Rubio

1965–1971
P. Agustín Trapé

1957–1963
P. Honorio Gutiérrez

1963–1969
P. Modesto Santamarta

1957–1963
P. Maximino Álvarez

1963–1966
P. Carlos Gutiérrez

1966–1969
P. José María Coto

OBISPOS Y PÁRROCOS
1919–1969

OBISPOS

1907–1921
Mons. William Jones, Obispo de Puerto Rico

1921–1925
Mons. George J. Caruana, Obispo de Ponce

1925–1929
Mons. Edwin V. Byrne, Obispo de Ponce

1929–1946
Mons. Aloysius Willinger, Obispo de Ponce

1947–1964
Mons. James E. McManus, Obispo de Ponce

PÁRROCOS DE AGUADA

1919
P. Juan Torner
Cura Encargado

1919–1926
P. Pedro de Arancibia

1926–1930
P. Pablo Gutiérrez

1930–1933
P. Arsenio Fernández

1933–1936
P. Pablo Gutiérrez

1936–1937
P. Luis González–P. Antonio Nistal

1937–1942
P. Enrique Fernández

1942–1945
P. Cándido Herrero

1945–1948
P. Pablo Gutiérrez

1948–1954
P. Antonio Zubillaga

1960 -
Mons. Alfredo F. Méndez, Obispo
de Arecibo

1954–1960
P. Carlos Gutiérrez

1960–1966
P. Gonzalo González

1966–1969
P. Lesmes Bernabé

BIBLIOGRAFÍA

Libros Editados

Campo La Casa, Cristiano. *Historia de la Iglesia en Puerto Rico.* Instituto de Cultura Puertorriqueña, San Juan 1977.

El Deber de la Memoria. CXXV Aniversario (1881–2006). Revista Agustiniana, Madrid 2007.

Huerga, Álvaro–McCoy, Floyd. *Episcopologio de Puerto Rico. Los Obispos Norteamericanos de Puerto Rico.* Pontificia Universidad Católica de Puerto Rico, Ponce 2000.

Lazcano, Rafael. *Provincia de Castilla, Orden de San Agustín. Actas Capitulares (1895–1999), Estatutos Provinciales (1890–1997), Líneas Programáticas (1981–2001).* Revista Agustiniana, Madrid 2000.

_____. *Generales de la Orden de San Agustín. Biografías–Documentos–Retratos.* Institutum Historicum Agusutinianum, Roma 1995.

Nieves, Benjamín. *Historia de Aguada. Siglos XVI–XIX.* Aymaco, Añasco 2009.

Sahelices, Paulino. *Los Agustinos en Puerto Rico. Cien Años de Historia (1906–1996).* Editorial Revista Agustiniana, Madrid 1996.

_____, *Juan de Gorostiza. Misionero en Puerto Rico.* Revista Agustiniana, Madrid 2002.

Libros Sin Editar

Gutiérrez, Carlos. en ACAA.

Libro de Bautismo XXXIX, en APASFA.

Libro de Bautismo XLI, en APASFA.

Libro de Colecturía, en ACAA.

Libro de Consultas, en ACAA.

Libro de Procuración, en ACAA.

Libro de Colecturía Oct. 1930–En. 1964, en ACAA.

Revilla, Isaías. *Memoria de los Agustinos en Aguada. 1919–1994.*
[S.E.], Aguada 1994.